6백만 소상공인을 위한 카카오 비즈니스 플랫폼 활용법

카카오 메시지 마케팅

카카오 메시지 마케팅

초판 1쇄 인쇄 ㅣ 2020년 11월 05일
초판 4쇄 발행 ㅣ 2021년 01월 25일

지은이 ㅣ 최규문 민진홍
펴낸이 ㅣ 최화숙
편집인 ㅣ 유창언
펴낸곳 ㅣ 이코노믹북스

등록번호 ㅣ 제1994-000059호
출판등록 ㅣ 1994. 06. 09

주소 ㅣ 서울시 마포구 성미산로2길 33(서교동) 202호
전화 ㅣ 02)335-7353~4
팩스 ㅣ 02)325-4305
이메일 ㅣ pub95@hanmail.net ㅣ pub95@naver.com

ⓒ 최규문 민진홍 2020
ISBN 979-89-5775-253-1 03320
값 22,000원

6백만 소상공인을 위한
카카오 비즈니스 플랫폼 활용법

카카오
메시지
마케팅

최규문 민진홍 지음

이코노믹북스

모바일 메시지 마케팅, 왜 지금인가

아침이 밝았습니다! 잠에서 깨어 일어나는 순간 내 손이 향하는 곳은 어디인가요?

몇 시쯤일까 눈을 뜨기가 무섭게 스마트폰을 찾아 들고 현재 시각부터 확인합니다.

그 다음, 무심결에 누르는 건 '카톡' 아이콘이지요. 화면이 열리는 순간 [채팅] 목록이 주르륵 펼쳐집니다. 밤 사이 새로 들어온 소식부터 어제 다 들여다보지 못한 메시지들이 줄지어 올라옵니다. 그렇게 '오늘 하루'가 시작됩니다!

대한민국 국민이라면 흔히 겪는 하루의 시작 풍경일 것입니다.

하루를 마감하는 모습 또한 크게 다르지 않습니다. 내일 일정을 확인하고, 오늘 못 챙기고 빠뜨린 메시지는 없는지 살펴보고 눈을 붙입니다. 이런 모습이 좋든 싫든 그건 둘째 문제입니다. 스마트폰은 이미 우리 신체의 일부입니다. 세상 돌아가는 이야기와 주변 사람들의 소식을 연결해주는 중심에는 늘 스마트폰이 있고, 메신저 앱들이 그 역할을 도맡고 있습니다.

우리나라 사람들은 보통 100개 정도의 앱을 설치해놓고 쓰지만 하루에 사용하는 앱은 불과 10개 정도에 불과합니다. 대부분이 메신저나 SNS 앱들이죠. 사용 시간이 가장 긴 앱은 단연 유튜브입니다. 유튜브에 소비하는 시간은 카카오톡의 2배, 페이스북의 10배가 넘습니다. 그렇지만 가장 많은 수가 쓰는 국가대표 앱은 예나 지금이나 여전히 키카오톡입니다.

과거 사람들 사이에 서로 소식을 전하는 대표적인 소통 수단은 전화기였습니다. 폴더폰 시절 선풍적인 인기를 끌기 시작한 단문 메시지(SMS) 시대를 지나면서 음성통화(전화기) 앱은 이제 상위 랭킹에서 찾아보기 어렵게 되었습니다. 사람들이 새로운 정보를 얻고 소식을 전하는 소통 채널과 방식, 주고받는 콘텐츠의 형식과 구성이 완전히 달라졌다는 말입니다. 여기서 특별히 눈여겨볼 점은 두 가지입니다.

하나는 가장 많은 소비시간을 '동영상 콘텐츠'가 차지한다는 점, 다른 하나는 이 콘텐츠를 전파하고 전달하는 핵심 수단이 다름 아닌 '모바일 메신저'라는 점입니다.

우리나라 인터넷 역사 20여 년 동안 정보 탐색 및 소통 수단으로 독점적 지위를 누렸던 네이버가 사용자 수에서도 사용시간에서도 카카오톡과 유튜브에 밀리고 있다는 점은 특히 유의해야 할 변화입니다. 아울러, 페이스북과 인스타그램이 SNS 분야에서만큼은 여전히 1, 2위를 차지한 채 개인들 간 일상 커뮤니케이션 도구로서 역할을 해내고 있다는 점도 중요합니다.

스마트폰 시대 마케팅의 두 축을 이루는 것이 동영상 콘텐츠와 모바일 메신저입니다. 필자들은 앞서 펴낸 공저, [유튜브 상위노출의 모든 것]을 통해 왜 동영상이 새로운 소통 방식으로 성장하고, 나아가 비즈니스의 수단으로 진화하는지 그 배경과 원리를 상세히 밝힌 바 있습니다. 이 책은 콘텐츠 연구에 이어 '메신저의 마케팅 활용 방안'을 찾기 위한 후속 작업의 결과물입니다.

사람들이 콘텐츠를 소비하고 나눌 때 가장 많이 이용하는 '모바일 메신저(메시지 앱)'의 작동 구조와 전파 원리를 파헤치고 실전 비즈니스 현장에서 어떻게 활용하면 좋을지를 밝히는 것이 이 책의 핵심 목적입니다.

메신저의 역사는 짧지 않습니다. 전화기가 나오기 전 우체국 전보에서부터, 인터넷 초창기 PC용 메신저로 인기를 모았던 네이트온, 폴더폰 시절의 80자 단문메시지 서비스(SMS), 스마트폰의 보급과 더불어 빠르게 확산된 트위터를 넘어 마침내 국가대표 메신저 자리에 오른 카카오톡에 이르기까지, 오랜 시간에 걸쳐 메시지 플랫폼은 우리의 소통 방식을 '입에서 손가락으로' 바꿔 놓았습니다.

이같은 변화는 단지 개인간 소통 영역에서만 벌어진 현상이 아닙니다. '슬랙' 같은 그룹 메신저는 이미 선진국의 여러 기업에서 조직 내 커뮤니케이션 구조를 혁신하여 업무 생산성과 경쟁력을 극대화시키는 비즈니스 소통 도구로 인정받고 있습니다.

잠에서 깨어나 다시 잠들 때까지 한시도 우리 손을 벗어나지 않고 신체의 일부가 되어버린 스마트폰 속 중추역을 맡고 있는 메신저. 전 세계를 향해 24시간 깨어있는 모바일 소통 환경에서 이제 모든 마케팅과 비즈니스는 '메시지로 시작해서 메시지로 끝난다'고 해도 결코 과언이 아닙니다!

이 책은 현재와 미래 커뮤니케이션의 핵심 수단으로 자리잡은 모바일 메신저의 비즈니스 활용 가능성과 마케팅 응용 원리를 A에서 Z까지 추적해서 밝혀보고자 시작된 공동 작업의 산물입니다.

이미 우리 삶의 일부가 되어버린 메시지를 마케팅 도구랍시고 새삼스럽게 공부할 필요가 과연 있을까요? 이런 의문을 가진 독자들을 환영합니다. 책 장을 끝까지 넘겨 보면 무엇 때문에 메시지라는 영역을 따로 들추어 마케팅 활용 관점에서 파헤치려 했는지 의도가 자연스레 이해되실 테니까요.

이 책을 통해 여러분의 모바일 마케팅 실력과 수준이 한 단계 업그레이드되는 경험을 할 수 있다면 글쓴이들의 작은 보람으로 남을 것입니다. 코로나19가 불러온 글로벌 경제 위기로 심각한 어려움에 직면한 모든 비즈니스 종사자들이 조속히 살 길을 찾을 수 있기를 기원합니다. 그 활로를 찾는 노력에 작은 도움이라도 될 수 있다면 기쁘겠습니다.

2020년 깊어가는 가을에
최규문 민진홍

CONTENTS

 part 1 메시지 시대, 카카오 나라

 chapter 1 메시지 마케팅, 왜 다시 주목하나

 chapter 2 메신저는 어떻게 마케팅 플랫폼으로 진화했나

chapter 3

메시지 도구의 비즈니스 쓰임새와 활용 전략

카카오 메시지 플랫폼, 언제 어떻게 활용할까

part 2 모바일 메시지, 어떻게 쓸까

chapter 1 메시지, 어떤 내용으로 어떻게 써야 할까

part

1

메시지 시대,
카카오 나라

chapter

1

메시지 마케팅,
왜 다시
주목하나

모바일 메시지 마케팅, 어디만큼 왔나

1-1 | 카카오 주식, 매수 주문 폭주의 배경과 의미

누구도 예기치 못했던 코로나19 팬데믹 선언으로 전 세계 경제가 흔들리고 있습니다. 2008년 세계경제 위기를 넘어서는 난관을 극복하기 위해 각국 정부가 경쟁적으로 돈을 풀고 있습니다. 중국 우한에서 바이러스의 씨앗이 소리소문 없이 퍼지던 바로 그 시기, 2019년을 마감하고 2020년을 맞는 세밑 무렵 우리나라 주식 시장에 고민 아닌 고민을 하고 있는 사람들이 있었습니다. 카카오 주식 살까 말까, 주가는 얼마까지 뛸 것이며, 언제까지 보유해야 할까를 고민하던 사람들이었죠!

부동산이 대책 없이 올라 분양가 상한제 요구가 다시 등장하던 시기에 주식 투자라면 대충 짐작이 가시겠죠. 돈은 인간의 탐욕이 맞물려 스스로 증식하려는 속성을 갖습니다. 당연히 미래 투자 가치가 가장 높으

리라 여겨지는 쪽으로 쏠리게 마련이죠. 가진 자들이 스스로 부가가치를 만들어내지 못하는 땅에 거품을 일으켜 투기 수요를 만들어내는 것도 돈의 자가 증식 논리 때문이죠. 불과 몇 년 만에 몇십억 원의 투자 차익이 생기는 '부동산 불패' 신화가 깨지질 않으니 '있는 놈 없는 놈' 가리지 않고 부동산에 목을 매고 달려 듭니다. 사실 경제가 흔들리고 시장이 불투명할 때 주식 투자는 큰 위험을 감수해야 합니다. 내가 투자한 기업이 돈을 못 벌거나 망해버리면 고스란히 손해를 감수해야 하니까요. 그런 위험에도 불구하고 작년 한 해 우리나라 주식 시장에서 가장 크게 주목받고 상당한 투자가 일어난 종목이 있습니다. 외국인들까지 대거 달려들어 매수에 나섰던 대표주자, 카카오가 그 주인공이죠. '카카오'가 '다음커뮤니케이션'과 합병한 것은 2014년 5월입니다. 당시에 뜨거운 뉴스거리였죠. 인터넷 업계의 큰 형님 격인 다음이 신예 카카오에 넘어간다는 소식 자체가 충격이어서 많은 이들이 합병 카카오의 미래를 놓고 말들이 많았습니다. 합병 이후 카카오의 주가 흐름을 잠시 살펴볼까요.

[그림1] 카카오 주가 흐름도 그래프(2020.11.02일 기준), 출처 : Google 검색 결과

합병 발표가 있기 직전 2014년 3월의 주가는 7만원 대에 불과합니다. 합병을 발표한 5월 이후 급상승해서 8월에는 17만원을 넘깁니다. 이후 다시 하락하여 바닥 수준으로 내려갔다가 2018년까지 회복한 뒤 부침을 거쳐 2020년 1월 말에는 급기야 합병 직후 기록했던 최고 주가 수준을 탈환했습니다. 코로나 창궐 이후 2020년 여름을 지나면서 그 2 배가 훌쩍 넘는 40만원을 넘어서기도 했습니다. 이미 네이버를 앞질렀고, 이 추세가 어디서 멈출지 가늠하기 어렵습니다.

카카오의 성장세가 향후 새로운 기록을 달성하고 더 성장할지, 조정이나 하락세로 돌아설지 속단하긴 어렵습니다. 그럼에도 불구하고 최근 카카오의 상승세는 절대 예사롭지 않습니다. 시장의 흐름을 조금만 장기적으로 살핀다면 카카오의 미래는 앞으로가 더 탄탄해 보입니다.

과연 카카오는 주가를 넘어서 실적까지 명실공히 네이버의 아성을 넘어설 수 있을까요?

1-2 | 카카오, 과연 네이버를 무찌를 수 있을까 💬

앞서 카카오의 주가가 새로운 고가를 향해 가던 2020년 1월 중순만 하더라도 네이버의 주가는 카카오보다 2만원이 높은 186,000원을 기록하며 동반 상승 중이었습니다. 그 와중에 놀랄 만한 그래프가 하나 눈에 띄었습니다. 2019년 한 해 동안 우리나라 온라인에서 거래된 결제액 추정치 비교 그래프였습니다.

지마켓과 옥션을 합한 결제액이 17조입니다. 쿠팡이 이것을 앞서기 시작한 것도 눈길을 끄는 사건인데, 네이버의 결제액이 무려 20조를 기록한 건 경악할 수준입니다. 이 수치가 광고 거래를 포함한 수치라고 감안하더라도 이는 검색 포털의 1인자였던 네이버가 명실공히 온라인 쇼핑몰 분야에서도 최고 강자로 올라섰음을 알리는 일대 사건입니다.

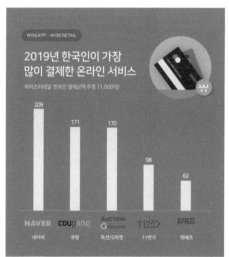 

[그림2] 2019년 한국인이 가장 많이 결제한 온라인 서비스 및 네이버 반기별 결제금액 성장추이

검색과 쇼핑이라는 두 마리 토끼를 모두 잡게 됨으로써 온라인 리더로서 네이버의 지위는 더욱 확고해 보입니다. 1억 명 이상의 사용자를 확보하고 성장 중인 일본의 라인 또한 2019년 말 야후재팬과 합체하는 등 해외에서도 선전하고 있어 네이버의 미래는 더욱 밝습니다. 누가 뭐래도 네이버는 스마트하고 영리합니다. 박수를 아낄 이유가 없죠.

그럼에도 불구하고 작금 카카오의 약진이 예사롭지 않은 것, 더 나아가 실적으로도 네이버를 넘어설 여지가 적지 않다고 보는 이유는 크게 두 가지입니다.

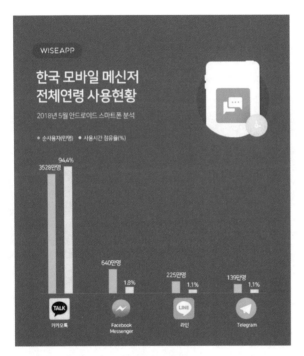

[그림3] 2018년 한국 모바일 메신저 사용현황

　하나는, 카카오톡의 성공으로 대한민국 4천만의 24시간 일상 행동과 이동 정보를 장악한 점, 다른 하나는 카카오페이 간편결제시스템을 카카오뱅크와 연계하여 모바일 뱅킹 시장을 선점한 점입니다. 카카오는 4천만이 매일처럼 사용하는 모바일 앱을 통해 국내 사용자 대부분의 이동 정보(모빌리티 데이터)를 추적하고 쌓을 수 있습니다. 카카오톡의 국내 메시징 앱 분야 점유율은 무려 95%에 이릅니다. 라인은 말할 것도 없고 SNS의 최강자이자 전 세계 메신저 시장을 천하통일한 페이스북도 국내 메신저 시장 점유율이 3%도 안 됩니다. 커뮤니케이션 도구는 한번 시장 독점 구도가 형성되면 쏠림 현상이 더욱 커집니다. 더 많은 사람들이 사용할수록 더 편리해지기 때문에 다시 쓸 수밖에 없는 '네트워크 효과'가 커지기 때문이죠. 좀처럼 다른 서비스로 갈아탈 수 없게 됩니다.

한번 고객을 평생 고객으로 묶는 '락-인(Lock-in) 효과'가 가장 큰 게 바로 메신저나 SNS와 같은 소통 플랫폼입니다. 지난 수년간 벌어진 메신저 대전에서 '라인'도 '페메(페이스북 메신저를 부르는 속칭)'도 '텔레그램'도 국민메신저 '카톡'의 방어벽을 뚫지 못했습니다. 그 결과 적어도 대한민국 시장에서 메신저 전쟁은 '카카오톡의 완승'으로 막을 내렸습니다! 이는 곧 메신저 시장에서 향후 10년 이상 카카오를 이길 수 있는 경쟁 상대가 나오기 어렵다는 말입니다.

이제 남은 승부는 하나! 모바일 소통 플랫폼을 선점한 자가 이길 것인가, 검색과 온라인 쇼핑 플랫폼을 선점한 자가 이길 것인가의 싸움뿐입니다.

광고의 최종 목표는 타깃 소비자를 찾아내어 구매 전환을 촉발하는 것입니다. 이 점을 생각하면 단기적으로 소비자들의 쇼핑 정보를 장악하는 쪽이 유리합니다. 네이버와 쿠팡이 각자 '검색 사용자 망'과 '빠른 배송'을 무기로 삼아 무한 경쟁을 하는 이유도 마찬가지죠. 누가 먼저 4천만 소비자의 구매 데이터를 더 많이, 더 빨리 획득하고 이 정보를 광고나 다른 비즈니스에 연계하여 써먹을 수 있을까 경쟁하는 것입니다.

그런데 장기적으로 보면 소비자의 구매 정보 못지 않게 활용 가능성이 큰 것이 바로 '모빌리티 데이터'입니다. 스마트폰 사용자의 이동 정보를 확보하면 쇼핑 이외에도 거의 모든 생활 서비스와 연계하여 마케팅 대상을 선별하고 추적할 수 있습니다. 당장에 큰돈이 되지 않는다는 비판을 무릅쓰고 O2O 서비스를 개척하는 데 카카오가 수 년 동안 공을 들인 이유일 것입니다. 카카오 택시를 비롯해 모빌리티 시장에서 카카오의 사업 확장 가능성을 보면 그 동안의 투자가 헛되지만은 않을 듯싶습니다.

또한 카카오의 모바일 결제시스템, 카카오페이와 연동된 카카오뱅크의 성공이야말로 카카오의 미래를 기대하게 하는 가장 큰 자산 중 하나입니다. 카카오페이는 2014년 9월 국내 최초로 간편결제 서비스를 시작해, 2018년에 연간 거래액 30조원을 돌파했습니다. 2019년 8월 마침내 3천만 가입자를 넘어섰죠.

카카오페이는 처음에는 별도 앱이 필요 없는 모바일 간편결제 서비스를 시작으로 선물, 쇼핑, 모빌리티 등 각종 생활 서비스 결제 플랫폼으로 활용 폭을 넓혀 왔습니다. 나아가 카카오뱅크의 안착 이후 금융서비스 플랫폼으로 진화하고 있습니다. '바로증권'을 인수한 데 이어, 인슈어테크 스타트업인 '인바이유'를 사들여 모바일 금융 분야로 발걸음을 재촉하고 있습니다.

특히 카톡의 송금 기능이 주목할 포인트입니다. 경조사비 송금이나 더치페이 처리 등에서 사람들 간 금전 송수신을 매우 쉽고 편리하게 지원합니다. 향후 사용자가 크게 늘어날 것이 분명합니다. 중국의 위챗도 송금 및 결제의 편리성에서 비롯된 사용자 기반의 확대가 온-오프라인 경제를 통합하는 허브로 성장하는 밑거름이 되었습니다. 카카오의 거대 사용자 기반이야말로 무엇보다 강력한 비즈니스 경쟁력의 원천입니다.

2020년 1월말 카카오의 시가 총액은 14조원 수준으로, 네이버 30조원의 절반에 불과했습니다. 그로부터 반 년이 지난 7월말엔 약 29조원으로 46조원 남짓 하는 네이버를 성큼 뒤쫓고 있습니다. 만약 미래 어느 시점에 카카오의 기업 가치가 네이버를 넘어서게 된다면 일등공신 자리는 누가 뭐래도 카카오톡 앱이 차지할 것입니다. 모바일 경제 환경에서 일상적인 서비스 사용자 기반은 아무리 강조해도 지나치지 않은 최고의 장사밑천이니까요!

　얼마 전 컴퓨터 시스템 드라이브 교체로 카카오톡 PC 버전을 새로 설치할 일이 생겼습니다. 네이버 검색을 통해 다운로드를 시도하다가 흠칫 놀랐습니다. 메신저/메일 카테고리에서 카카오톡(PC버전) 다음으로 네이트온이 다운로드 상위 TOP5 랭킹 목록에 당당히 2위로 올라 있었던 까닭이죠.

　누적 다운로드 수를 비교해보니 카카오톡이 네이트온보다 4배 이상 많고, 최근 7일간 다운로드 수로 보면 10배 이상 차이가 나더군요. 많이 줄고 있지만 그럼에도 1주일에 6천회 이상이 다운되고 있다면 여전히 적지 않은 사용자 층을 갖고 있음을 보여주는 셈이죠.

[그림4] 메신저.메일 카테고리 프로그램 다운로드 순위(출처: 네이버 Software 2020.7월)

우리나라의 경우 구글 안드로이드폰 사용자가 80%가 넘는데도, 지메일 대신 여전히 네이버 메일이나 한메일을 쓰는 사람들이 절반에 달합니다. 한번 손에 익어 습관화된 커뮤니케이션 도구는 바꾸기가 어려운 탓이지요. 주소는 나 혼자만 쓰는 게 아니니까요. 전화번호를 바꾸면 내 번호를 아는 모든 사람들이 따라서 변경해야 합니다. 그렇듯이 이메일 주소 또한 다른 사람들의 불편을 고려할 때 맘대로 바꾸기가 쉽지 않은 까닭이죠.

요컨대 아무리 기능이 뛰어나고 좋은 소통 도구가 생겨도, 새로 도입해서 쓰기가 어렵습니다. 심지어 더 좋은 메신저가 새로 나와도 여러 사람들이 이미 익숙하게 사용하고 있는 도구를 바꾸게 하는 건 결코 쉽지 않습니다. 많은 국내 기업들이 업무용 메신저로 여전히 네이트온을 고수하고 있는 것도 바로 그 때문이지요.

1-4 | 음성 통화를 대신한 '문자 통신' 시대의 시작

참 신기한 일 중 하나가 컴퓨터 입력 작업을 할 때는 2벌식 쿼티 자판을 잘 치던 사람도 스마트폰만 꺼내들면 엉뚱한 타자법을 구사하곤 하지요. 폴더폰 시절 12개의 버튼만으로 입력할 때 훈련되고 습관이 된 '천지인' 입력법을 버리지 못하는 사람들 이야기입니다.

천지인 쓰던 폴더폰 시절에 문자는 한 번에 보통 80자를 전송했습니다. 이름하여 SMS(Short Message Service, 단문 메시지 서비스)라 불렀죠. 80자 이상 문자나 이미지를 첨부하려면 LMS 또는 MMS 옵션을 선택해 일반 문자의 2배 이상 발송 비용을 내야 했습니다.

한 건당 15~20원의 문자 통신료를 내던 시절에는 문자용 데이터도 빈가운 선물 상품에 들어갔죠. 70년대 후반 처음 거리에 등장한 빨간 공중전화 시절에 시내통화 요금은 3분 한 통화(1도수)당 10~20원에 불과했습니다. 그 후 마그네틱 전화카드가 생겨난 80년대 카드공중전화도 한 통화에 20~70원이었고요. 40~50원이면 3분을 떠들며 대화를 나눌 수 있었습니다. 갑자기 궁금해졌습니다. 3분짜리 음성통화 내용을 문자로 풀어 쓰면 양이 얼마나 나올까?

아래한글 문서 기본 설정(글자크기 10포인트, 줄 간격 160%) 환경에서 A4 한 장을 작성하면 보통 200자 원고지 8~10장 분량이 나옵니다. 글자수로 1700~1800자 정도지요. 스피치 전문가들에 따르면 사람들은 3분 동안 보통 800~850자 정도를 말한다고 합니다. A4 용지로 절반 정도 분량이죠. 이것을 80자 문자로 전송하려면 10통 이상을 보내야 합니다. 문자 한 통당 15~20원이라고 치면 150~200원이 들겠죠. 물가 인상률을 무시하고 단순 계산하면 문자 전송에 부과되는 데이터 사용료는 아날로그 음성 통화 시절에 비해 3~4배 이상 더 비싸진 셈입니다.

[그림5] 이메일 및 메시지 전송 서비스 비용 예시 캡쳐 화면(출처: 타스 홈페이지, 2020.7.23)

위의 그림은 그나마 값이 싸기로 소문난 문자 메시지 전문서비스 업체 TAS(포스트맨)의 충전 메뉴에서 보여주는 서비스별 기본 단가입니다. 80자 이내로 보낼 수 있는 메시지 콘텐츠가 많지 않다는 점을 감안하면

문자 메시지 서비스 비용이 만만한 금액이 아니라는 점을 알 수 있죠

스마트폰 통신료의 경우 보통은 '정액제'로 음성 통화와 문자, 데이터 통신료를 일정 한도까지 기본 횟수나 용량을 보장하고 그 한도를 초과할 경우에는 비싼 단가로 추가 비용을 종량제로 청구하는 방식을 주로 씁니다. 그로 인해 통신 유형에 따른 단가를 따로 구별해 계산하는 게 사실상 불가능합니다. 음성과 문자 중 어느 게 비싼지 일반 소비자들은 구분하기도 쉽지 않게 되었죠. 그럼에도 문자가 음성보다 싼 것처럼 착각들을 하곤 합니다.

문자가 비싼지 음성이 비싼지를 따지는 건 사실 무의미합니다. 음성신호를 데이터로 변환하여 압축 전송하기 때문에 음질(통화 품질)에 따라 데이터 용량이 달라질 수도 있기 때문이죠. 정작 중요한 것은 텍스트도 음성도, 이미지나 동영상도 모두 데이터로 주고 받을 수 있는 '디지털 신호 상품'으로 바뀌었다는 사실입니다.

사람들은 자신이 처한 상황과 필요에 따라 가장 편리하고 합리적인 통신 소통 수단을 선택하게 마련입니다. 요즘 여러 사람들이 함께 있는 지하철 안에서 큰 소리로 떠들며 음성 통화를 해대는 사람은 주위의 따가운 눈총을 받고 '에티켓'도 모르는 '민폐족'으로 취급됩니다. 모두가 '카톡'으로 문자를 주고 받는데 굳이 '전화 메시지' 앱이나 '페이스북 메신저'로 문자를 보내 달라고 요구하는 친구들도 이젠 슬슬 상대에게 불편을 끼치는 축으로 여겨집니다.

카카오톡이나 SNS 메신저를 통해 소통하다 보면 평소 의사 전달에 전혀 어려움이 없습니다. 문득 급한 통화가 필요해 전화를 하려고 들면 막상 폰에 상대방의 전화번호가 등록되어 있지 않아 당혹스러웠던 적이

누구에게나 한두 번쯤 있을 겁니다. 심지어는 식구들의 전화번호조차도 생각나지 않을 때가 종종 있지요. 그 만큼 메시지 통신이 일상화 되었다는 반증이겠죠!

이처럼 메시지를 이용한 소통은 아주 자연스러운 일상입니다. 메시지는 이제 단순히 음성을 보조하는 수단이 아니라 대체하는 수준에까지 이른 겁니다. 소비자들의 커뮤니케이션 수단이 바뀐다는 것은 소비자들의 시선을 붙잡고 행동에 변화를 일으켜야 하는 마케터들에게 주어진 새로운 도전과제입니다. 고객들의 소통 방식이 실시간 메시지 통신으로 바뀌고 있는 지금, 효과적인 모바일 메시지 소통 전략과 방법을 연구해야 할 필요성은 더 한층 커지고 있습니다!

메신저 앱과 메시지 기반 소통의 장단점

2-1 | 문자 메시지는 어떻게 음성 통신을 대체했는가

'시리야'라고 부르지 않았습니다. '오케이 구글'이라고 외치지도 않았고요. 그런데도 옆에 가만히 두었던 스마트폰에서 "무슨 말인지 이해하지 못했습니다" 라고 뜬금없이 응답합니다. 스마트폰이 우리가 나눈 대화의 일부 목소리를 음성 명령어로 판단하여 자동으로 반응을 한 경우죠.

최근 들어 음성 인식 기술의 급속한 발전에 따라 인공지능 스피커를 생산하는 업체들의 경쟁이 날로 심해지고 있습니다. 컴퓨터에게 말로 명령하고, 음성으로 기계를 움직이는 시대가 닥쳐오고 있습니다. 머지않아 챗봇이 전화 상담원을 대신할 거라고 야단들이지요. 하루가 다르게 쏟아지는 신기술이 우리를 주눅 들게 합니다. 특히 인공지능은 알파

고가 이세돌을 거꾸러뜨린 순간부터 인간의 일자리와 미래 노동권을 위협하는 괴물로 등장했습니다.

과연 키보드나 마우스같은 손가락 입력 도구 없이 모든 명령을 입(음성)으로 처리할 수 있을까요? 현실을 보면 사람들이 소식과 정보를 주고받는 핵심 도구는 아직 스마트폰 앱입니다. 검색이든 실행 명령이든 대다수 앱은 여전히 손가락을 통한 텍스트 입력과 클릭(터치) 행위에 의해 작동합니다.

지난 30년에 걸쳐 인류 최대의 정보 교환 수단으로 자리잡은 인터넷도 다르지 않습니다. 웹 브라우저의 대명사인 구글 크롬을 켜고 [F12] 키를 눌러 보세요. 깔끔하고 화려한 이미지와 영상들도 소스 구조를 살펴보면 모두가 텍스트를 기반으로 한 문자 열의 조합과 명령어 묶음(스크립트 구문)을 통해 작동합니다. 문자(텍스트)는 디지털 세계의 밑바탕을 구축하고 움직이는 핵심 기반인 셈이죠.

스마트폰이 보급되면서 문자 통신의 힘은 최고 단계에 도달했습니다. 잠시 초기 휴대폰 시절을 떠올려 보세요. 누군가 지하철 안에서 큰 소리로 통화를 나누며 주위 사람의 눈살을 찌푸리게 하던 장면이 떠오르지 않나요? 불과 10년 만에 그런 장면이 무척 낯설어졌습니다. 사람들이 가장 많이 사용하는 앱들의 실태를 살펴보면 문자를 기반으로 한 데이터 통신의 영향력과 지배력이 얼마나 큰 지 바로 확인할 수 있습니다.

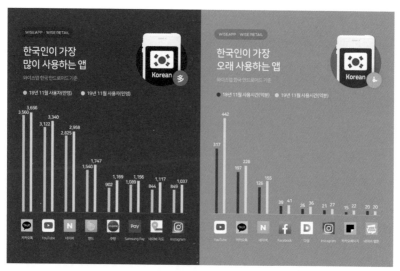

[그림6] 한국인이 가장 많이 vs 가장 오래 사용하는 앱(출처: 와이즈앱 페이스북 2019.12.17)

보다시피, 유튜브의 압도적인 이용시간 점유율에도 불구하고 사용자 수에서는 카카오톡이 여전히 앞섭니다. 동영상 및 이미지 앱들이 성장하는 와중에도 네이버 검색 앱이나 밴드, 페이스북 등은 사용빈도나 사용량에서 10위권을 벗어나지 않습니다. 모바일 환경에서 소식을 전하고 정보를 찾는 커뮤니케이션 앱이야말로 우리들의 삶을 풍요롭고 편리하게 해주는 가장 핵심 도구들인 까닭입니다. 음성 전화 앱이 상위권으로 되돌아올 가능성은 더 이상 없어 보입니다.

모바일 메신저는 대체 어떤 특성을 갖고 있길래 세상에 나온 지 불과 10여 년 만에 음성 통화를 보조 소통 수단의 자리로 밀어낼 수 있었을까요?

메신저 이전에 우리가 소식을 전하거나 정보를 나누는 수단이 전화기만 있었던 건 아닙니다. 문자 소통의 대중화를 가져온 초기 주인공은 '전자우편'으로 불린 이메일입니다. '전자통신'의 원조로는 모르스 부호를 통해 전기 신호를 보내고 이를 다시 문자로 해석해냈던 '전보(telegraphy)'를 그 효시로 꼽아야 할 겁니다.

1837년 새뮤얼 모스가 전신부호 특허를 얻은 뒤, 미국에서 세계 최초로 상업용 전신 사업이 시작된 것은 1844년입니다. 그레이엄 벨이 특허를 내고 미국 독립 100주년 기념 박람회에 전화기를 출품한 해가 1876년입니다. 마침내 '음성 통신'의 역사가 시작됩니다. 전기 신호를 통해 문자 통신이 나온 이후 전화기를 통한 음성 통신이 시작되기까지 30년이 걸린 셈이지요.

그 이후 이메일이 인터넷과 결합하면서 전자우편이 대중화되는 1990년대에 이르기까지 100여 년 동안 커뮤니케이션의 주류를 이룬 것은 음성 통신입니다. 1980년대 후반 개인용 컴퓨터와 인터넷이 보급되고, 90년대 이동전화에 이어 2000년대 후반에 마침내 스마트폰이 등장했지요. 통신 기술의 발달과 더불어 메시지 소통 방식의 주도권 또한 음성에서 문자로, 나아가 이미지와 영상으로 빠르게 진화하고 있습니다.

문자 메시지는 개인들 간의 소통 수단을 넘어 이젠 기업이나 조직의 업무용 커뮤니케이션 도구로 자리잡아 가고 있습니다. 팀 동료나 전 직원이 단체 대화방을 통해서 업무를 전달하고 공유합니다. 업무 보고와 지시, 안건 협의가 메신저를 통해 실시간으로 이루어집니다. 메신저가 갖는 여러 가지 장점들 덕분이죠.

어떤 특징들이 있는지 잠시 살펴볼까요?

첫째, 메시지는 소리가 나지 않습니다.

타자기나 PC 키보드라면 타이핑 소리라도 나겠죠. 하지만 스마트폰 액정에서는 손끝 스침만으로 입력이 가능합니다. 소리가 나지 않는다는 것은 주위의 신경을 끌지 않을 뿐만 아니라, 끼리 끼리 나누는 낮은 귓속말처럼 서로 내밀한 비밀을 나눌 수 있다는 점에서 탁월합니다. 모든 사람들은 본능적으로 프라이버시를 보호하고자 합니다. 때문에 '소리 없이' 1:1로 나누는 메시지는 비밀 대화에 적합합니다. 흔히 연예인이나 정치인과 같은 공인들이 수사 대상에 오르면 제일 먼저 개인적으로 나눈 메시지 대화 내용부터 추적하게 되는 이유도 이 때문이죠.

둘째, 메시지는 실시간 소통을 지원합니다.

메시지의 가장 큰 강점은 상대방이 온라인 상태일 경우 실시간 소통이 가능하다는 점입니다. 실제로 카카오톡이나 페이스북 메신저는 내 메시지가 상대방의 기기에 도달되었는지 여부는 물론이고 상대가 메시지를 수신하고 읽었는지 여부까지 추적해서 실시간으로 알려줍니다.

메시지 앱들의 이같은 특성은 조직 간 업무 협업이나 정보 공유가 필요한 경우 매우 긴요합니다. 특히 업무 공간이 떨어져 있어 대화나 모임이 여의치 않을 경우 실시간 채팅이나 원격 화상 회의가 대안으로 제공됩니다. 빠르고 정확한 정보 공유와 신속한 의사 결정이 중요해질수록 실시간 메신저의 유용성은 더 커집니다.

실전팁 01 카카오톡과 페이스북 메시지에서 상대방의 수신 여부를 확인하려면?

- 카카오톡 1:1 메시지에서 보낸 메시지 앞에 1숫자 표시가 사라지면 상대방이 수신(읽음)했음을 의미합니다. 100명 이상 참여하는 단체 대화방의 경우 수신 대기자(읽지 않은 수)가 100명을 넘어가면 99로만 표시됩니다.

- 페이스북의 경우 메시지 말풍선 오른쪽 아래 동그라미 안에 체크 표시가 나타나면 전송 완료, 배경이 회색으로 바뀌면 '수신(송달)되었으나 아직 읽지 않음'을 뜻하고, 아이콘이 상대방의 프로필 사진으로 바뀌면 수신자가 받은 메시지를 '읽었음'을 의미합니다.

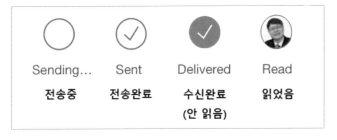

셋째, 메시지는 빠른 반응을 일으킵니다.

이메일이 주요한 업무 소통 수단으로 쓰이던 시절에 한쪽에서 이메일을 보내면 그에 대한 회신을 기다리는 시간은 통상 하루(24시간) 정도였습니다. 하지만 메신저를 통해 전송을 했을 때는 상대가 잠시 자리를 비

웠거나 다른 업무 중이라 해도 보통 15~30분 이내 회신 응답이 올 것을 기대하는 게 보통입니다. 모바일 메신저의 경우 회신이 오기까지 대기 시간은 더 짧습니다.

실제로 쇼핑몰에서 이벤트 안내 푸시 문자 등을 보낼 경우 해당 메시지에 대한 클릭 또는 방문 반응이 불과 15~30분 내에 이루어지는 비율이 매우 높다고 합니다. 그런 만큼 즉각적인 반응 행동을 기대하는 비즈니스나 광고일수록 메시지는 다른 어떤 수단보다도 활용도가 높습니다.

넷째, 메시지는 확산과 전파가 용이합니다.

인터넷 포털 시대에 커뮤니티 서비스의 주역은 '온라인 카페' 들이었죠. 메신저가 애용되면서 카페나 그룹 멤버간 소식 공유와 전달이 단체 대화방이나 SNS 그룹 채팅으로 바뀌기 시작합니다. 다른 사람에게 전파가 필요하면 메시지 [복사] 또는 [전달] 기능을 통해 단 몇 번의 터치만으로 공유해줄 수 있습니다. 또 필요하면 [초대] 기능을 통해 친구를 즉시 불러와 대화방의 내용을 통째로 공유해주는 것도 가능합니다. 콘텐츠의 빠른 확산과 전파를 일으키는 데 모바일 메신저만큼 강력한 도구를 찾기는 쉽지 않습니다.

그 밖에도 메신저가 가져온 혁신성과 편리함은 무척 많습니다. 그리고 이러한 장점들이 음성 통신이 차지했던 지위를 비교적 짧은 기간에 무너뜨린 원동력이라 할 것입니다. 이제 메신저가 없는 개인간 소통이나 협업 환경은 상상하기 어려운 게 현실입니다. 그렇다고 메신저란 녀석이 마냥 좋기만 한 존재일까요?

아무리 강점이 많은 도구라 해도 단점이나 폐해가 없을 순 없습니다. 세상에 어떤 기술이나 훌륭한 도구도 사용자가 어떻게 쓰는가에 따라 장점이 곧 단점이 될 수도 있는 까닭입니다.

첫째, 시도 때도 없이 울리는 호출음은 공해입니다.

실시간 소통 수단이자 개인간 비밀 소통이 가능한 장점이 큰 만큼, 내가 알지 못하는 사람이나 그룹에서 나를 임의로 강제 초대하거나, 업무 시간도 아닌 야간 시간이나 휴일에 호출을 해오는 것은 내용 여하를 떠나 엄청난 짜증과 스트레스를 일으킵니다. 실제로 퇴근 이후나 공휴일에 들어오는 직장 상사의 메신저 호출이나 업무 지시는 법으로 금지하자는 법안이 나올 정도로 직장인들에게 심각한 사안으로 받아들여집니다.

둘째, 원치 않는 알림이나 대화방 초대는 스팸입니다.

메시지는 속성상 내용을 확인하는 순간 즉각적인 대화나 행동을 요구받기 때문에 알고 싶지 않은 메시지가 동의 없이 들어오면 그 자체가 스팸입니다. 친구 사이라는 이유만으로 상대의 의사도 묻지 않고 단체 대화방에 임의로 초대하거나 원치도 않는 메시지를 보내오는 것 역시 큰 결례를 범하는 짓입니다. 보고 싶지 않은 광고 메시지만 스팸인 게 아닙니다. 굳이 말 섞고 싶지 않은 사람들이 일방적으로 보내오는 메시지, 관심 없는 주제의 토론이 벌어지는 공간에 강제 초대되는 것도 스팸입니다. 초대한 사람의 성의를 무시하는 것 같아서 차마 탈퇴(나가기)하지 못하고 원치 않는 대화를 억지로 지켜보는 것 또한 큰 심적 고통을 초래하니까요.

셋째, 불청객의 단톡방 입장은 다중의 짜증을 부릅니다.

단체 대화방을 개설해 운영하거나 가입해서 활동하다 보면 '대화방 폭파' 라는 상황을 종종 겪게 됩니다. 대화방에 모인 사람들의 규모가 클수록, 구성원들간에 입장과 관점이 달라서 논쟁이 발생하기 쉬운 대화방일수록 이런 위험이 커집니다. 특히 정치나 종교적 입장이 다르거나, 혹은 회원들간 사적인 감정 대립이 증폭되어 예의를 벗어나게 되면 논쟁이 싸움으로 번집니다. 참을 수 없는 짜증과 갈등을 유발하고 심하면 편싸움으로 치닫게 됩니다. 이런 경우 대화방 참여자를 강제로 퇴장시킬 수 있는 장치가 없을 때 이런 갈등을 해소하는 최후 수단으로 선택하게 되는 방법이 '대화방 폭파' 라는 극약 처방이죠.

넷째, 익명이나 닉네임 기반 대화는 무책임을 낳습니다.

오픈 채팅방의 경우 대화방 링크 주소만 알면 누구나 들어와서 단체 대화에 참여할 수 있습니다. 상업적 홍보를 허용한 경우 대화방을 홍보 수단으로 삼으려는 사람들이 대화창을 광고 메시지로 도배하기 십상입니다. 익명이나 닉네임 사용을 허용하면 대화에 대한 책임성까지 약해집니다. 사행성이나 선정성이 강한 낚시성 콘텐츠가 넘치게 되고 결국 대화방 전체가 당초의 개설 의도와 달리 쓰레기 스팸 메시지 공간으로 변질되어 버립니다. 대화방 참여자들 간에 지켜야 할 규칙과 운영 원칙을 명확히 정해두지 않으면 단톡방이나 오픈 채팅은 당초 의도와 무관하게 나쁜 경험을 선사하기 십상입니다. 그 결과 대화방을 개설한 측의 평판이나 브랜드 이미지를 떨어뜨리는 역효과를 부르기도 합니다.

이와 같이 메신저는 이용자의 의도에 따라 장점과 단점이 교차하는 양날의 칼과 같은 도구입니다. 메신저를 제대로 이용하고 싶다면 메신저가 어떤 도구인지, 어떤 목적으로 어떻게 운영할 것인지에 대해 미리 충분히 공부하고 고민해야 합니다. 특히 메신저를 마케팅이나 비즈니스 목적으로 활용하려거든 무작정 써먹으려고 달려들기에 앞서 여러 가지 성공 사례뿐만 아니라 실패 사례도 두루 살펴두는 게 좋을 것입니다.

3 국내외 메시징 서비스 시장 현황과 미래

이 책은 카카오톡을 중심으로 여러 모바일 메신저를 활용하여 마케팅과 비즈니스에 효과적으로 활용할 수 있는 실무 기법과 노하우를 전달하는 게 첫째 목적입니다. 어떤 업종, 어떤 규모의 조직에서, 어떤 목적으로 쓰려고 하는가에 따라서 선택할 수 있는 메신저 앱이 다를 수 있습니다. 여러 메신저의 특징과 장단점을 잘 알면 그만큼 시행착오를 줄일 수 있겠죠. 비교적 많이 알려진 대표적인 메신저들의 시장 점유 현황을 중심으로 각 메신저들이 어떤 특장점을 가지고 있는지 살펴보는 것으로 이야기를 풀어가 보죠.

3-1 | 전 세계 글로벌 메시지 시장을 천하통일한 페이스북

아래 그림은 2019년 초를 기준으로 각 나라에서 사용자수 1위를 차지하고 있는 메신저 및 SNS 앱을 지도 위에 색으로 표현한 세계 지도입니다. 이후 이 지도의 색깔은 거의 변동이 없습니다. 앞서도 얘기했듯이 메신저 시장은 한번 독점적 앱이 생겨나면 쏠림 현상이 더 커지는 특성을 갖고 있습니다. 특정 앱이 상위를 차지하게 되면 독점 현상이 고착화되기 때문에 특별한 사정이 없는 한 더 이상 순위 변동이 일어나지 않습니다. 지도를 살펴보면 지구촌 메신저 분포가 어떤 형국인지 한눈에 들어 옵니다.

[그림7] 전 세계 상위 메신저 분포 현황(출처: Hootsuite & wearesocial, 2019.1)

지도에서 녹색으로 보이는 곳들이 왓츠앱이 1위를 하는 곳으로 무려 133개국에 달합니다. 왓츠앱은 2014년에 페이스북이 무려 20조원의 거액을 주고 인수한 세계 최대 규모의 메신저 서비스입니다.

파란색으로 표시된 75개국은 페이스북 메신저가 1위를 차지한 곳들이죠. 두 색깔을 제외하면 바이버를 사용하는 유럽의 일부 나라를 빼면 오로지 중국(위챗), 일본(라인), 한국(카카오톡) 세 나라만이 자국이 개발한 메신저로 1위 자리를 지키고 있습니다. 전 세계 약 230개 국가 중에서 208개 나라가 페이스북의 영향권 아래 놓인 셈이지요. 가히 페이스북의 '메시지 천하통일'이라고 부르지 않을 도리가 없습니다.

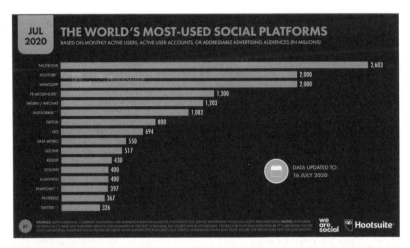

[그림8] 전 세계 주요 소셜 플랫폼 이용자 수 현황(출처: Hootsuite & wearesocial, 2020.7)

　이같은 글로벌 시장 점유율에 힘 입어 페이스북이 보유한 메신저(왓츠앱과 페이스북 메신저)의 사용자 수는 2020년 7월 현재 각각 20억명과 13억명에 이릅니다. 명실공히 지구촌 최대의 단일 메시지 통신 네트워크를 구축하는 대업을 달성한 셈이죠.

　페이스북의 전세계 메신저 시장의 단일화는 기대 못지 않게 불안감을 야기하는 것도 사실입니다. 잇따른 개인정보 유출 사건과 관련하여 개인들의 프라이버시가 보장되지 못하는 불안감과 더불어, 글로벌 사용자들의 통신 정보가 특정한 1개 사기업의 수중에 넘어가 그들의 정책 결정에 따라 좌우될 수 있다는 우려가 커지고 있기 때문이지요.

　글로벌 메신저 시장의 통일과 단일화가 마케터들에게 시사하는 바는 무엇일까요? 그것은 바로 누가 뭐라든 글로벌 비즈니스를 원하는 개인이나 기업들이라면 전 세계를 향한 비즈니스 활동 창구가 메신저를 통해 열려 있음을 의미합니다. 전 세계 시장을 수출 대상으로 삼고 있는 기업이나 경제 활동 기반으로 삼으려는 조직이라면 이것은 굉장한 기회가 자연스럽게 열려 있는 것이나 다름 없습니다.

위챗의 위력이 막강한 중국 시장을 제외하더라도 막대한 인구 수와 성장력으로 전 세계에서 가장 뜨거운 주목을 받고 있는 시장인 바로 아시아 지역입니다. 북남미나 유럽은 말할 것도 없고, 동남아시아권이나 인도, 심지어는 아프리카도 페이스북 메신저나 왓츠앱을 빼면 선택할 수 있는 모바일 소통 창구를 찾기 어려운 상황임을 직시해야 합니다.

왓츠앱이나 페이스북 메신저가 다른 메시징 서비스에 비해 어떤 특장점을 지니고 있는지에 대해서는 다른 기회에 좀 더 다루기로 하고, 여기서는 소통 채널의 단일화와 세계 통일이 갖는 중요성만 다시 한번 강조해 둡니다.

3-2 | 메시지 마케팅의 진화를 선도하는 중국의 위챗 💬

페이스북 못지 않게 모바일 메신저를 기반으로 한 경제 시스템 통합을 가장 선도적으로 추진하고 있는 곳은 중국입니다. 중국이 주도하는 모바일 메신저의 대표 주자가 바로 위챗(WeChat)이지요. 중국에서 '웨이신(微信)'이라 부르는 위챗의 개발사는 게임 개발업체로 잘 알려진 텐센트입니다. 텐센트가 카카오 주식의 6.7%에 상당하는 지분을 갖고 있다는 것도 눈여겨 볼 일입니다.

위챗은 텐센트가 2011년 1월에 처음 출시한 '모바일 인스턴트 메신저' 서비스입니다. 출시 후 불과 5년이 되지 않은 2015년 말에 가입자 수 10억명을 돌파했습니다. 2020년 기준 활성 사용자 수만 해도 12억 명이 넘는 규모로 중화권 사람들 대부분이 일상적으로 사용하는 생활 필수 앱으로 자리잡았습니다. 페이스북의 지배 구조에서 거의 유일하게 맞서고 있는 메신저라 할 수 있습니다.

중국 대륙의 특성상 PC 기반 유선 인터넷 대신 모바일 통신망에 기반하여 경제를 키우고자 했던 중국 정부의 의지가 맞물려 위챗은 송금 및 결제 서비스와 연결되어 경제 활동의 주력 수단으로 빠르게 진화했습니다. 페이스북이나 카카오톡이 메신저에 송금 기능을 서둘러 탑재한 것도 위챗 페이 결제 시스템의 성공에서 자극받은 바가 크다는 건 익히 알려진 사실입니다. 실제로 위챗과 연동되어 구동되는 위챗 페이는 알리 페이와 맞먹는 시장 점유율을 자랑하고 있습니다.

위챗의 수많은 기능과 다양한 비즈니스 연동 방식은 책으로 풀어도 지면이 모자랄 정도입니다. 특히 위챗은 계정 자체가 '비즈니스 홈페이지'의 역할을 겸하고 있기 때문에 모바일 메신저의 하나 정도로 가볍게 여기면 위험합니다. 아시아권을 상대로 비즈니스를 펼치려 할 때 페이스북과 인스타그램을 소홀히 여기면 안 되듯이 중국을 상대로 비즈니스나 마케팅을 전개할 필요가 있는 경우라면 위챗을 어떻게 활용할지 치밀하게 연구하고 준비해야 합니다. 적어도 중국 비즈니스에 관한 한 소통은 위챗에서 시작해서 위챗으로 끝난다고 해도 과언이 아닙니다.

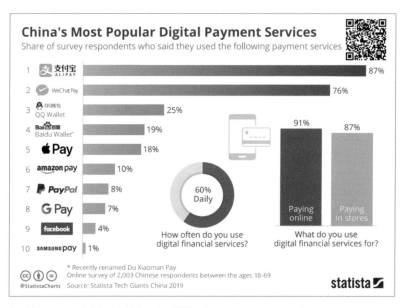

[그림9] 중국 주요 디지털 결제 서비스 이용 현황(출처: statista, 2019.3.19)

대한민국의 메시지 시장을 독점한 카카오톡에 대해서는 뒤에서도 계속 언급할 수밖에 없습니다. 그러니 카카오톡에 대한 소개 대신 여기서는 라인에 대해 조금 더 짚어보고 넘어가죠.

라인이 일본에서 정상을 차지하고 있는 메신저 서비스라는 것은 모두가 아는 사실입니다. 그런데 라인을 개발한 회사가 '네이버재팬'이라는 점을 거론하면 얘기가 미묘해집니다. 과연 라인은 일본 것인가, 한국(네이버) 것인가 하는 의문이 드는 게 인지상정인 탓이겠죠. 특히 2019년 이후 일본 정부의 일방적인 수출 규제를 둘러싸고 벌어진 한일 양국간 갈등을 고려하자면 개별 기업의 철학이나 행태를 불문하고 일본 제품이라는 사실만으로도 거리 두기가 필요한 미묘한 시점이기에 더욱 그렇습니다.

일본 인구 1억 2천만 명 중 라인을 쓰는 사용자 수는 2019년 기준으로 8천 만 명이 넘습니다. 대만과 태국, 인도네시아 등지에 이르기까지 전체 이용자 수는 약 1억 6천만 명으로, 주류 메신저로 보긴 어려워도 존재감은 분명히 인정받는 메신저입니다. 특히 2019년 말에 야후재팬과 경영 통합 선언은 미국 중심의 GAFA(구글-애플-페이스북-아마존)와 중국 중심의 BATH(바이두-알리바바-텐센트-화웨이)가 주도하고 있는 전 세계 인터넷 시장 구조에 맞서 한국과 일본이 힘을 합쳐 최소한의 버팀목을 마련하려는 시도라고 풀이됩니다.

두 회사가 구체적으로 어떤 분야에서 어떻게 협력해 나갈지는 미지수입니다. 다만 야후재팬을 거느리고 있는 소프트뱅크 손정의 대표가 인공지능에 미래를 걸고 있고, 네이버 또한 AI 분야에서 경쟁력을 높이기 위해 사력을 다하고 있는 만큼 이 분야에서 의미있는 시너지 효과가 날 것이라는 기대가 많습니다. 향후 지켜볼 여지가 많은 대목이죠.

라인의 두드러진 특징은 일본 사람들의 모바일 문화를 수용하여 캐릭터와 이모티콘 등을 메시지에 도입하여 성공시킨 점입니다. 아기자기한 캐릭터를 선호하는 일본 및 아시아 시장의 문화를 발판 삼아 메신저 안에 다양한 이모티콘을 제공합니다. 사용자들이 이들 이모티콘을 더 친숙하게 받아들여 사용토록 하고, 다시 이를 캐릭터 상품화시켜 추가 파생 시장을 키워나가는 비즈니스 모델은 매우 영리한 전략으로 참고할 점이 많습니다.

누가 뭐래도 라인은 네이버의 기술진이 주도적으로 개발한 글로벌 메신저로, 페이스북에 맞서는 몇 개 안 되는 서비스 중 하나입니다. 우리

민족의 창의성과 개발력이 카카오톡과 라인을 통해서 입증되었다는 점에서 자부심을 가져도 좋을 것입니다. 미국과 중국이 주도하는 모바일 메신저 전쟁에서 라인과 카카오가 어떻게 자신들의 주력 시장을 사수하고 세계로 더 뻗어 나갈 수 있을지 미래가 궁금해집니다.

3-4 │ 기업 시장에서 주목해야 할 업무용 메신저, 슬랙과 잔디

얼핏 보면 모바일 메신저 시장은 페이스북과 위챗 양대 진영으로 게임이 끝난 시장으로 보입니다. 더 이상은 새로운 강자가 나올 여지가 없이 시장이 포화 상태에 이른 게 아닌가 싶습니다. 그런데 기업 내 업무 협업과 팀 워크 소통에 탁월함을 무기로 메신저 시장의 틈새를 파고 들어 급속히 성장하는 메신저가 하나 있습니다. 바로 '슬랙'입니다.

우리나라 기업 근무자들에게 선호되는 업무용 메신저는 네이트온이 가장 오랜 역사를 지녀왔지요. 2017년 말을 기점으로 텔레그램이 네이트온 모바일 앱을 앞지르기 시작했습니다.

업무용 메신저는 통상 특정한 업무 목적에 적합하다고 판단할 경우 혼자서만 쓰지 않고 해당 조직이나 팀원 전체가 집단적으로 사용하게 됩니다. 결국 한 번 쓰게 되면 팀 전체가 메신저를 바꾸지 않는 한 강하게 고착되고 헤비 유저(월간 실행 일수가 20일 이상인 사용자)층이 생기게 마련입니다. 따라서 기업용 메신저는 단지 설치자 수만 아니라 헤비 사용자 수가 미래를 보기에 유용합니다. 헤비 유저의 경우 2017년 가을 이래로 네이트온이 고정적인 데 반해 텔레그램 사용량은 지속적으로 늘고 있어 차이가 벌어지고 있습니다.

이런 와중에 국내 기업 시장에서 소리 소문 없이 업무용 메신저로 꾸준히 성장해온 메신저가 하나 있습니다. '잔디'가 그 이름입니다. 잔디는 2014년에 설립된 국내 스타트업 기업인 토스랩이 만든 업무용 메신저로, 해외에서 업무용 메신저로 급성장하고 있는 '슬랙'과 비교됩니다. 클라우드 기반 기업용 메신저라는 면에서 기능이 비슷하면서도 다른 특징들이 있기 때문이지요.

잔디는 독특하고 사용하기 쉬운 환경을 제공하고 있어 불과 4~5년만에 빠르게 안착한 편입니다. 모바일 버전이 스마트폰 메신저와 거의 비슷한 방식이어서 소비자가 쉽게 쓸 수 있고 속도가 빠르다는 게 강점입니다. 특히 팀원들 간에 응원, 칭찬, 격려, 감사 등의 감정을 여러 가지로 표현할 수 있는 이모티콘을 다양하게 갖춘 것도 해외 메신저와 구별되는 장점으로 꼽힙니다.

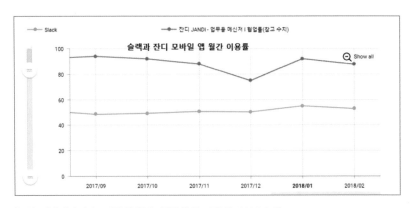

[그림10] 슬랙과 잔디 모바일 앱 월간 이용률(출처: IT동아, 2018.3.8)

국내 활성 사용자 수는 2018년 2월 기준으로 슬랙이 8만여 명, 잔디가 6만여 명 수준입니다. 둘 다 10만 명을 넘지 못하는 수준이지만 헤비 유저층의 수는 잔디가 약 4만 명으로, 3만 명 정도인 슬랙을 앞섭니다.

월간 이용률 또한 슬랙이 53% 정도인데 비해 잔디는 82%가 넘습니다. 한번 쓰기 시작한 사람들은 충성 고객으로 남는다는 뜻이니 경쟁력이 상당하다는 얘기죠.

잔디는 누적 투자액 125억원을 얻어 아시아 시장으로 확산을 모색하고 있습니다. 그에 반해 슬랙은 2009년 설립 이래 소프트뱅크와 악셀로부터 유치한 투자금만 1조 5천억 원이 넘습니다. 기업가치는 주식 시가총액을 기준으로 100억 불을 훌쩍 넘겼지요. (2020년 1월 24일 기준)

그럴만도 한 것이, 슬랙의 창업자는 사진 공유 SNS로 유명했던 플리커를 개발했던 주역들이고, 미국을 중심으로 전 세계 하루 사용자 수만도 1천만 명이 넘는 메신저입니다. 2025년까지 5천만 명 이상이 사용할 전망이라니, 유망주로 주목 받지 않으면 오히려 이상한 일이지요.

슬랙은 기존 메신저나 이메일에 비해 대화 내용을 손쉽게 검색할 수 있고, 구글 드라이브나 드롭박스 등 외부 프로그램과 연동이 가능하다는 점이 제일 큰 장점입니다. 특히 단체로 채팅을 하다가도 특정한 사안이 소수에 국한된 주제인 경우에는 해당 메시지로부터 곧장 새로운 가지를 쳐서 해당 주제와 관련된 사람끼리만 따로 하위 대화방을 만들어 대화를 지속할 수 있습니다. 관련 없는 사람들은 굳이 신경을 쓸 필요가 없어지는 것이죠. 그 외에도 음성 채팅, 화상채팅 등 다양한 기능을 추가하며 가파른 성장세를 이어가고 있어 슬랙의 미래가 주목됩니다.

바야흐로 글로벌 경쟁은 대기업뿐만 아니라 스타트업 세계에서도 치열하게 벌어지고 있습니다. 카카오톡이 페이스북 메신저의 도전을 막아냈듯이, 국내 업무용 메신저의 강자로 떠오른 잔디가 과연 슬랙의 국내 상륙을 막아내고 토종의 자존심을 지켜낼 수 있을까요?

chapter

2

메신저는 어떻게 마케팅 플랫폼으로 진화했나

앞 장에서 사람들의 소통 방식이 변해온 역사와 더불어 모바일 메시지가 갖는 소통 수단으로서의 장단점 등을 살펴보았습니다. 아울러 세계 메신저 시장의 경쟁 현황과 국내 토종 메신저들이 어떻게 응대하면서 대처해 나가고 있는지 주요 메신저 서비스들의 현황도 함께 살펴 보았습니다.

이번 장에서는 음성에서 메시지로 바뀐 소통 방식의 변화가 정보 전달 및 콘텐츠 유통에는 어떤 변화를 초래했는지 구체적으로 살펴봅니다. 나아가 메신저를 비즈니스 목적으로 활용할 경우 어떤 특성과 기능에 주목하면 더 효과적일지에 대해서도 알아보겠습니다.

① 음성에서 메시지로, 소통 방식의 7가지 변화

1-1 | **무료화 : '메시지 앱'의 대중화를 촉발시키다** 💬

2007년 '아이폰'의 등장은 딱 10년만에 사람들의 커뮤니케이션 방식을 근본적으로 바꾸어 놓았습니다. '스마트폰'은 '폰'이 아닙니다. '모바일 PC(개인용 컴퓨터)'라고 불러야 합당합니다. 이 컴퓨터는 데스크톱과 달리 고해상도 카메라에 고감도 마이크는 기본이고, GPS 신호를 통한 위치 파악 기능부터 손동작을 감지하는 액정 터치 패드, 중력 감지 센서까지 장착한 '만능 기기'입니다. 후각을 제외한 거의 모든 인간의 감지 기능을 갖추고 태어난 '신개념 PC'인 셈이죠.

'이동 통신망과 스마트폰의 결합'을 통해 주어진 '디지털 통신' 환경은 지금까지와는 차원이 다른 커뮤니케이션을 가능하게 해주었습니다. 음성 통화 중심의 소통이 메신저와 SNS를 통한 메시지 송수신 방식으로 바뀌기 시작한 것이죠. 특히 트위터나 페이스북 같은 앱들이 스마트폰을 통해 공짜로 제공되면서, 사용료를 따로 내야만 쓸 수 있었던 음성통화나 문자 서비스를 대체하는 현상이 폭발적으로 확산되었습니다.

카카오톡이 처음 나왔을 때도 안드로이드폰과 아이폰 사이에 무료로 문자 메시지를 교환할 수 있다는 점이 사람들을 미치도록 만들었죠. 음성 전화를 쓰던 사람들은 물론이고 유료 문자를 애용하던 젊은 층들까지 단번에 스마트폰으로 갈아타게 만든 원동력이 되기에 충분했던 것입니다. 요컨대 메신저 앱과 SNS가 음성통화나 단문메시지 서비스를 사실상 '무료화'시킨 것이야말로 짧은 기간에 스마트폰 사용자를 늘린 으뜸 공신입니다.

1-2 | 무음화 : 소리 없는 커뮤니케이션 수단이 부활하다 💬

메시지 소통은 입력과 표현 방식의 제약에도 불구하고 음성보다 편리한 요소들이 적지 않습니다. 남들이 엿들으면 곤란한 비밀 대화를 나눈다든가, 상대방이 다른 업무나 미팅에 집중하고 있을 때 방해를 줄인다든가, 서로 분리된 공간에서 실시간으로 여럿이 업무 협의를 해야 한다든가 할 때 메신저는 진가를 발휘합니다. 사용자 층이 줄지 않고 꾸준히 확대되는 메신저들의 쓰임이나 이용 목적을 살펴보면 이런 점들이 잘 드러납니다.

특히 전화와 구별되는 가장 큰 특징은 소리를 내지 않고 소통할 수 있다는 점입니다. 기존에 편지나 이메일, PC 기반 메신저 서비스들 또한 음성 없이도 소식과 정보를 주고 받을 수 있는 도구였습니다. 여기에 스마트폰이 더해준 기능은 시간과 장소에 구애 받지 않게 해준 것입니다. 집이나 사무실이 아니어도, 데스크톱이나 노트북이 없어도 손바닥 PC 하나면 24시간 밤이건 낮이건 소통이 가능해진 것이죠.

중고등학교 시절 학교에 등교하면 수업 시간 중 휴대폰을 압수당해야 했던 이유가 무엇일까요? 게임을 하든 문자를 날리든 선생님 몰래 '소리 없이' 딴짓을 할 수 있는 최고의 도구였던 까닭이겠죠. 요즘 지하철에서는 누구도 큰 소리로 떠들면서 통화하지 않습니다. 민폐거든요!

1-3 | 동기화 : 폰에서 만든 정보를 클라우드 서버에 담다

스마트폰에서 생성한 모든 콘텐츠는 '동기화'를 통해 클라우드에 대부분 실시간으로 저장됩니다. 스마트폰의 '인터넷' 웹브라우저 앱을 통해 새로운 정보를 찾는 것도 클라우드 서비스 덕분입니다. 원격 서버에 접속하여 수행한 검색 실행 결과를 폰에 뿌려주는 '모바일 컴퓨팅' 기술 덕에 우리는 언제든 길을 가면서도 정보를 검색하고 원하는 어플을 찾아 구동할 수 있게 되었습니다.

덕분에 친구나 지인들의 전화번호를 일일이 내 머리 속에 외우고 기억해야 할 필요도 사라졌지요. 스마트폰 하나면 언제 어디서든 문자를 날리고, 사진을 찍고, 영상을 남길 수 있게 되면서 따로 카메라를 들고 다닐 필요도 없어졌습니다.

모든 사람들이 각자 전용 전화기를 24시간 쥐고 있으니 공중전화는 말할 것도 없고 집 전화기조차도 쓸모 없게 되었죠. 심지어는 스마트폰을 잃어버리거나 망가뜨려도 당황할 필요가 없어졌습니다. 중요한 정보는 이미 클라우드에 백업되어 저장되어 있으니까요!

1-4 | 그룹화 : 끼리끼리 모여 유유상종 그룹을 이루다

스마트폰과 함께 성장한 SNS들은 평소 못 보던 친구나 지인은 물론이고, 비슷한 관심사를 갖고 있는 다른 누군가와 온라인 관계를 맺고 지구촌 전체와 소통할 수 있는 환경을 만들어주었습니다. 트위터와 페이스북으로 시작된 SNS 열풍은 불과 10여 년 만에 지구촌 26억 명을 하나의 네트워크로 묶어 연결해 주기에 이르렀죠.

다종 다양한 사람들의 즐거운 '상태' 정보가 속속 올라오고 공유되는 것에 많은 사람들이 빠져 들었습니다. SNS 중독이 게임 중독에 버금갈 만큼이나 사회적 걱정거리로 거론되기도 했죠. 그러나 페이스북 15년 역사를 돌이켜보면 사용자 수는 꾸준히 증가했지만 전체 사용시간은 반토막 난 상태입니다. 날이 가고 해가 가도 '그 밥에 그 나물'인 게시물에 지치고, 오랜만에 만난 친구도 자주 보면 식상해지는 게 사람들의 속성인 탓이었죠.

결과적으로 SNS 공간은 개인적 친분이 있거나 관심사나 취미가 유사한 멤버들, 혹은 사회적 현안에 대해 입장이 비슷한 사람들끼리 서로의 생각이나 활동을 지지, 응원해주는 나눔 공간으로 정착되어 가고 있습니다. 페이스북도 브랜드 페이지를 육성하여 광고 활용도를 높이고자 하던 방향에서 벗어나 최근에는 그룹 내 참여와 토론, 학습과 멘토링 기능을 한층 강화하고 있습니다.

1-5 | 시각화 : 이모티콘과 스티커, 캐릭터 시장을 낳다 💬

스마트폰의 가장 탁월한 점은 사용자의 필요에 따라 새로운 기능이나 콘텐츠를 가게에서 물건을 구입해서 쓰듯이 '앱'을 추가해서 쓸 수 있게 한 것입니다. 어떤 기능이든 '앱스토어'에 접속해 [설치]하고 [열기]로 불러오면 바로 쓸 수 있는 '개인 맞춤형' 만능 도구인 셈이죠. 기본적인 앱은 대부분 무료로 제공되는데, 메신저 앱에서 가장 많이 애용되는 부가 서비스는 이모티콘이나 스티커를 다운로드 받는 것입니다.

이모티콘이나 캐릭터 스티커를 이용하면 텍스트나 정지 이미지 만으로는 쉽게 전할 수 없는 내면의 감정이나 다양한 심리 상태를 재미를 더해주면서도 더 온전하게 전달할 수 있습니다. 사람의 감정은 구구절절 글이나 말로 풀어 설명할 수 없는 경우가 많습니다. 심지어 사진이나 영상을 통해서도 표현하기 어려운 상황도 적지 않습니다. 이런 때 맞춤 대안인 셈이지요.

페이스북이 메신저에 대화 중 사용할 수 있는 각종 스티커를 꾸준히 추가하는 것이나, 카카오나 라인이 다양한 캐릭터와 스티커, 이모티콘을 스토어까지 만들어 제공하는 것도 같은 이유입니다. 외부 개발자들이 각자 만든 이모티콘이나 스티커를 올려 판매할 수 있도록 장을 만들어주는 것도 이와 같은 시각적 표현 요소들이 감정 소통을 더 풍부하게 하고 상호 대화를 촉진한다는 것을 잘 알기 때문이죠.

1-6 | 영상화 : 더 짧은 시간에 더 많은 정보를 전한다

이동통신 기술의 눈부신 발전은 텍스트 몇 줄을 문자로 보내기에 벅 찼던 과거를 걷어내고 사진 이미지를 넘어 동영상을 스트리밍 방식으로 끊김 없이 볼 수 있게 해주었습니다. 마침내 '업로드-다운로드'가 필요 없고 '유선보다 빠른 무선'을 자랑하는 '5G 시대'가 열렸습니다. 이런 시 대에 더 큰 주목을 끄는 서비스는 당연히 이미지와 동영상 공유 서비스 들이죠.

최근 유튜브와 더불어 지속적으로 성장하는 SNS는 인스타그램과 틱 톡입니다. 이들 서비스에 올라오는 게시물의 유형을 살펴보면 동영상이 꾸준히 늘고 있는 반면 텍스트나 오디오 콘텐츠는 줄어드는 현상이 두드 러집니다. 사진이나 이미지 콘텐츠 역시 동영상화되는 현상이 엿보입니 다. 메신저를 통해 유통되는 콘텐츠 또한 텍스트에서 이미지로, 다시 영 상으로 변화하는 흐름을 탈 수밖에 없습니다.

1-7 | 공개화 : 개인에서 단체로, 비밀방에서 오픈방으로!

카카오톡에 새로 추가되는 기능이나 변화들을 살펴보면 점점 더 개 인들간 폐쇄 비밀형 1:1 소통 방식보다 여러 사람들을 초대하여 함께 공 개적으로 이야기를 나눌 수 있는 오픈 채팅방의 기능을 강화하는 흐름 이 두드러집니다. 누구나 쉽게 참여할 수 있는 오픈 채팅 공간을 제공하 고, 개인 프로필(실명) 대신 대화방에 따라 여러 가지 닉네임(예명)을 만 들어 사용할 수 있도록 지원합니다. 채팅방별로 관리자와 부방장 기능을 도입하고 메시지 [숨기기] 기능을 도입하는 것도 여럿이 참여하는 대화에서 피로를 느끼거나 이탈자가 발생하는 것을 막기 위한 예방 장치들이죠.

　이처럼 단톡방이나 오픈 채팅의 관리 기능을 강화하는 것은 인터넷 카페나 네이버 밴드와 같은 커뮤니티의 역할을 모바일 메신저로 대신하려는 전략의 일환으로 해석됩니다. [플러스 친구]를 [카카오톡 채널]로 이름을 바꾸고, 채팅 목록 상단에 [비즈보드]라는 광고 배너를 노출하는 것도 비슷한 흐름이죠. 메신저를 비즈니스 도구로 진화시키고, 메신저 서비스 공간들을 광고 지면으로 재활용하려는 시도라 보아야 할 것입니다.

2 1:1 대화에서 1:N, N:N 커뮤니케이션 방식으로

앞에서 모바일 메신저를 활용한 소통의 주요 특징들에 대해 정리해보았습니다. 지금부터는 여러 변화 요소들 중에서 가장 핵심적인 몇 가지 특징을 추려서 왜 그러한 변화들이 일어나는지 좀 더 세부적으로 살펴보고, 실제 마케팅에 적용할 수 있는 시사점을 찾아 보도록 하죠.

2-1 | 1:N 대화의 장점, 같은 이야기를 반복할 필요가 없다

메시지 소통이 점차 1:1 소통보다 1:N 방식, 이른바 일대다수 방식 혹은 N:N 집단 토론 방식으로 확장되는 까닭은 무엇일까요? 그것은 바로 '대화의 경제성' 때문입니다. 같은 메시지를 반복해서 이야기할 필요가 없다는 겁니다. 간단한 예로 청첩장이나 부고를 전하는 경우를 생각해보세요. 상호 부조를 필요로 하는 애경사는 가능한 더 널리 더 많은 사람들에게 알리는 게 일반적인 관행이죠. 고지 책임을 맡은 사람은 더 많은 이들에게 알리려고 애 쓰게 마련입니다.

전화에 의존하던 시절이라면 '연락 총무' 역할을 맡은 누군가가 한 사람씩 차례로 전화를 걸고, 똑같은 소식을 계속 되풀이해서 전할 수밖에 없을 겁니다. 4천만이 하나의 메신저를 통일적으로 사용하고 있다면 이야기가 달라집니다. 청첩 메시지나 부고 알림 메시지를 1회 작성한 뒤에 [복사]해서 [붙여넣기]로 한 명 한 명씩 보내는 것도 물론 가능은 하겠죠. 하지만 그것은 입으로 전하는 통화 노력을 손가락이 대신하는 것일 뿐 1:1 소통 방식이라는 점에서 다를 바가 없습니다. 아주 비효율적인 방식이죠.

이런 경우 단체 대화방이나 밴드와 같이 단체로 조직되어 있는 모임이나 게시판 공간이 있는 경우라면 그 단톡방이나 모임방에 공지 글을 한 번만 공유해 주면 그만입니다. 그 커뮤니티나 대화방에 꼬박 꼬박 들어와 새소식을 확인하는 참여자들에게는 자연스럽게 소식이 전달될 겁니다. 연락 총무가 감당해야 할 노력이 한층 줄어들게 되죠. 모임에 잘 들어오지 않거나 꼭 전해야 하는데 멤버로 등록되어 있지 않은 경우만 선별해서 1:1 메시지를 보내면 될 테니까요.

바로 이런 경제적 효율성 때문에 밴드와 같은 서비스에 동창생 모임이나 직장 동료, 동호회나 각종 단체별로 다양한 그룹 대화방들이 만들어집니다. 일년에 몇 번도 사용하지 않는 경우라도 이런 모임 공간에 자신을 멤버로 등록시켜두어야 그 커뮤니티에서 소외 당할 위험을 줄일 수 있죠. 때문에 사람들은 방문 빈도나 사용 빈도가 적더라도 여러 군데 단톡방이나 밴드에서 탈퇴하지 않고 멤버십을 유지하곤 합니다.

따라서 많은 다수에게 한꺼번에 메시지를 전달하고 싶은 경우일수록 '1:N(일대다) 방식'으로 전파가 일어나는 단체 대화방이나 모바일 메시지 커뮤니티의 효용성은 더욱 커집니다.

2-2 | 1:N 대화의 폐단, 단톡방의 난립과 스팸 메시지의 범람

하지만 일대다수 방식의 소통이 꼭 장점만 갖고 있는 건 아닙니다. 오히려, 비즈니스 목적의 단톡방이 우후죽순 생겨나면서 대다수 메신저 사용자들이 '스팸 메시지의 홍수' 속에 빠져 시달리고 있는 형편입니다.

스스로 자문해보세요. 하루에 받게 되는 이메일은 몇 통이나 되시나요? 카톡을 하루에 몇 번이나 접속해서 열어보게 되나요? 하루에 몇 건 정도의 채팅 메시지 목록을 훑어 보게 되나요? 그 중에서 열어보는 메시지는 얼마나 되고 열어보지도 않은 채 [건너뛰기]로 스킵해 버리는 것은 몇 개나 되나요?

사람에 따라 천차만별로 나타나겠지만, 적지 않은 분들이 시도 때도 없이 날아오는 대화방 강제 초대에 몸서리를 치고, 밤낮 없이 울리는 "까똑" 알람 소리에 짜증을 냅니다. 바로 여기에 메시지 마케팅을 고민하는 분들이 유념해야 할 점이 숨어 있습니다. 대화방 초대를 받고 반갑기는커녕 "도대체 나를 왜 여기에 초대했지?" 싶은 마음에 얼굴이 찌푸려진다면 그렇게 초대 당한 대화방에 들어간들 얼마나 진지하게 메시지를 확인하고 반응하게 될지는 안 봐도 뻔한 일입니다.

그런 첫인상을 받은 공간에 비즈니스 제안이나 세일즈 목적의 메시지를 남발하면 성사될 가능성이 높아지기는커녕 브랜드에 대한 짜증과 불신을 키워 이미지만 더 상하게 될 겁니다. 특히 모바일 메시지는 개인이 각자 보유한 폰 속으로 직접 들어옵니다. 각자의 사적 공간인 셈이지요. 때문에 이곳이 원치 않는 침해를 받는 것에 대해서는 다른 매체에서 받게 되는 스트레스보다 상대적으로 크게 느끼게 됩니다. 장점이 있는 만큼 잘 못 쓰면 반작용과 역효과가 발생할 위험성이 그 만큼 큰 매체가 바로 모바일 메신저인 것입니다.

혹여 지금 내가 무심결에 전하는 대화방 초대나 사소하다 생각하고 올리는 메시지 하나 하나가 누군가에게는 공해요 쓰레기로 느껴지지는 않을지 조심하고 또 조심해서 나쁠 게 없습니다!

2-3 | 오픈 채팅방의 비즈니스 도구로 진화와 문제점

'단톡방'의 강제 초대에 따른 위험을 완화할 수 있도록 등장한 새로운 대화방이 바로 '오픈 채팅'입니다. '오픈'이라는 말 자체가 뜻하듯이 '열려' 있다는 말이죠. 들어오고 나감이 자유롭다는 뜻입니다. 친구라는 이유로 누군가를 강제로 모셔오는 초대 행위는 허용되지 않습니다. 단지 누구나 들어올 수 있는 '열린 대화 공간'을 만들어두고, 그 방에 접속할 수 있는 주소 링크를 공개해주는 겁니다. 대화방 개설 취지에 동의하거나 관심을 가진 사람들이 자발적으로 들어올 수 있도록 기회를 부여하는 것이지요.

오고 싶은 사람이 들어오는 곳이고 원치 않으면 언제든 나가면 그만인 곳입니다. 어떤 내용이 올라오든 자발적으로 수신할 의사가 있는 사람들이 모이는 곳인 만큼 원치 않는 강제 초대로 인한 스트레스가 발생할 위험은 한결 적습니다. 그럼에도 오픈 채팅방 역시 개방성에서 발생하는 취약점들을 갖고 있습니다.

무엇보다 채팅방 가입자를 늘리는 게 쉽지 않습니다. 개설 취지를 널리 알리고 가입했을 때 얻어갈 수 있는 이익이나 혜택이 충분히 드러나야 합니다. 그러잖아도 매일처럼 스팸 메시지와 전쟁을 치르고 있는 마당에 또 다른 수다 공간에 누군가의 시간을 투입하게 하는 일은 결코 쉬운 일이 아니니까요. 어찌 어찌 사람들을 모았다 해도 운영상의 문제가 뒤따릅니다. 스팸 메시지를 올리는 업로더들의 등장이 우선 문제가 됩니다. 대화방의 취지를 아무리 진지하게 잘 알려도 대화방 공간을 광고성 메시지로 도배하려는 이들이 생기게 마련입니다. 관리자가 잠시라도 한눈을 팔거나 잠들어 있는 야간에 상업적 홍보 메시지를 뿌리고 사라지는 일을 흔히 겪게 되지요.

건전한 제품이나 서비스 홍보라면 그나마 다행입니다. 선정성이 강한 이미지나 알바 모집 글, 비속어 등이 여과 없이 올라오는 경우라면 그런 메시지를 올리는 사람들을 추려서 업로드를 막고 경고 퇴출시키는 등의 관리 업무가 불가피하게 따르게 됩니다.

오픈 채팅방에 참여하는 인원 수가 많으면 많을 수록 이런 일은 단순 우려가 아니라 비일비재한 일상 관리 업무가 되어 버립니다. 방비를 잘 하려면 대화방을 운영하는 부운영자들을 두어 관리 권한을 나누어주고 도움을 받을 수 있도록 관리 시스템을 조직해두어야 합니다. 필요하다면 대화방에 들어올 때 비밀번호를 넣어야만 올 수 있도록 여과 장치를 마련해두고, 검증이 된 사람에 한해서만 입장을 허용하는 방식도 도입해야 합니다. 단체 대화방이든 오픈 채팅이든, 다수의 사람이 모이는 곳은 참가자들이 지켜야 할 대화방 운영 규칙이 그래서 필요합니다.

3 개인 대화에서 브랜드-팬 간 소통 수단으로

3-1 | 일반, 비밀, 오픈 채팅은 무엇이 어떻게 다를까

우리나라 대표 메신저로 자리잡은 카카오톡은 다음과 같은 세 종류의 대화 방식을 지원합니다.

❶ 일반채팅 : 카톡 계정으로 친구를 맺은 사람(들)을 초대하여 1:1 또는 그룹으로 나누는 대화
❷ 비밀채팅 : 메시지가 암호화 처리되어 상대방 폰에서만 보이는 비밀 대화(PC버전 이용 불가)
❸ 오픈채팅 : 대화방 고유 주소를 제공해 카톡 친구가 아닌 사람도 참여 가 가능한 공개 대화

오픈채팅은 다시 [1:1 채팅방]과 [그룹 채팅방]으로 나뉩니다.

[그림1] 카카오톡의 새 메시지 작성시 제공되는 채팅 유형 및 오픈채팅 만들기 선택 옵션

이들 채팅 유형과 선택 옵션들은 대체 무엇이 다르고, 어떤 필요에 의해 생겨난 것들일까요?

[일반채팅]은 우리들이 가장 일상적으로 사용하는 채팅 방식입니다. 새 메시지를 작성할 때 받을 사람을 한 명 또는 여럿을 선택하고 메시지를 작성해서 보내면 됩니다. 한 명만 선택하면 1:1 대화방이 만들어지죠. 여러 명을 선택하면 자동으로 그룹 채팅방이 만들어지고 초대된 사람들 모두 다른 참가자들의 대화를 볼 수 있습니다.

[비밀채팅]은 받을 사람을 선택하고 메시지를 보내는 절차는 일반채팅과 다르지 않습니다. 화면에 표시되는 방식도 겉 보기엔 차이가 거의 없습니다. 사진이나 이미지를 전송할 경우 양쪽 폰 모두 '미리보기'가 지원되지 않는 게 그나마 눈에 띄는 차이죠. 이미지 아이콘만 작게 표시되고 그것을 터치해 주어야만 사진이 펼쳐집니다.

비밀채팅의 핵심은 수신자로 선택된 사람(들)의 개인 폰이 아니면 중간에 메시지가 경유된 서버라고 해도 내용을 열어볼 수 없다는 점입니다. 메시지가 송신자의 단말기에서부터 암호화 처리되어 전송되기 때문에 중간에 해킹을 당하더라도 수신자의 폰이 아니면 내용을 알아낼 수 없습니다. 메시지를 전달해주는 카카오톡 서버조차도 메시지 내용을 알 수 없다고 합니다.

실전팁 02 카카오톡 비밀채팅은 어떻게 동작하고, 언제 이용하면 좋은가?

- 카카오톡 비밀채팅은 메시지를 보낼 때 공개용 암호를 자동으로 생성 첨부하여 암호화 처리된 상태로 서버를 경유하여 상대방에게 전달됩니다. 각 단말기의 비밀키 또한 공개키 암호화 방식을 통해 메시지가 교환되는 방식이라 송신자와 수신자의 폰에 암호 해독용 고유 키 정보가 없으면 메시지가 열리지 않는 원리로 구동됩니다. (아래 그림 참조)

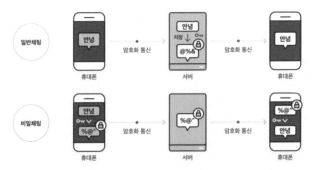

* 각 단말기의 비밀키는 공개키 암호화 방식을 통하여 교환

- 한때 카카오톡으로 나눈 개인 대화 내용이 수사기관 등의 요청에 따라 임의로 제출된다는 사실이 알려지면서 개인정보 유출을 우려한 사용자들이 텔레그램과 같이 암호화 처리 기능이 뛰어난 메신저로 이탈하는 일이 있었습니다. 비밀채팅은 이같은 이탈을 막기 위해 카카오가 마련한 자구책인 셈입니다. 혹시 개인 정보 해킹이나 메시지 유출이 염려되거든 [비밀채팅]을 활용하는 것도 선택안 중 하나입니다. 마음의 불안감이 조금은 덜어질지도 모르니까요!

[오픈채팅]은 전화번호를 모르거나 카카오톡 계정을 알지 못해서 카톡 친구를 맺지 못한 사이라도 필요한 사람이 자발적으로 입장할 수 있

도록 대화방의 고유 접속 링크를 제공하는 방식입니다. 누구든 대화방 주소만 알면 자유롭게 입장할 수 있기 때문에 대화방 이름은 물론이고, 채팅 참여자의 대화명(오픈 프로필)도 3개까지 원하는 대로 새로 만들거나 바꿔서 사용할 수 있습니다.

[1:1 채팅방] 옵션은 개설자와 참여자 둘만 대화를 나눌 수 있고, [그룹 채팅방] 옵션은 여러 명이 함께 대화를 나눌 수 있는 방식으로 참가자 모두에게 메시지 내용이 공개됩니다. 따라서 개인 프라이버시가 보호되어야 할 고객상담이나 사적인 질의 응답이라면 1:1 채팅방 옵션을 선택하는 게 좋습니다. 반대로 여럿이 함께 나눌수록 좋은 유익한 정보나 아이디어 교류 목적이라면 그룹 채팅방 옵션을 이용하시길 권합니다.

실전팁 03 카카오톡 [오픈프로필]은 어떻게 동작하고, 언제 이용하면 좋은가?

- 카카오톡 오픈채팅방에 입장할 때 자신의 '카카오톡 (기본)프로필' 대신에 익명이나 예명으로 만든 별도의 오픈프로필을 3개까지 만들어 쓸 수 있습니다. 참여하는 대화방의 목적이나 프로필 사용 정책에 따라 자유롭게 변경하여 사용할 수 있으며, 실명 개인정보 대신 취미나 별명, 학번, 직업, SNS ID 등과 같은 정보를 적절히 입력해 대화방 참여자들에게 보여줄 수 있습니다.

- 오픈프로필을 새로 만들려면 [오픈채팅] 생성 버튼을 누른 뒤 [오픈프로필] 탭을 선택하고 우측 상단에 있는 [만들기] 버튼을 누르면 됩니다. 여기서 사용하려는 대화명, 프로필 사진, 상태 메시지(소개말) 등을 설정할 수 있고, 관심 태그(키워드)를 통해 상대방의 검색에 노출할 수 있습니다.

- 이미 오픈프로필에 만들어져 있는 경우 우측 상단의 [더보기] 버튼을 펼쳐 [프로필 편집]을 선택하면 프로필 이름이나 프로필 사진을 변경할 수 있습니다. 완전히 삭제한 뒤 새 오픈프로필을 만들고 싶을 때는 [오픈프로필 편집] 화면의 하단에 있는 [링크삭제] 버튼을 눌러 [확인]해주면 됩니다.

- 오픈프로필이 생성되면 포스트 기능을 이용할 수도 있습니다. 일종의 소셜미디어 기능으로 페이스북의 개인 페이지와 유사한 기능입니다. 짧은 텍스트와 사진 등을 이용해 콘텐츠를 공유할 수 있으므로 매장이나 가게를 운영하는 경우 이 기능을 이용해서 가게 메뉴판이나 상품 등을 소개할 수도 있고, 영업시간이나 휴일 공지 등의 정보를 제공할 수도 있습니다. 취미용 프로필이라면 자신의 관심사나 취미와 관련한 내용을 올려 다른 사람들과 공유할 수도 있겠죠.

- 오픈프로필을 생성하면 개인용 오픈채팅방이 동시에 생성되므로 단체대화방에서 개인 대화가 필요할 경우 자신의 개인방(오픈프로필로 대화하는 공간)으로 상대방을 초대하는 것도 가능합니다. [채팅] 탭을 눌러 [링크공유] 버튼을 누르면 초대 가능한 개인방 링크 주소를 [복사]하거나 바로 [전달]할 수 있습니다.

- 오픈채팅방을 만들 때 [톡 프로필로만 참여 허용] 옵션을 켤 수 있습니다. 이것을 켜면 그 오픈채팅방에 들어오려는 사람은 오픈프로필 대신 카카오톡 기본 프로필(실명)로만 입장할 수 있습니다. 개인정보 노출을 꺼리는 사람들은 참여를 망설일 수 있으니 대화방 목적에 따라 적절하게 선택하는 것이 좋습니다.

3-2 | 개인 간 1:1 대화에서 N:N 그룹 채팅 중심으로

초기 메신저의 주요한 목적은 개인들 사이에 간단한 인사나 서로의 소식을 전하는 것이었죠. 그래서 보통 '인스턴트 메시지 서비스'로 불렸습니다. 특히 모바일 메신저의 경우 SNS와 유사한 성격을 띠는 경우가 많습니다. 메신저는 '사람과 사람 간의 교신'을 지원하는 도구인 만큼 최대한 빨리 사용자 수를 늘려야만 '네트워크 효과'가 커집니다.

당연히 앱에서 제공하는 기능도 개인들이 필요로 하는 요구사항에 우선 치중하게 됩니다. 메신저 앱을 이용하는 사람들에게 가장 먼저 필요한 것은 서로 다른 기종의 단말기나 운영체제를 사용하는 사람들 간에 메시지를 교환하는 일입니다. 예를 들면 구글 안드로이드 폰과 iOS를 이용하는 애플폰 사용자들 간에 상호 메시지 교신이 가능하도록 해주는 것이지요.

그 다음은 메시지 작성을 더욱 편리하게 도와주거나 상대방이 수신을 했는지 여부를 확인해주는 기능 등에 집중합니다. 문자 입력을 위한 여러 가지 키보드 세트를 제공하는 것은 기본이죠. 배경화면의 색상이나 테마 이미지를 바꾸거나, 다양한 폰트를 탑재하여 쓸 수 있도록 지원합니다. 글자만으로는 표현하기 쉽지 않은 감정 표현을 돕기 위해 다양한 이모티콘이나 스티커 세트를 제공하는 것도 앱 이용자들의 사용 편의성을 돕는 요소들이죠.

동일한 메신저 앱을 사용하는 사람들이 많아져야 하나의 메신저만으로도 편하게 대화를 나눌 수 있습니다. 따라서 전화번호나 이메일을 통해 평소 자주 소통하는 지인들에게 같은 메신저를 사용하도록 초대하거나 자동으로 앱을 설치하도록 유인하는 [초대하기] 기능도 긴요합니다.

같은 메신저를 사용하는 사람들이 늘어나면 '집단적 소통' 요구도 자연스럽게 생겨납니다. 이 때부터는 1:1 메시지 기능만이 아니라 1:N 또는 N:N 방식으로 여러 명이 함께 모여 단체로 소통할 수 있는 기능이 점차 강화됩니다. 카카오톡의 오픈채팅은 이같은 요청을 반영한 대표적인 집단 채팅방의 예입니다.

각각의 대화 방식은 나름의 장단점이 있게 마련이므로 상황과 대화 목적에 따라 적합한 채팅 유형을 선택하는 게 중요합니다. 특히 마케팅이나 비즈니스 목적으로 채팅방을 이용하려는 사용자들일수록 '단톡방'을 개설하고 여러 사람을 상대방의 사전 승락 없이 임의로 불러 모으는 경우가 많죠. 이런 경우 초대를 당하는 상대방 입장에서는 불쾌감을 느끼게 되어 도리어 역효과를 불러일으킬 위험이 크다는 점을 꼭 명심해야 합니다.

실전팁 04) 카카오톡 그룹채팅(단톡방)을 이용할 때 고려해야 할 3가지 주의사항은?

1. 나는 선의로 초대하더라도 상대방은 전혀 관심이 없거나 부담을 느낄 수 있다는 점을 잊지 마라.

현대인들은 조직과 지역사회, 온라인 커뮤니티와 각종 SNS의 발달로 과거에 비해 훨씬 많은 수의 그룹에 소속되거나 관련되어 있습니다. 그만큼 많은 그룹과 커뮤니티로부터 이벤트 초대장을 수시로 받고 있습니다. 그러므로 상대방의 의사를 미리 물어보지 않고 모르는 사람들이 함께 대화를 나누는 공간에 임의로 초대하는 것은 큰 실례가 될 수 있습니다.

2. 단체 대화방을 개설한 취지와 목적을 정확히 알리고 지켜야 할 대화 예절과 규칙을 꼭 공지하라.

단체 대화방은 평소 잘 아는 사람들 사이에 만들 수도 있지만 서로 모르는 사람들이 초대되거나 중간에 입장하기도 합니다. 이 경우 서먹한 관계가 형성되거나 심하면 대화방을 나가고 싶은 마음이 생기기도 합니다. 참여 인원이 많은 대화방일수록 다양한 성격의 의견과 주장이 돌출할 수 있습니다. 따라서 처음 대화방을 개설할 때부터 취지와 목적을 분명히 밝히고, 서로 지켜야 할 대화 예절과 준수해야 할 규칙을 게시판 등에 공지하여 이를 어기지 않도록 주지시켜야 합니다.

3. 관리자나 운영진을 두어 부적절한 메시지를 숨기거나 활동을 강제 차단시킬 수 있는지 확인하라.

카카오톡 [일반채팅]을 이용해 여러 사람을 초대하여 만든 그룹 대화방은 참여자 모두가 동일한 권리를 갖습니다. 때문에 일단 입장한 멤버는 스스로 [나가기]를 선택하지 않는 한 개설자라도 강제로 탈퇴시킬 수 없습니다. 이 경우 특정인이나 일부 멤버가 소수 의견을 집요하게 고집하며 자신의 주장을 반복적으로 올리는 '도배 행위'를 해도 막을 방법이 없습니다. 방을 '폭파' 하는 최후 수단을 쓰지 않으려면 메시지 내용을 숨기거나 특정 멤버를 차단하거나 내보낼 수 있는 [오픈채팅]을 활용하는 게 더 바람직합니다.

3-3 | 개인 간 친교 도구에서 비즈니스 홍보 수단으로

메신저도 그렇고 SNS도 그렇고 사람들이 많이 모이면 그곳에는 늘 장사꾼들이 따라 붙게 마련입니다. 이것은 메신저 앱을 개발하거나 SNS 서비스를 제공하는 업체들이 처음부터 노리는 최종 목적지이기도 하죠. 카카오톡도 그렇고 페이스북도 그렇고 사람들이 모이는 순간부터 그곳은 '돈벌이 장'이 될 수밖에 없습니다. 이것은 일종의 '필요악'과 같아서 그 정도를 탓할 수는 있을지언정 사람들이 모이는 공간에 '시장'이 생겨나는 것을 막을 수는 없습니다.

사람들이 모이면 이해관계나 관심사가 일치하는 사람들끼리 자연스럽게 그룹이 만들어집니다. 규모가 크면 클수록 다양한 사람들이 다양한 분야에서 다양한 요구와 이해를 나누게 됩니다. 페이스북에 수많은 브랜드 페이지와 커뮤니티 그룹이 만들어지는 것도 매우 자연스러운 일이지요. 카카오톡이나 밴드에 수천 혹은 수만 명이 모이는 오픈채팅방과 여러 커뮤니티가 생겨나는 것도 그들의 정보 수요와 공급자의 의도가 상통하기 때문일 겁니다.

메신저도 마찬가지입니다. 사용자 규모가 늘어나고 다양한 커뮤니티가 생겨나면 해당 공간을 이용하여 비즈니스 행동이나 마케팅 홍보를 하고 싶어하는 수요 또한 지속적으로 늘어납니다. 이러한 요구는 일차적으로 게임이나 쇼핑, 광고 등을 통해 충족되고 해소되지요. 메신저를 개발한 업체들이 사용자 규모가 커지면 곧바로 자신들의 메신저 플랫폼을 활용해 이용할 수 있는 유료 게임을 제휴 서비스로 붙인다든가, 쇼핑용 오픈마켓을 만들어 제공하는 목적이 무엇이겠습니까!

더 나아가 서비스 사용자들을 대상으로 광고를 내보낼 수 있는 시스템을 개발하여 광고주들에게 제공하는 것도 궁극적인 목적은 같습니다. 메신저 사용자들을 대상으로 삼아 돈을 벌고 싶어하는 '장사꾼'들에게 '사람이 모이는 시장'을 만들어주고 '자리세'를 거둬들이는 셈이지요.

메신저 시장 또한 경쟁 단계를 지나 독점적 플랫폼이 갖춰지면 이 플랫폼을 이용해서 비즈니스를 펼쳐보려는 시도들이 다양한 방식으로 나타납니다. 메신저의 용도도 개인들 사이에 사적 안부나 정보 교환에 치중하던 것에서 점차 상업적 용도로 발전하기 시작합니다.

카카오톡을 예로 들어 볼까요?

지마켓이나 쿠팡 같은 오픈마켓에서 물건을 주문할 때 나는 분명히 전화번호만 알려 주었을 뿐인데 주문 확인 또는 택배 발송 안내 문자가 카카오톡의 [알림톡]으로 들어오는 경우가 있죠. 나는 쇼핑몰 쪽에 카카오톡 계정 정보를 알려준 적이 없는데 어떻게 내 개인 카톡 계정으로 안내 문자를 보낼 수 있는 걸까요? [알림톡]이야말로 주문자 개인의 수요 (주문 확인 및 배송 조회)와 판매자의 비즈니스 목적(고객 안내)이 거부감 없이 만나는 접점이 있기에 가능한 서비스입니다.

[그림2] 카카오톡의 [알림톡]을 이용한 [채널 추가] 및 안내 메시지 활용 사례

3-4 | 브랜드는 메시징 도구를 어떻게 활용해야 할까

　카카오가 메신저를 본격적인 상업적 도구로 활용할 수 있도록 한 것이 바로 [플러스 친구]로 시작된 '광고성 알림 메시지' 서비스입니다. 한동안 [옐로 아이디]로 불렀다가 [플러스 친구]로 통합된 뒤에 2019년에는 다시 [카카오톡 채널] 이라는 이름으로 바뀌었죠. 이름을 뭐라고 부르든 이 서비스의 본질은 기업(브랜드)이 자신들이 보내는 광고성 메시지를 받겠다는 사람들에게 '친구 추가(채널 추가)'라는 명목으로 [수신 동의]를 얻어내는 데에 있습니다.

　모바일 메시지는 개인들이 휴대하고 있는 단말기에 실시간 접속을 요구하는 행동입니다. 당연히 사전에 수신 동의를 얻지 않고 보내는 광고 메시지는 스팸 행위로 간주하여 법적인 처벌 대상이 될 수 있습니다. 지금도 개인들에게 걸려오는 모든 광고 전화에 대해서는 전화번호를 입수하게 된 출처를 밝히도록 되어 있습니다. 만일 사전 동의를 받지 않고 임의로 확보한 전화번호로 광고성 통화를 하다가 신고를 당하면 수백 만원 이상의 벌금형에 처해질 수 있습니다.

이런 사정 때문에 카카오톡 메시지 서비스를 이용할 경우라도 수신자의 사전 동의를 받는 것이 우선 과제입니다. 따라서 카카오톡을 마케팅이나 비즈니스 목적으로 활용하려고 할 경우 결국은 '[채널 추가] 버튼을 눌러준 사람(플러스친구)의 수'를 어떻게, 얼마나 늘릴 수 있는가에 따라서 그 성과가 좌우된다고 해도 틀린 말이 아닙니다.

카카오톡이 2018년 후반에 야심차게 내놓은 타깃광고 시스템, [카카오모먼트]의 구조와 기능을 살펴보면 카카오가 메시지 기반 생활 서비스 플랫폼을 광고용 플랫폼으로 응용하기 위해 고민한 흔적들이 곳곳에 보입니다. 그 중에서도 가장 대표적인 광고 상품이 바로 [카카오 친구 늘리기] 라는 광고 목적 옵션이었죠.

[그림3] 카카오모먼트가 제공했던 광고 목적별 캠페인 종류(2018.10~2020.4)

한 마디로 돈을 써서 플러스 친구를 늘리는 광고였습니다. 메시지 수신 동의자를 확보하지 못하면 카카오 메시지 광고는 원천적으로 불가능합니다. 그러니 '울며 겨자 먹기'라도 카카오 친구를 늘리지 않으면 카카오모먼트가 제공하는 메시지 광고는 그저 '그림의 떡'에 불과합니다!

2020년 4월 카카오모먼트가 기존의 광고 집행 구조와 프로세스를 전면 개편하면서 [카카오 친구 늘리기]라는 광고 상품은 사라졌습니다. 하지만 그렇다고 해서 플러스친구를 모아야만 가능한 메시지 광고의 본질 자체가 변한 것은 아닙니다. 당연히 이름만 바뀐 '플러스 친구 모집 광고'는 숨겨진 상태로 계속 유지되고 있습니다. ([실전팁 05] 내용을 참고하세요.)

2부에서 주로 다루게 될 광고 메시지 작성 방법과 실전 기법들은 다른 메시지 앱이나 SMS에도 공통적으로 해당하는 내용입니다. 다만 카카오톡이 '국민 대표 메신저'로 자리잡은 마당에 가장 쓰임새가 많은 메신저는 누가 뭐래도 카카오톡입니다. 때문에 이 책의 많은 부분에서 기능적인 설명이 필요할 때 카카오톡이 제공하는 메뉴를 기준으로 설명합니다. 그것이 독자 입장에서도 훨씬 이해하기에 쉽고, 더 유익할 테니까요.

실전팁 05 카카오모먼트 2020년 새 버전에서 [카카오 친구 늘리기]
광고는 어떻게 하나?

- 카카오톡 플러스친구가 [카카오톡 채널]로 이름이 바뀌면서 카카오 친구 늘리기라는 이름도 [채널 친구 추가]로 변경되었습니다.

- 2020년 4월 19일에 카카오모먼트의 전면적인 구조 개편으로 인해 [광고 목적] 섹션에서 [카카오 친구 늘리기] 캠페인을 선택하여 설정하던 방식도 크게 바뀌어, 지금은 다음과 같은 순서에 따라 캠페인 옵션과 광고 목표 대상을 설정해 주어야만 비로소 [채널 친구 추가] 캠페인을 집행할 수 있습니다.

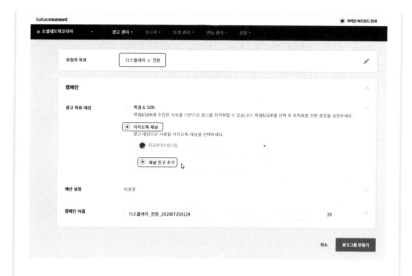

❶ [카카오모먼트]에 접속하고, 친구 추가 캠페인을 집행할 카카오모먼트 광고계
정을 선택합니다.

❷ [광고관리] 탭의 [유형과 목표]에서 [광고 유형] 섹션에서 [디스플레이] 옵션을
선택(체크)합니다.

❸ [광고 목표] 섹션에서 [전환] 옵션을 선택(체크)한 뒤 [캠페인 만들기] 버튼을
클릭합니다.

❹ [캠페인] 섹션이 펼쳐지면 [광고 목표 대상] 섹션에서 [카카오톡 채널]을 선택
(체크)합니다.

❺ 친구를 모집할 채널을 선택해주면 아래쪽 [채널 친구 추가] 옵션이 자동으로
체크되어 설정됩니다.

❻ [광고그룹 만들기] 화면에서 노출 대상(맞춤타겟)과 게재지면 등을 설정해주고
캠페인을 개시합니다.

4 커머스 도구로 진화하는 메시지 마케팅의 미래

4-1 | **카카오톡의 송금 기능을 이용해 보셨나요?**

남의 집 이야기가 아닙니다. 설 명절 세뱃돈을 손에 쥐어주는 대신 카카오톡 송금으로 대신하는 집들이 늘고 있습니다. 축의금이나 조의금도 카카오톡 송금으로 대신합니다. 직장 회식이나 모임 뒤풀이 회식비도 카카오톡의 'N분의 1' 서비스로 정산합니다. 이와 같은 송금과 간편 결제 기능이 이루어지는 수단이 다름아닌 메신저입니다. 메신저 앱이 그만큼 우리의 일상 생활과 뗄 수 없을 정도로 밀접하다는 반증인 셈이죠.

메신저로 송금을 할 수 있게 만든 선두 주자는 중국의 위챗입니다. 메신저 송금에 대한 호응이 늘자 이 기능을 재빨리 도입한 것이 페이스북 메신저죠. 위챗페이가 나온 건 2013년 8월, 페이스북이 메신저에 송금 기능을 도입한 건 2015년 3월입니다. 카카오톡이 송금 기능을 제공한 것은 2016년 4월, 카카오페이 서비스가 시작되면서부터입니다. 카카오톡의 송금 기능은 이제 은행 계좌번호를 몰라도 친구의 카카오톡 계정으로 바로 돈을 보낼 수 있는 세상을 열어주었죠.

2019년 8월 카카오페이 누적 가입자 수는 3천만 명을 돌파했습니다. 카카오톡 월간 이용자수가 2019년말 기준 4,400만명을 넘어선 상황이니까 대다수 카카오톡 서비스 이용자가 카카오페이를 생활화하기에 이르렀음을 의미합니다.

[그림4] 카카오톡 송금 절차(❶ 받을 친구 찾기 → ❷ 송금 아이콘 터치 → ❸ 금액 입력 → ❹ 봉투에 담기 → ❺ 봉투 종류 선택 → ❻ 보내기 → ❼ 수령 확인)

4-2 | 생활 서비스 및 커머스 플랫폼으로 진화하는 메신저

메신저 앱을 통해 돈을 주고 받을 수 있다는 말은 메신저를 통해 상업적 거래가 가능해졌다는 뜻이기도 합니다. 실제로 카카오가 제공하는 서비스 종류를 살펴보면 선물하기, 주문하기, 스타일 등과 같이 쇼핑과 연관된 것들이 즐비합니다. 카카오택시와 같은 교통 서비스에서부터 카카오 페이지의 웹툰 콘텐츠 구독 서비스까지 상거래가 이루어지는 범위는 이제 일상 생활과 경제 활동의 전 영역을 포괄하고 있습니다.

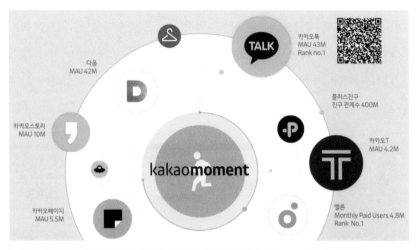

[그림5] 카카오톡 플랫폼 서비스별 이용자 수(출처: 카카오모먼트 소개서_Ver 3.0_2018.10)

위 그림은 2018년 10월 카카오가 카카오모먼트를 처음 출시할 때 공개한 소개서의 일부입니다. 월간 활성 사용자수 4천만명이 훌쩍 넘는 카카오톡을 기반으로 카카오스토리 이용자 1천만명, 카카오택시 이용자 420만명, 카카오페이지 이용자 550만명, 뮤직서비스 멜론 이용자 480만명에 이르기까지 400~500만명 이상 규모의 거대 그룹들이 일상 생활 영역별로 형성되어 있습니다.

실제로 카카오 광고 플랫폼에서 광고 도달 대상자(오디언스)의 크기를 예측해보면 대한민국 전체 기준으로 맞춤 조건을 따로 주지 않으면 기본 예상모수 '40,000,000이상'으로 표시됩니다. 페이스북 광고 시스템이 기본 예상 도달 수로 제시하는 2천만명 대비 2배에 이르는 규모입니다.

카카오스토리 마케팅 전략 및 기법에 관한 안내서들이 한때 붐을 이루며 쏟아진 적이 있었습니다. 카카오가 페이스북과 SNS 시장을 놓고 사활적 경쟁을 벌이던 2014년에서 2015년 사이였죠. 당시 카카오톡의 성장세가 무서웠던 때였고, 카카오가 스토리채널 구독자(소식받기)에 대해서 게시글을 올리기만 하면 무제한 도달시켜주는 정책을 취했던 덕분이지요.

일단 소식받기 독자를 확보만 해 놓으면 굳이 추가 광고비를 들이지 않아도 스토리 채널 소식 받기를 신청한 구독자에게 지속적인 홍보가 가능했기에 벌어진 현상입니다. 그러나 이와 같은 정책은 상업적 홍보를 목적으로 한 스토리 채널의 무분별한 증가와 과잉 성장을 초래했습니다. 상업적 콘텐츠가 홍수를 이루면서 채널 구독자들의 피로도를 급격히 증가시켰고 결국 스토리채널 이탈자를 늘리는 역효과를 낳게 됩니다.

뒤늦게 문제를 눈치챈 카카오가 공동구매 이벤트를 비롯해 스토리 채널을 상업적인 목적으로 활용하는 행동을 거의 전면적으로 차단하고 단속하기 시작했죠. 이용자의 편의성을 되살려보려는 고육책이었습니다. 하지만 이런 정책은 거꾸로 브랜드 채널 개설자(광고주)들의 반발을 샀습니다. 그 결과 스토리 채널은 이용자와 광고주를 동시에 잃으면서 시장에서 급속히 세력을 잃었고 페이스북과 밴드에게 자리를 내주고 말았죠.

잃어버린 영역을 되찾고 싶었던 카카오는 시행착오 끝에 '메시지의 강점'을 기반으로 플러스친구 서비스를 강화하는 전략을 선택합니다. 카카오스토리와 스토리채널이 제공했던 SNS 소통 기능을 플러스 친구에 부가시킨 것이죠. 게시물에 사진과 이미지, 영상 등을 함께 올리고 브랜드와 팬들간에 친구(플러스 친구)를 맺는 기능을 모두 제공하게 됩니다. 그 결과 지금은 스토리 채널과 카카오톡 채널(플러스 친구) 서비스 간에 어떤 차이가 있는지 구별이 어렵게 되었습니다.

군이 단순화시켜 비교하자면, [스토리 채널]은 자발적인 소식받기 독자를 기반으로 광고비를 내지 않아도 게시물 업로드를 통해 팬(소식받기 친구)들과 소통할 수 있는 '무료 홍보' 서비스인데 반해, [카카오톡 채널]은 메시지 수신에 동의한 채널 추가자(플러스친구)를 대상으로 브랜드의 광고성 메시지를 언제든 내보낼 수 있는 '유료 광고' 플랫폼의 성격을 띤다고 말할 수 있습니다.

물론 카카오톡 채널의 모든 기능이 유료인 것은 아닙니다. 스토리 채널과 마찬가지로 [카카오톡 채널관리자] 앱을 통해 브랜드 소식을 게시물로 올릴 수 있습니다. 채널 추가자(플러스친구)들은 [카카오톡 채널]에 접속하여 1:1 채팅을 신청할 수도 있고, 필요하면 오픈채팅에도 참여할 수 있습니다. 원래 의도했던 것인지 모르겠지만 이제는 어디까지가 메시지이고 어디까지가 SNS인지 구분 기준 자체가 사라져버린 셈이지요.

구분	카카오스토리 💬	스토리 채널 🔘	카카오톡 채널 Ch
한마디로	"전화번호 지인과 친구 관계를 맺고 소식을 나누는 SNS" (페이스북 프로필)	"브랜드와 친구(소식받기) 관계를 맺고 스토리를 나누는 SNS"(페이스북 페이지)	"브랜드와 친구를 맺고 포스트를 나누며 모바일 광고 메시지 수신에 동의한 관계"
메뉴구성	검색, 알림, 마이글, 발견하기, 더보기, 글쓰기(사진/동영상/링크/친구&장소/스티커/해시 태그)	홈, 알림, 스토리 작성, 통계, 활동로그 버튼, 관리자, 공유하기 (카톡, 페북, 링크복사, 기타 앱)	홈, 포스트(사진, 동영상, 카드뷰 등), 메시지, 채팅(문의, 예약, 상담, ARS) 통계, 홍보도구 (링크/ QR), 전화버튼, 관리자 앱
연결하고 소통하기	친구 신청/ 소식받기 스토리 공유하기/ 댓글 스토리채널 검색(연결)	친구 신청/ 소식받기 스토리 공유하기/ 댓글	(플친)채널 추가 알림톡/ 상담톡 수신 카카오톡에서 검색(연결)

[표1] 카카오스토리 vs 스토리채널 vs 카카오톡 채널의 기능과 메뉴 비교

결론적으로 [카카오톡 채널]은 모바일 메신저(카카오톡)의 '채팅 기능'에 스토리채널의 'SNS 기능'을 더해서 만든 '하이브리드형' 통합 서비스라고 보면 이해하기 편합니다.

4-3 | 인스타그램, 쇼핑 태그 강화와 '인앱 결제' 기능 도입의 의미

인스타그램은 페이스북에 인수된 이후에도 꾸준히 이미지 전문 SNS로서의 독자성을 갖고 지속적으로 사용자를 늘려 왔습니다. 전 세계 이용자수는 2019년에 10억명을 넘어섰고, 국내도 2018년에 1천만 명을 넘긴 이래 지속적으로 이용자가 늘고 있습니다. 인스타그램은 서비스 출시 때부터 철저히 '이미지 트위터'를 표방하고 성장했습니다. 모든 기능을 모바일 기반으로 개발했기 때문에 기본적인 작동 구조와 원리가 모바일 메신저와 크게 다르지 않습니다.

사진, 이미지, 영상과 같은 비쥬얼 콘텐츠를 주로 올린다는 점만 빼면 사람들과 서로 관계를 맺는 방식은 트위터와 흡사합니다. 카카오톡이 국민 대표 메신저의 자리를 차지하면서 커머스 기능이 급속하게 확대된 것과 마찬가지로 인스타그램 역시 '대세 SNS'의 하나로 자리잡으면서 많은 마케터들의 주목을 받고 있습니다.

카카오스토리가 그랬던 것처럼 인스타그램을 홍보 마케팅이나 커머스 비즈니스와 연계하여 이용해보려는 시도가 다방면에서 일어났죠. 인스타그램이 페이스북 광고 시스템과 통합된 이후 관심도 높은 잠재고객을 발굴하여 맞춤 타겟으로 묶어내는 마케팅 채널로 급성장하고 있습니다. 대규모 팬들을 팔로워로 확보하고 있는 '파워 인스타그래머'들은 인플루언서 마케팅이라는 새로운 영역을 만들어내면서 몸값이 '거품' 수준에 이른 상태입니다.

인스타그램이 우리나라 마케터들에게 새로운 홍보 채널로 인식된 것은 대략 2015년부터입니다. 카카오스토리를 이어 커머스를 선도하는 채널로 떠오른 건 비교적 최근의 일이지요. 특히 사용자 규모가 10억을 넘어가면서 페이스북이 인스타그램을 비즈니스 플랫폼으로 전환시키는 정책을 강화하기 시작했습니다. 그동안 부족했던 콘텐츠 공유하기 기능과 외부 사이트로 연결되는 하이퍼 링크 기능을 테스트하더니, 2016년부터 시범 도입되었던 '인스타그램 쇼핑 태그' 기능이 지금은 템플릿만 쇼핑 테마로 바꾸면 뷰티 패션 카테고리는 물론이고 거의 모든 제품에 적용됩니다. 2019년 초에 '인앱 결제(InApp Checkout)' 기능을 도입한 데 이어 최근에는 쇼핑몰 등과 연계하여 인스타그램 안에서 주문과 결제를 끝낼 수 있도록 발전하고 있습니다.

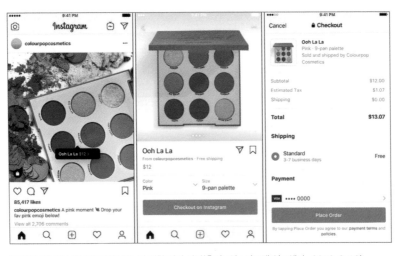

[그림6] 인스타그램 인앱 결제 기능에 대한 예시 설명(출처: 인스타그램 인포센터, 2019.3.19)

이 기능을 이용하면 인스타그램 플랫폼을 빠져 나가지 않은 상태에서도 인스타 게시물에 태그되어 있는 제품을 즉각 결제하고 구입할 수 있습니다. '쇼핑몰이 따로 필요없는 상거래 마켓'으로 바뀌는 것입니다. '이미지 트위터'로 출발했던 사진SNS 플랫폼이 불과 10년 만에 전 세계 10억 명이 사용하는 새로운 커머스 플랫폼으로 진화한 셈입니다.

인스타그램의 '인앱 결제' 기능은 카카오톡과 비교해보면 이해가 더 쉽습니다. 카카오톡 채널에서 제공하는 알림톡이나 광고 메시지에 카카오톡 스토어에 올린 제품의 링크를 첨부하면 그 링크를 타고 들어와 구경한 상품을 카카오페이를 통해 즉시 구입할 수 있죠. 카카오 플랫폼을 벗어나지 않고도 광고 홍보와 구매 결제가 모두 한 플랫폼 안에서 일어나는 원리가 다르지 않습니다.

카카오는 카카오톡이라는 모바일 메신저 하나로 출발했지만 메신저를 통해 연결된 4천만 사용자를 기반으로 교통, 쇼핑, 광고, 결제까지 우리들의 생활 전체를 하나로 통합시켜 '토털 라이프 & 비즈니스 플랫폼'으로 진화한 것입니다. 커뮤니케이션 플랫폼을 선점하는 자가 커머스 시장 전체를 장악하게 된다는 것을 카카오만큼 명쾌하게 보여주는 사례도 드뭅니다!

지금까지 모바일 메신저가 어떤 속성을 갖고 있길래 비즈니스 플랫폼으로 진화할 수밖에 없는지를 자세히 살펴 보았습니다. 이어지는 장에서는 이미 비즈니스 플랫폼으로 동작하기 시작한 메신저들을 어떻게 하면 홍보 마케팅이나 조직 생산성을 높이는 도구로 활용할 수 있을지에 대해서 살펴보겠습니다. 메신저 기반 모바일 마케팅의 신세계로 함께 출발해 보시죠!

chapter

3

메시지 도구의
비즈니스 쓰임새와
활용 전략

앞에서 메시지란 도구가 어떤 특장점을 갖고 있으며, 어떤 원리로 동작하는지, 왜 비즈니스 플랫폼으로 진화되는지를 살펴보았습니다. 이번 장에서는 마케팅 실전과 비즈니스 실무 현장에서 메시지를 어떻게 활용할 수 있을지 다양한 쓰임 새와 실질적인 활용 방안을 함께 알아봅니다.

메시지의 본질과
용도에 따른 다양한 분류

메시지가 음성 통화보다 더 즐겨 쓰는 일상 소통 수단으로 자리잡았음을 충분히 살펴보았습니다. 개인들끼리 소식이나 안부를 전하는 것은 물론이고, 이제는 가게나 기업, 조직이나 단체도 팬이나 회원들에게 공지사항을 전달하려 할 때 이메일보다 메시지를 더 많이 사용하곤 합니다.

이렇게 메시지 도구가 소통의 주류로 자리잡게 된 가장 큰 이유는 크게 두 가지입니다.

빠른 전달력과 높은 수용성!

메시지는 무엇보다도 빠릅니다. 모바일 메신저 앱을 서로 공유하면 실시간으로 곧장 전달됩니다. 옛날처럼 유선 전화를 이용한다면 전화기가 있는 자리까지 가서 수화기를 집어 들어야 했겠지요. 하지만 우리 손 안에서 스마트폰이 사라질 일이 없는 지금 시대에 메신저는 실시간 전송과 수신을 가능하게 해주는 최고의 소통 도구입니다.

더 큰 이점은 메시지를 받은 상대방의 수신 반응률이 높다는 점입니다. 모바일 메신저 앱은 서로 전화번호를 나눌 정도의 사이일 때 계정이 연결되고 송수신이 가능합니다. 그런 만큼 대부분 암묵적으로 '수신 동의'가 이루어진 상태입니다. 당연히 메시지의 내용을 미처 열어보지도 않고 바로 삭제하거나 차단하는 일은 그리 많지 않습니다.

모르는 번호나 모르는 사람이 보내온 메시지인 경우, 혹시 스팸이 아닐까, 피싱 사기는 아닐까 의심되면 주저하고 망설입니다. 그러면서도, 아는 사람의 메시지면 어떡하지, 꼭 필요한 내용인데 놓치는 건 아닐까 하는 궁금증과 불안감 때문에 조심스레 열어보게 됩니다. 휴대폰을 통한 금융 사기가 끊이지 않는 것은 사람들의 이런 행동 심리를 교묘하게 이용하기 때문이죠. 그만큼 메시지는 다른 어떤 소통 매체보다도 수신율이 높은 수단입니다.

메시지의 치명적인 장점들로 인해 스팸에 낚일 위험을 감수하면서도 사람들은 메시지를 씁니다. 이런 사람들이 존재하는 한 더 효과적으로 메시지를 활용하고, 효율적으로 써먹으려는 시도 또한 그칠 리 없습니다. 여기서 중요한 건 메시지의 빈도가 아닙니다. 전달한 메시지가 상대방에게 스팸으로 느껴지지 않고 자신에게 꼭 필요하고 유익한 정보로 받아들여질 것이냐 여부입니다.

요컨대, 메시지를 이용한 마케팅에서 가장 중요한 관건은 시작도 소통, 끝도 소통입니다. 소통의 핵심은 '상대방에게 필요한 정보인가' 하는 점입니다. 메시지 마케팅에서 이 본질을 놓치거나 무시할 경우 메시지가 갖는 장점 못지 않게 치명적인 역효과를 낳게 된다는 점을 잊지 마세요.

1-2 | 비즈니스 소통의 본질은 유익한 정보와 필요한 도움을 주는 것 💬

장사꾼들이 흔히 저지르는 실수는 고객을 단지 물건만 팔면 그만인 '판매의 대상'으로 여기는 것입니다. 특히 온라인 쇼핑몰은 직접 얼굴을 대하지 않기 때문에 서로를 잘 알 수 없습니다. 그 때문에 판매자는 구매 이력이 없는 주문자를 '뜨네기 손님' 쯤으로 여길 위험이 있습니다. 반면 구매자는 돈을 내는 입장인 만큼 판매자가 믿을 수 있는 사람(가게)인지 더욱 신중하게 살펴보게 마련입니다. 당연히 다른 사람들의 구매 리뷰 평이나 이용 후기를 확인할 수밖에 없지요. 안심 거래를 위해 판단 근거를 찾는 것은 온라인 소비자의 '기본권'인 셈입니다.

따라서 적은 거래처를 상대로 많은 양을 거래하는 B2B 관계는 말할 것도 없고, B2C 관계에서의 신용 요구도 마찬가지입니다. 하찮아 보이는 한 건의 주문이나 불만도 소홀히 응대하게 되면 자칫 심각한 대가를 치를 수도 있습니다. 실제로 팬들의 인기와 믿음을 바탕으로 판매를 시도하던 유명 인플루언서들이 구매 고객의 불만에 경솔히 대처했다가 큰 비난과 이미지 손실을 자초하는 사례를 주위에서 심심치 않게 볼 수 있습니다.

개인간 소통에서도 무엇보다 중요한 게 서로에 대한 믿음일진대, 돈이 오가는 상거래에서 상호 신뢰와 신용의 중요성은 더 커집니다. 비즈니스 관계에서 소통의 성패는 평소 주고 받는 정보나 콘텐츠가 상대방에게 얼마나 유용하고 도움이 될 수 있는가에 따라 좌우됩니다. 내가 주고 싶은 콘텐츠가 상대도 받고 싶어하는 것이냐가 핵심이지요. 수요자가 필요로 하지 않는 콘텐츠는 아무리 좋은 내용이라 해도 과잉이거나 스팸일 뿐입니다.

그러므로 비즈니스 소통을 위해 가장 먼저 필요한 자세는 소비자 중심 마인드입니다. 고객이 우리 상품의 존재나 가치를 잘 모를 거라 생각해 제품이나 서비스에 대한 자화자찬을 앞세우고 고객이 봐줄지 여부는 아랑곳 없이 광고 전단지 같은 게시물을 끊임없이 올리며 푸시 행위를 반복하는 업체들이 너무 많습니다.

브랜드가 끊임없이 보내오는 이메일이며 SNS 콘텐츠만으로도 질립니다. 하물며, 실시간으로 보내오는 메시지까지 가세하면 스팸 중에서도 상스팸으로 처리될 위험이 높습니다. 그런 만큼 메시지는 고객의 감성과 수용 자세를 고려하고 매우 신중하게 전략과 기법을 선택해야 합니다. 그 점에서 '소비자 행동심리학' 수준의 심층 학습과 사전 준비가 필요한 영역이 메시지 마케팅이라 하지 않을 수 없습니다.

1-3 | 새로운 제품 및 서비스, 솔루션 홍보 수단으로 활용하라

메시지의 장단점을 마케팅 관점에서 잘만 활용하면 투입 대비 좋은 성과나 전환 효과를 기대할 수 있습니다. 실제로 메시지의 쓰임새를 열거하자면 끝이 없습니다. 당장 모바일 메신저로 들어오는 다양한 메시지들을 용도별로 추려보기만 해도 얼추 십여 가지는 넘습니다.

단적인 예로, 오늘 하루 카카오톡 [채팅] 목록에 뜨는 메시지 내용들을 죽 훑어봅니다.

❶ 비즈니스 코칭 관계를 맺고 있는 업체와의 미팅 일정 및 주제 협의

❷ 사회 모임 커뮤니티 멤버들간의 안부 소식 교류 및 생활 정보 교환

❸ 마케팅 관련 스터디 모임 멤버들간 교재용 파일 자료 및 템플릿 샘플 공유

❹ 카카오톡에서 보내온 '기기 로그인 알림' (다른 PC에서 내 계정에 접속한 내역)

❺ 이벤트 행사 안내용 앱 개발 회사의 브랜드 광고용 메시지

❻ 카카오톡 지인의 안부 인사 및 사업 정보 자료 링크 공유 메시지

❼ 가족 및 친지들간에 소식과 안부를 전하는 단체대화방 안의 메시지

❽ 카카오 뱅크 계좌 이체 내역 및 체크카드 지출, 송금 내역 확인 메시지

❾ 초등학교 동창회, 대학 써클 모임 멤버들이 보내오는 뉴스 브리핑과 안부 인사

❿ 질병관리본부, 지자체에서 보내온 코로나 감염 발생 현황 및 예방수칙 메시지

⓫ 홈페이지에 올린 포스트와 기사 글에 대한 독자의 문의사항 및 질의 내용

⓬ 과거 같이 일했던 전 직장 동료들 간의 안부 전달 및 유익한 생활 정보 교류

⓭ 카카오톡 선물하기 앱이 보내온 카톡 친구의 선물 수령 요청 안내 메시지

⓮ 온라인 주문 건에 대한 택배 회사의 배송 예고 및 수령 방법 알림톡 메시지

⓯ 기타 등등…

사람마다 관심사나 메신저 사용 빈도에 따라서 정도의 차이는 있겠지만 내용이나 주제는 크게 다르지 않을 것입니다. 세세하게 나열하면 얼마든지 더 늘어 놓을 수 있겠지만, 크게 몇 가지 기준으로 구별해볼 수 있습니다.

첫째로, 메시지의 나눔 대상이 개인이냐 여러 명인가에 따라서 개인 대화방과 그룹 채팅으로 나눌 수 있습니다.

둘째로, 메시지의 목적에 따라 일상적인 안부 인사나 소식, 뉴스를 나누는 사적인 용도와 지자체나 기관 등의 공지 또는 공적 메시지, 각종 광고 메시지나 금융, 쇼핑 거래와 관련된 비즈니스 메시지 등으로 나눌

수도 있지요.

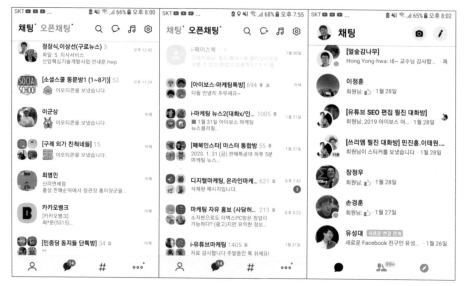

[그림1] 용도별 메시지 채팅 유형(카카오톡 채팅 / 카카오톡 오픈채팅/ 페이스북메신저 채팅)

셋째로, 메신저가 개인들이나 커뮤니티 멤버들간에 범용적으로 사용되는가, 아니면 소속된 기업이나 조직 구성원들에 한해 제한적으로 사용되는가에 따라 개인용과 업무용으로 구분할 수도 있을 겁니다.

넷째로, 초대된 사람들끼리만 제한적으로 소통하는 폐쇄형 대화방과 참여를 희망하는 사람은 누구라도 자유롭게 들어오고 나갈 수 있는 개방형 대화방(오픈채팅)으로 구별하기도 합니다.

이와 같이 여러 가지 방식으로 메시지를 분류하고 나눌 수 있다는 말은 메시지의 쓰임새가 그만큼 다양하고 복합적이라는 반증이기도 합니다. 우리가 이 책에서 중점적으로 다룰 부분은 상업적 목적으로 쓰이는 광고용 메시지나 알림톡 같은 메시지입니다. 잠재고객과 첫 소통 접점을 형성하거나, 혹은 이미 형성된 대화 관계를 기반으로 정보나 소식을 나누는 비즈니스용 메시지를 중심 테마로 삼고 있습니다.

여러 메시지 형태 중에서도 비즈니스 목적으로 잠재고객과 소통하려 할 경우 업종이나 아이템 별로, 서로 맺은 관계나 상황에 따라 어떤 주제로 어떤 형식과 내용의 메시지를 만드는 것이 더 효과적인지 집중적으로 다룰 것입니다. 더 자세한 내용은 2부에 상세히 서술하는 다양한 메시지 기법과 응용 예문 사례를 참고하기 바랍니다.

메시지를 나눌 대상이나 그룹이 늘어나면 소통의 깊이와 친교 수준도 달라지고 콘텐츠 내용도 바뀔 수밖에 없습니다. 단적인 예로, 오늘 처음으로 회원가입을 한 신규 고객과, 수년 동안 지속적으로 반복 구매를 해준 단골 고객에 대한 메시지가 똑같을 수는 없습니다.

그뿐 아닙니다. 상대해야 할 대상자가 한두 명에서 수십 명이라면 모르되, 수천 수만 명에 이르면 이때부터는 사람이 하나하나 수작업으로 대응하는 건 불가능합니다. 자동 응대 관리 프로그램을 이용해서 대응 메시지를 제공하지 않고선 감당할 수 없게 됩니다. 이때 필요한 것이 바로 자동응답 시스템(ARS)입니다. 혹은 잦은 질문에 자동 응답하거나 안내를 해줄 수 있는 챗봇 기능이 필요해집니다. 챗봇에 대해서는 부록 편에서 조금 더 부연 설명합니다.

2 비즈니스 도구로 진화한 메시지의 7가지 쓰임새

2-1 | 브랜드와 팬 간의 소통, 안부 인사로 시작한다

보통 개인들 간 메시지 소통은 특정한 메신저 앱을 둘 다 설치하면서 시작됩니다. 카카오톡 앱은 따로 초대하지 않아도 전화 통화나 문자 메시지를 주고 받게 될 경우 새 친구 목록에 자동으로 상대방의 카톡 계정이 추가 등록되곤 합니다. 상대방도 자신의 폰에 이미 같은 앱이 깔려 있기 때문에 가능한 일이죠. 이렇게 친구 목록에 새로 등재된 카카오톡 계정에 대해서는 곧바로 1:1 채팅을 시도하거나 단체 대화방에 초대하는 것이 가능해집니다.

문제는 개인 대 개인이 아니라 상호나 제품명으로 기업을 대표하는 브랜드 계정과 대화 관계를 맺는 경우에 발생합니다. 개인(사람)이 아닌 브랜드(기업)가 보내는 메시지는 사전에 상대방의 수신 동의를 거치지 않

고 보내면 그 자체로 스팸 광고로 취급되어 법률적인 제재 대상이 될 수 있습니다.

이런 문제를 피하려면 메시지 수신 동의를 얻어내는 사전 절차가 불가피하게 요구됩니다. 다양한 방식으로 수신 동의가 이루어지지만 가장 대표적인 방식은 특정한 업체의 홈페이지나 쇼핑몰에 방문해서 회원 가입을 하거나 뉴스레터 구독 신청 등을 할 경우 회원 등록 절차 중에 자발적으로 SMS 수신 동의를 체크하게 하든가, 이메일 수신에 동의하도록 하는 것입니다.

바로 이 과정이 첫번째 장벽이자 시험대입니다. 처음 회원 가입을 할 때 어떤 이익이나 혜택이 따를지에 대해 충분히 보여주고 흔쾌한 마음으로 수신을 수락하게 만드는 것이 가장 중요합니다. 억지로 강요하거나 이벤트 상품을 미끼로 현혹하여 가입하게 만들면 당장에 주어지는 선물이나 혜택을 얻기 위해 가입은 할 수 있습니다. 하지만 목적이 달성되고 나면 언제든 관계를 끊고 나가버리거나 수신 동의를 철회할 수도 있기 때문이죠.

요즘은 모바일 앱을 다운로드받아 설치하는 과정에서도 개인 정보를 공유하도록 하거나 알림 메시지 수신 동의를 얻어내 앱 푸시 메시지를 받도록 유인하는 방법도 많이 쓰입니다. 문자 메시지나 이메일은 물론이고, 카카오톡을 통한 알림톡도 비용을 지불해야 합니다. 반면, 자사 앱을 통한 푸시 메시지는 상호간에 직접 교신망을 이용하는 셈이므로, 고객이 수신 관계를 끊지 않는 한 따로 발송 비용이 들지 않습니다. 설치한 앱을 지우지 않고 지속적으로 쓰게 할 수만 있다면 가장 비용이 덜 들고 전달 효율이 좋은 방법입니다.

문제는 대부분의 앱은 설치를 했어도 필요한 경우가 아니면 쓰지 않고 방치되기 일쑤라는 점이죠. 중독성이 높은 게임이나 지도, 교통 안내, 쇼핑 앱들과 같이 수시로 꺼내 써야 하는 생활 앱들이 아니면, 굳이 다운로드하지 않습니다. 혹은 설치했더라도 금새 지워버리곤 하지요. 때문에 설치자와 사용자를 확보하기 어렵고 초기 앱 사용자 유치 비용이 많이 듭니다.

어떤 목적으로 관계를 맺든, 메시지를 소통 수단으로 삼으려면 일상적인 교류 수요가 필요합니다. 개인들간 교류와 마찬가지로 브랜드가 팬이나 잠재고객들과 관계나 친밀도를 높이고자 한다면 일상적인 안부 인사가 중요합니다. 날씨나 계절, 명절이나 기념일 등을 이용한 잦은 인사도 필수적입니다. 코로나 바이러스가 초미의 관심사인 상황에서는 건강 관리 인사를 보내는 것도 나쁘지 않습니다. 브랜드가 나의 관심과 고민에 대해 함께 염려해주고 도움이 되어줄 때 보이지 않는 신뢰가 싹트고 자라기 때문이죠.

[그림2] 명절, 기념일, 이슈별 연관성 높은 아이템을 제안하는 [카카오톡 선물하기] 메시지들

아무리 좋은 제품을 만들고, 아무리 멋진 서비스를 개발해도 세상에
알리지 못하면 없는 거나 마찬가지입니다. 이름 없는 신상품이나 새로
운 아이템을 누군가에게 알리고 홍보하려면 결국 불특정다수를 향한 광
고에 의존하게 되는 이유죠.

평소에 우리 브랜드에 대한 충성도가 매우 높은 매니아 그룹이나 팬
덤 성향을 갖고 있는 자발적 서포터즈가 만들어져 있다면 무척 다행스러
운 일입니다. 애플이나 샤오미와 같은 기업들은 제품의 탁월함에 빠진
팬덤 무리들이 있어 신제품을 내놓기만 해도 이들이 홍보를 앞다투어 해
주기 때문에 광고비를 많이 쓰지 않는 것으로 유명합니다.

하지만 브랜드 영향력이 적거나 없는 중소기업이나 자영업자들은 물
론이고, 웬만한 중견기업도 자발적인 팬덤 집단을 갖고 있지 못한 기업
에서는 기대하기 힘든 일입니다. 때문에 돈을 써서라도 신제품 출시 이
벤트나 발표 행사 등을 통해서 더 많은 사람들의 이목을 끌고 입소문을
퍼뜨리기 위한 여러 가지 의식적인 작업들을 펼치게 됩니다.

넷플릭스나 유튜브 프리미엄 서비스 등이 가입자에게 한 달간 무료
사용권을 줍니다. 화장품 판매 업체들은 회원 가입하고 신청만 하면 신
제품 샘플을 무료로 배송해주죠. 마켓컬리는 첫 구매 고객에게 100원으
로 수만 원짜리 상품을 구매할 수 있는 파격가 할인 쿠폰을 제공합니다.
모두가 첫 만남의 문턱을 낮추어 고객과 지속적인 관계를 맺으려는 마케
팅 전략이자 기법입니다.

특히 이러한 초기 무료 이벤트는 소비자가 직접 체험을 해봐야 가치
를 느낄 수 있는 상품이나, 한번 맛을 들이면 지속적으로 다시 쓰게 되는

식품이나 생활필수품, 게임이나 동영상, 웹툰과 같은 구독 상품, 그 외 금융 상품이나 렌탈 제품 등에서 큰 효과를 발휘합니다.

새로 가입하는 회원에게 파격적인 조건을 제시하거나 일정 기간 무료 서비스를 제공하는 조치를 통해 잠재고객 군을 확보하는 것이 관건이지요. 첫 관계를 맺는 이들에게 제공하는 혜택이나 이익이 확실하다면 수신율이 높고 실시간 응답률이 높은 메신저를 광고 채널로 활용하는 것은 충분히 의미 있는 일입니다.

다만 이러한 전략은 한번 회원이 된 사람이 구매 경로에서 이탈하기 전까지 고객 유지 기간 동안 얼마 정도의 매출을 발생시키는지 LTV(Life-Time Value, 고객생애가치)에 대한 계산이 우선되어야 합니다. 자칫 배보다 배꼽이 더 큰 유치 비용을 들이고 고객들이 조기 이탈해버릴 경우 적자는 고스란히 사업자가 감당해야 할 몫으로 남기 때문입니다. 획득 비용(고객 유치에 들어가는 비용)을 건지지 못하는 무분별한 광고비 투자나 출시 이벤트는 늘 위험이 따릅니다.

2-3 | 그룹 채팅과 오픈 채팅을 통해 자발적 입소문을 일으킨다

카카오톡의 플러스친구(카카오톡 채널 추가자)에게는 일반 단문 메시지 서비스(SMS)보다 더 낮은 금액으로 메시지를 보낼 수 있습니다. 그 점에서 유리한 마케팅 채널이 될 수 있습니다. 그렇지만 카카오톡 채널 또한 처음 수신 동의를 받는 데 광고비가 들어갈 수 있고, 또 이들에게 보내는 메시지도 비용이 발생합니다. 절대 공짜 서비스가 아니라는 점에 유의해야 합니다.

반면 카카오톡에서 제공하는 [오픈 채팅]은 개념이 조금 다릅니다. 형식만 보면 우리가 흔히 '단톡방'이라 부르는 [그룹 채팅]과 흡사해 보입니다. 하지만 일반 단톡방은 카카오톡 친구로 등록된 사람만 초대할 수 있습니다. 그에 비해, 오픈 채팅의 단톡방(그룹 대화방)은 카카오톡 친구가 아니어도 그 채팅방의 주소에 접속하여 입장만 하면 자유롭게 대화를 나눌 수 있습니다.

대화방을 개설한 브랜드 또한 오픈프로필 이름으로 대화방에 참여한 멤버들과 별도의 추가 비용 부담 없이 얼마든지 채팅을 주고 받을 수 있습니다.

스토리 채널에서 [소식받기]를 통해 구독신청을 한 회원이 그 채널에 방문하면 브랜드가 올린 포스트에 좋아요나 댓글을 남겨 참여할 수 있고 공유하기를 통해 브랜드가 올린 콘텐츠를 다른 카카오톡 친구들에게 확산시킬 수도 있습니다. 이와 마찬가지로 오픈 채팅방의 메시지를 다른 친구들에게 [전달] 공유하게 하면 메시지를 통해 브랜드 콘텐츠를 전파시킬 수 있습니다.

그러므로 유료 광고비를 절약하고 자발적인 전파를 늘리려면 카카오 친구 망을 통한 그룹 채팅과 자발적 팬망을 통한 오픈 채팅을 적극 활용하는 게 좋습니다.

카카오가 [카카오 스토리채널] 메뉴 상단에 🅒 아이콘을 추가하고 이것을 누르면 곧장 [카카오톡 채널]로 연결해주는 링크 기능을 제공하는 것도 이러한 자연 전파 기회를 늘리기 위한 조치로 보입니다.

[그림3] '카카오스토리 채널'과 '카카오톡 채널'의 메뉴 구성 및 작동 인터페이스

2-4 | 카카오톡 채널 추가자(플러스친구)에게 홍보 메시지를 전한다

　카카오 스토리채널이나 카카오톡 채널에 게시물을 올리고 좋아요를 남기거나 댓글을 붙이는 것, 공유하기나 채팅하기 등으로 교류하고 소식을 전파하는 것은 설령 상업성이 높은 내용이라 하더라도 콘텐츠를 게시(업로드) 하는 데 따로 비용이 추가되는 것은 아닙니다.

　다만, [스토리 채널]은 [소식받기]를 통해 자발적으로 '구독 신청'을 한 관계를 전제로 브랜드와 팬들간 커뮤니케이션을 지원하기 위해 제공되는 서비스입니다. 그런 만큼 "공유 이벤트나 불법, 유해, 저작권 위반 글은 제재가 될 수 있으니 주의하라"는 경고문이 게시글 작성 창에 뜹니다. 노골적으로 상업적인 글보다는 브랜드의 소식이나 스토리(이야기)를 올리는 데 충실하라는 기본 지침인 셈이지요.

이에 반해, [카카오톡 채널]은 [채널 추가] 버튼을 눌러 '수신 동의'를 한 관계를 기초로 브랜드와 오디언스(광고 메시지 수신자) 간에 상호 소통을 지원하기 위한 목적으로 제공되는 서비스입니다. 따라서 카카오톡 채널은 상업적인 목적의 광고성 공지문을 게시하거나 메시지를 전송하는 행동이 모두 허용됩니다. 다만 이 경우 공짜가 아니고 상응하는 돈(광고비)을 내야만 합니다.

[카카오톡 채널]의 원래 이름이 [플러스친구] 입니다. 플러스친구는 2011년 말께부터 홍보성 카카오톡 메시지를 대량으로 한꺼번에 전송하기 위해 만들어진 기업용 서비스였지요. 처음엔 기본 이용료만 2천만 원이 넘었기 때문에 개인이나 소상공인들에게는 그림의 떡에 불과했습니다. 문턱이 낮아져 개인이나 소상공인들에게도 비슷한 서비스가 제공되는데 그게 '옐로 아이디'입니다. 두 서비스가 따로 놀다가 우여곡절 끝에 2017년에 플러스 친구로 통합되어 2019년 가을에 [카카오톡 채널]로 이름이 바뀐 사연을 갖고 있습니다.

굳이 플러스친구의 지난 역사를 되돌아보는 까닭은 간단합니다. 어떤 서비스와 기능이 애초에 어떤 취지와 목적으로 생겨났는지를 살펴보면 마케팅 응용 아이디어를 내고 활용법을 익히는 데 도움이 되기 때문입니다. 잘 살펴보면 카카오톡 서비스를 비즈니스 목적으로 기업이나 조직에서 활용하고자 할 때 핵심 허브 역할은 [카카오톡 채널]이 맡게 될 수밖에 없는 구조입니다.

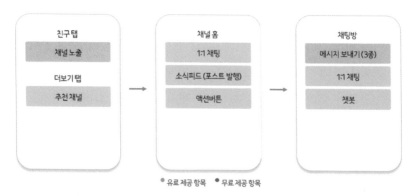

친구 탭		채널 홈		채팅방
채널 노출		1:1 채팅		메시지 보내기 (3종)
더보기 탭	→	소식피드 (포스트 발행)	→	1:1 채팅
추천채널		액션버튼		챗봇

● 유료제공 항목 ● 무료제공 항목

[그림4] '카카오톡 채널'의 메뉴 구성과 이용 프로세스 (유/무료 서비스 구분)

위 그림에서 보듯이 카카오톡 채널은 단순히 '메시지 보내기' 기능만 갖고 있는 게 아닙니다. 잠재고객과 친구를 맺고, 브랜드의 소식을 포스트로 올릴 수 있어서 '모바일 비즈니스 홈페이지' 역할까지 합니다. 억지로 비유하자면, 페이스북의 뉴스피드 기능에 메시지 채팅 기능을 붙이고, 네이버의 '모바일 홈페이지' [모두]의 기능까지 얹은 '통합' 서비스입니다.

따라서 (1)[카카오스토리] 사용자들을 기반으로 [스토리 채널]의 '소식받기' 팬을 확보하는 동시에, (2)'메시지 수신 동의' 의사를 갖고 있는 이용자들의 '채널 추가'(플러스 친구)를 확보하고, (3)브랜드가 광고 메시지를 보내고 싶을 때 [카카오톡 채널(메시지 광고)]을 활용하는 방식으로 '삼위일체' 시스템을 구축하면 마케팅 시너지 효과를 크게 높일 수 있을 것입니다.

2-5 | 휴대폰 번호 보유자에게 SMS/MMS 메시지 광고를 전송한다 💬

카카오톡의 독점력에도 불구하고 소수의 '까똑 공해' 기피자들은 카카오톡 앱 대신 일반 전화기의 메시지 앱을 고수합니다. 여전히 카카오톡을 사용하지 않는 사람이나 아직 카카오톡 친구 관계를 맺지 못한 사이에서는 SMS나 MMS와 같은 [메시지] 앱을 쓸 수밖에 없습니다.

상대방의 카카오톡 계정 정보를 알 수 없고 전화번호만 아는 경우 메시지는 일반 전화 메시지 앱으로 주고 받게 됩니다. 개인들간 안부 인사부터 대출 상품 안내, 대리기사 호출 광고와 같은 스팸성 메시지에 이르기까지 휴대폰 메시지는 여전히 바쁘게 움직입니다.

다만 전화번호 메시지를 이용할 때 특별히 유의할 점은 개인정보 보호법에 따라서, 상대방의 수신 동의를 구하지 않은 채 일방적으로 전화 메시지를 보낼 경우 법적인 제재를 받을 수 있다는 점입니다. 2000년대 이후 휴대전화 사용이 일상화 되면서 수많은 메시지들이 휴대폰 액정을 공략하기 시작했고, 전국민이 시도 때도 없이 들어오는 스팸 메시지의 홍수에 시달려야 했습니다.

꼭 필요한 내용이면 모를까 대부분이 광고성 홍보 문자들입니다. 심지어는 금융 사기를 위한 피싱이나 스미싱 메시지까지 가세하여 전국민이 스팸 공포와 공해를 호소하기에 이르자 정부에서는 상대방의 사전 동의 없이 전화를 걸거나 메시지를 보내오는 스팸 행위를 법으로 막기 시작했습니다.

대표적으로 2014년에 개정된 '정보통신망법'의 시행을 통해 사전 수신 동의를 거치지 않고 불법 광고성 정보를 보내는 행위에 대해서는 "3천만원 이하의 과태료"를 부과할 수 있게 되었습니다. 특히 전송자가 하지 말아야 할 '금지 규정'을 어길 때는 "징역 1년 이하 또는 1천만원 이하의 벌금(형사 처벌)을 부과"할 수 있도록 규정되어 있기 때문에 각별히 유의해야 합니다.

실전팁 06) **사전 수신동의 없이 광고성 메시지를 보낼 때 어떤 처벌을 받게 되나?**

- 영리목적의 광고성 정보를 전송하기 위해서는 사전에 수신자의 동의를 받아야 합니다. 만약 수신동의를 받지 않고 광고성 정보를 전송하는 경우 3천만원 이하의 과태료가 부과됩니다. 불법 스팸 과태료 부과 기준은 위반 내용과 최근 3년간 같은 위반행위로 과태료 처분을 받은 경우를 적용하여, 최초 위반시 350~750만원부터 2회, 3회 적발시 차등 부과되고, 최고 1천~3천만원까지 부과됩니다.

- 다음은 정보통신망 이용촉진 및 정보보호 등에 관한 법률 제50조에 규정된 스팸 방지 관련 조항들입니다.

(1) 영리목적의 광고성 정보를 전송하기 위해서는 그 수신자의 명시적인 사전 동의를 받아야 한다. (적용 대상에는 휴대전화, 유선전화, 팩스, 이메일, 모바일 앱 등이 해당되며, 인터넷 카페나 채팅 사이트에서 쪽지를 통해 마케팅을 하는 경우도 모두 포함된다.) 만약 수신동의를 받지 않고 광고성 정보를 전송하는 경우에는 3천만원 이하의 과태료가 부과된다. 단 물품을 구매하는 등 이용자와 기존에 거래가 있는 경우나, 방문판매법에 따른 판매자의 육성 전화를 통한 권유 등은 예외이며, 전송 기준은 거래가 종료된 날부터 6개월까지이다. (뉴스레터, 신용카드 사용내역 안에 함께 있는 광고성 내용도 모두 광고성 목적에 해당되며, 쿠폰발급 등도 홍보가 주목적이기 때문에 광고성 목적에 해당된다. 단, 비영리 기관, 유료로 지불해 정보를 제공받는 경우, 경품 당첨, 사은품 지급 등은 예외로 한다.)

(2) 이용자가 수신동의를 했거나 기존 거래관계가 있어도 수신거부의사를 표시하거나 수신동의를 철회하면 광고성 정보를 전송할 수 없다.

(3) 사전에 수신동의를 받았어도 원칙적으로 밤 9시부터 그 다음날 오전 8시까지는 광고성 정보를 전송할 수 없다. 따라서 야간 전송의 경우 사전수신동의 외에도 별도로 사전동의를 추가로 받아야 한다. 여기에는 국외에서 전송되는 광고성 정보도 포함된다.

(4) 광고성 정보 전송시 명시사항은 수신자가 바로 이해할 수 있도록 구체적으로 밝혀야 한다. 이를테면 전송자 명칭, 전송자 연락처, 전화번호, 주소, 이메일 등 직접적으로 연락이 닿을 수 있는 번호를 남겨야 한다.

(5) 특히, [광고전송자의 금지사항]에는 △수신거부 또는 수신동의 철회를 회피·방해 △수신자의 연락처를 자동으로 만들어내는 조치 △전화번호 또는 전자우편주소를 자동으로 등록하는 조치 △전송자의 신원이나 광고 전송 출처를 감추기 위한 각종 조치 △수신자를 속이거나 착오에 빠지게 해 회신을 유도하는 각종 조치가 해당된다. (광고전송자의 금지사항 위반은 고의성이 인정되기 때문에 형사처벌 대상이며 징역 1년 이하 또는 1천만원 이하의 '벌금'이 부과될 수 있으니 각별히 유의해야 한다.)

(6) 이용자가 수신 동의 철회 요청을 할 수 있도록 무료전화 서비스 등을 해당 정보에 명시해 수신자에게 제공해야 하고, 이용자에게 비용이 발생하지 않도록 조치를 취해야 한다.

(7) 이용자의 수신 거부에 대한 처리사항을 이용자에게 14일 이내(의사표시 기준)에 알려야 한다. 이용자에게 알릴 때에는 누가 보냈는지 알수 있도록 전송한 자의 명칭, 수신자의 수신동의, 수신거부 또는 수신동의 철회 사실과 해당 의사를 표시한 날짜, 처리결과의 내용을 포함해야 한다.

(8) 이용자가 광고성 목적의 정보 전달에 수신동의를 했는지 여부에 대해 2년마다 확인해야 한다. (기업에서 일괄 처리할 경우 1개월 단위로 처리하는 것이 바람직하며, 동의 여부 확인시에는 전송자 명칭, 수신동의 날짜, 철회 의사 표시 등의 내용을 포함해야 한다.)

(9) 영리목적의 광고성 정보의 전송을 타인에게 위탁한 자는 그 업무를 위탁받은 자가 해당 법률(개정 정보통신망법 제50조 스팸관련 규정)을 위반하지 않도록 철저하게 관리·감독해야 한다.

(10) 포털사나 이동통신사와 같은 정보통신서비스 제공자는 광고성 정보의 전송 또는 수신으로 인해 역무의 제공에 장애가 일어날 경우에는 해당 역무의 제공을 거부하는 조치를 할 수 있다.

(11) 인터넷 홈페이지, 포털사이트 카페, 블로그, 페이스북 등의 게시판에 영리적 광고성 목적의 글을 올릴 때 운영자에게 사전동의를 받고 올려야 한다. 다만 별도 권한 없이 쉽게 올릴 수 있거나 로그인을 하지 않는 경우, 인증과정을 거치지 않는 경우 등은 예외로 한다.

(12) 불법대출, 도박, 불법의약품 등 법률에서 금지하는 재화나 서비스 등의 광고는 전송해서는 안 된다.

웹사이트와 모바일 앱을 함께 운영하면서 '앱 푸시' 메시지를 마케팅에 활용하는 온라인 쇼핑몰 업체들을 살펴보면 다른 광고 매체에 비해 앱으로 유입된 방문에서 일어나는 구매 전환 효율이 비교적 높은 편입니다. 돈을 지불한 유료 매체보다 돈을 따로 내지 않는 앱 메시지의 효과가 더 좋다는 뜻입니다. 물론 앱은 초기 설치(가입)를 하게 만드는 데 선투자가 필요하므로 무조건 공짜라고 말하긴 어렵습니다. 하지만 사용자가 앱을 삭제하지 않고 지속적으로 사용하도록 할 수만 있다면 추가 광고비 투입을 줄일 수 있는 좋은 수단입니다.

별도 개발비가 들긴 하지만 카페24쇼핑몰을 비롯해 메이크샵이나 고도몰 같은 곳도 쇼핑몰을 개설한 업체가 요청하면 각 업체의 모바일 앱을 만들어줍니다. 모바일 웹 환경을 앱으로 이용할 수 있도록 '하이브리드 앱'을 비교적 저렴한 비용으로 만들어 사용할 수 있도록 해주는 것이죠.

반복적, 정기적으로 재구매를 하는 제품이나 서비스인 경우 앱을 이용하게 하면 편리합니다. 매번 쇼핑몰에 접속하여 구매 서칭을 하게 하는 것보다 앱을 통해 간단하게 재구매 행동을 마칠 수 있도록 해주는 것을 더 선호하는 모바일 매니아층도 점차 늘어나는 추세입니다.

무엇보다도 모바일 앱을 배포하면 고객들의 행동 정보를 좀더 정확히 수집하는 것이 가능합니다. 모바일 폰을 이용하여 웹사이트나 온라인 쇼핑몰에 접속할 경우 각각의 폰에 부여된 고유 광고 ID를 추적하고 수집할 수 있습니다. 또 꼭 광고 ID를 수집하지 않더라도 보통 한 사람이 장기간 동일한 폰을 보유하면 한번 생성된 쿠키 정보가 크게 바뀌지 않아 추적이 용이합니다. 한 사람이 여러 개의 기기를 이용해 접속할 경우 동일인인지 확인이 어려운 반면 모바일 폰 사용자는 같은 사람이 같은 폰을 사용할 확률이 높기 때문이죠.

실전팁 07 안드로이드 폰에서 단말기의 고유 광고 아이디(AD ID)를 확인해 보려면?

- 스마트폰에 어떤 광고가 도달되고 그 광고에 대해 클릭 등 특정한 행동(이벤트)이 발생할 경우 모바일 앱 안에 특정한 명령 스크립트(SDK 추적 픽셀)를 심어 그 단말기에 고유하게 부여된 광고ID를 수집할 수 있습니다. 따라서 특정 광고를 송출하고 난 뒤 그에 대해 반응한 스마트폰의 AD ID 목록을 모아서 타깃 광고 플랫폼에 제공하면 그 사람들(정확히 말하면 기기들)에 대해서만 제한적으로 광고를 내보낼 수 있습니다.

- 구글 안드로이드 운영체제를 쓰는 단말기의 경우 아래와 같이 자신이 사용중인 기기의 광고 ID를 확인할 수 있습니다. 필요시 사용자가 재설정(변경)할 수 있습니다.

❶ 기기 [설정] → ❷ [Google] → ❸ [광고] → ❹ [내 광고 ID] 확인! → ❺ 화면에서 상단의 [광고 ID 재설정]을 터치하고 [확인]하면 내 광고 ID가 재설정(변경)됩니다.

- 애플 iOS의 경우 광고 ID 추적을 금지하고, 고객 행동정보 수집을 제한하는 정책을 펴고 있어 이용자 행동 데이터 추적이 상대적으로 어렵습니다.

자사앱을 개발하여 배포하는 것은 생각보다 어렵지 않습니다. 고객이 그 앱을 다운받아 설치하고 지속적으로 사용하도록 하는 것이 훨씬 더 어렵다는 게 문제지요. 자사앱을 이용하는 고객들이 늘어난다는 것은 그만큼 고객에 대한 맞춤 관리가 가능해진다는 뜻입니다. 따라서 장기적으로 더 충성도가 높은 사용자 데이터를 얻고 싶다면 모바일 앱을 마케팅에 활용할 수 있는 방법을 적극 고민하고 찾아내야 할 것입니다.

2-7 | 맞춤 타겟을 만들어 제한적으로 리마케팅 광고를 실시한다 💬

모바일 앱에 '추적 스크립트'를 심어 AD ID 데이터를 수집하는 것도 맞춤 타겟을 만드는 하나의 방법입니다. 우리 사이트나 앱을 이용한 사람들이 어떤 행동을 하는지 알아내면 마케팅 목적에 따라서 특정한 행동 패턴을 갖는 고객들만 따로 구분하여 묶어낼 수 있지요. 그렇게 만든 고객 목록을 [맞춤 타겟] 또는 [잠재고객 목록]이라고 부릅니다.

구글이나 페이스북이 광고 효과를 측정하기 위해 오랫동안 발전시켜 온 추적 기술 덕분에 지금은 웹브라우저나 앱을 통해 일어나는 고객의 행동을 일거수 일투족 세세히 알아낼 수 있습니다. 추적당하는 사용자 입장에서 보면 섬뜩하고 감시받는다는 느낌에 기분이 나쁠 수 있죠. 하지만 역설적으로 이 같은 추적 정보는 관심이 없거나 불필요한 주제의 콘텐츠나 스팸을 알아서 걸러내주는 필터 역할을 해주기도 합니다.

결국 고객 행동 추적 기술은 양날의 칼입니다. 수집한 정보를 어떤 용도로 사용하느냐에 따라서, 혹은 내 행동 정보를 광고주(광고 플랫폼) 측에 제공할 것인가 말 것인가에 따라서 스팸의 홍수를 감수해야 할 수도 있고, 반대로 불필요한 스팸을 걸러내고 받고 싶은 주제의 콘텐츠나 광고만 수신할 수도 있습니다. 판단과 선택은 사용자의 몫입니다.

다만 이러한 개인 행동 정보 수집에 동의하는 사람들의 정보를 광고주 입장에서는 매우 유용하게 활용할 수 있습니다. 특정 웹페이지 또는 특정한 앱에 특정한 광고를 노출할 수 있게 되는 거죠. 또한 우리 제품이나 서비스에 대해 관심이 있는 사람들이 보일 법한 행동을 하거나 특정한 반응을 보인 사람들만 골라서 그들에게만 제한적으로 메시지를 뿌릴 수도 있습니다.

구글 애즈를 비롯해서, 페이스북, 카카오 등 대부분의 온라인 광고 플랫폼들이 맞춤 타겟을 만들 수 있는 기능을 제공합니다. 각 광고 시스템의 사용법을 익히기만 하면 됩니다. 개인이든 기업이든 자신들이 운영하는 웹사이트나 앱 안에 추적 코드를 설치하고, 적정한 광고 예산을 투자할 수만 있으면 불필요한 대상에게 허비되는 광고비를 줄이고, 광고 성과를 높이는 데 크게 도움을 얻을 수 있습니다.

카카오톡의 경우 [카카오톡 채널]과 연계하여 특정한 선별 조건을 만족하는 사람들만 따로 골라서 해당하는 사람들에게만 제한적으로 메시지 광고를 뿌리는 게 가능합니다. [스마트 메시지] 기능을 이용할 수 있는 조건을 갖추면 인공지능을 이용한 서비스도 제공합니다. 여러 개의 메시지를 동시에 뿌려서 테스트해보고 가장 반응 효율이 높은 메시지를 선별하여 나머지 광고 예산을 더 효율적으로 집행할 수 있도록 도와줍니다.

지금까지 메시지가 어떤 용도와 방식으로 마케팅 영역에서 활용되는지 상세히 살펴 보았습니다. 메시지의 사용 목적에 따라 선택 가능한 전략과 기법은 많습니다. 그렇지만 이들이 실질적 효과를 발휘하게 하려면 각각에 대한 실무적인 기술과 운영 역량을 갖춰야 합니다.

특히 메시지는 브랜드와 고객 간 실시간 소통 도구로 자리 잡은 상태입니다. 어떤 시스템을 구축하고 어떤 내용의 콘텐츠를 만들어 보내느냐에 따라서 성공과 실패가 즉각적으로 가려집니다. 그 만큼 다른 홍보 매체나 광고 플랫폼 못지 않게 많은 노력을 기울여서 배우고 익혀야만 더 효과적이고 효율적인 마케팅 도구로 이용할 수 있습니다.

스팸과 정보는 종이 한 장 차이에 불과합니다. 누군가에게는 소중한 정보로 들리는 뉴스가 다른 누군가에게는 쓸모 없는 쓰레기로 느껴집니다. 스팸과 정보를 가르는 기준은 바로 그 정보를 받은 수신자가 필요로 하는가 여부에 달려 있습니다. 필요성을 느끼지 못하는 사람에게는 황금도 돌덩어리일 뿐입니다!

뒤에서는 메시지를 이용해 실제로 어떤 비즈니스들이 일어나고 있는지도 잠시 짚어보고자 합니다. 우리는 이들이 만든 메시지 서비스 플랫폼들을 돈을 내고 써야 하는 입장이지만, 이런 서비스를 구축하고 사업화에 성공했다는 것은 메시지라는 도구가 돈벌이 수단이 될 수 있다는 반증입니다. 타산지석, 다른 사람들이 메시지를 통해 만들어낸 여러 가지 수익 모델들을 살펴보면서 어떻게 활용하면 이런 서비스로 더 큰 이용 효과를 만들 낼 수 있을지 고민해보면 좋겠습니다.

3 메시지 서비스 기반의 비즈니스 수익 모델들

메시지를 기반으로 어떻게 비즈니스 모델을 만들고 돈을 벌 수 있는 가는 우리의 직접 관심사가 아닙니다. 이 책이 집중하려는 것은 이미 주어진 메시지 플랫폼을 어떻게 이용하면 최대의 마케팅 성과를 낼 수 있을 것이냐 하는 것입니다. 다만, 각종 메시지 기반 서비스들이 어떻게 '돈벌이'와 연결되는지 살펴보면, 메시지 서비스의 응용 방안과 활용 아이디어를 더 많이 얻을 수 있을 것입니다.

3-1 | 메시지 발송 전문 플랫폼 서비스 및 API 개발 업체의 등장

메시지를 기반으로 가장 먼저 수익을 낸 곳은 단연 통신사들입니다. 기존의 음성 통화(3분 도수 1통화) 대신 80자 기준 문자 메시지 상품을 만들어, 발송 건수에 따라 음성통신보다 더 비싼 단가를 매겨 돈을 벌기 시작했으니까요.

80자는 너무 짧습니다. 단문 메시지 서비스(SMS)는 곧장 장문 메시지 서비스(LMS)와 이미지를 포함한 멀티미디어 메시지 서비스(MMS)로 확장될 수밖에 없었죠. MMS의 전송 단가는 SMS에 비해 2배 이상 높습니다. 통신사의 이러한 메시지 발송 서비스는 기존에 발송 대상자 리스트를 갖고 있거나 대량 동보 발송을 지원해주는 업체들에게 새로운 사업 기회를 제공했습니다.

지금은 TAS로 이름이 바뀌었지만 이메일 발송 서비스의 대표주자였던 '포스트맨' 같은 서비스 역시 발빠르게 문자 전송을 추가 서비스로 개발해 장착했습니다. 기존 고객망을 기초로 메시지 발송 플랫폼을 갖추고 비교적 저렴한 비용으로 대량 문자 전송 서비스를 제공하고 있습니다.

문자 발송 대행 업체뿐만 아니라, 이미지 메시지를 전문적으로 제공하거나, 혹은 각종 고지서나 청구서 등 기업용 메시지 발송 템플릿과 시스템을 전문적으로 개발해 제공하는 업체도 있습니다.

수신 인원이 대규모로 늘어날 경우 수신 거부 응답자는 다음 번 발송 목록에서 빼야 합니다. 이와 같이 다수를 상대로 한 일괄 메시지는 사후 관리 및 리스트 업데이트 작업이 요구됩니다. 발송량이 늘어나면 수작업 방식은 금새 한계가 드러납니다. 이런 문제를 해결하려면 메시지 발송 시스템 자체를 업무 특성에 따라서 맞춤형으로 개발하고 체계적으로 연동 관리해야 합니다.

단적인 예로 고객들의 휴대전화 번호만 알고 있는데 카카오톡으로 문자를 보내려면 [알림톡]과 연동하는 프로그램이 있어야 합니다. 이 또한 개발 작업을 요구하는 일이니 시스템을 연계하는 작업에 전문 대행사의 도움이 필요하게 되지요.

실전팁 08 카카오톡 [알림톡] 발송 시스템 연동 작업을 대행해줄 업체를 찾으려면?

알림톡은 전화번호로 보내던 메시지를 카카오톡으로 대신 받게 해주는 일종의 '메시지 중계 전달' 서비스입니다. 수신자의 명시적인 사전 동의를 받지 않고 일어나는 전송 행위이기 때문에 광고성 콘텐츠를 보낼 수 없도록 제한합니다. 배송, 결제, 예약 접수 확인 및 취소 등 거래 관계가 맺어진 고객에게 관련 정보를 알리는 용도로 제한된 내용만 전송이 가능하고, 수신한 고객에게 직접적으로 친구 추가(채널 추가)를 요구할 수 없습니다.

그럼에도 불구하고 이미 맺어진 고객 관계망에 부가적인 알림 정보를 제공하게 되면 이후 추가 교신을 기대하여 자연스럽게 [채널 추가]를 하는 비율이 높게 마련이죠. 장기적으로 보아 고객과 비즈니스 소통 채널을 확보하는 데 매우 유용하므로 알림톡 시스템을 갖추는 게 바람직합니다.

알림톡 서비스를 기업내 메시지 발송 시스템과 연동시키려면 카카오가 제공하는 알림톡 API를 연결하는 개발 작업이 필요합니다. 2019년 이후 API 가 오픈되었고 카카오 광고(비즈메시지) 공식 딜러사로 계약되어 있는 업체를 이용하면 개발을 의뢰할 수 있습니다. (2020년 7월 현재 공식 딜러 업체 목록은 아래 그림과 같습니다.)

네이버나 다음 검색 창에 "카카오톡 알림톡"으로 키워드를 입력하여 검색 결과에 나오는 업체들을 찾아서 API 연동 개발 비용이나 알림톡 서비스 이용 조건을 비교해보고 원하는 곳을 선택하여 발송을 대행시킬 수도 있습니다.

알림톡/친구톡 공식 딜러사

엠티에스컴퍼니	세종텔레콤 주식회사	LG CNS	스윗트래커
02-501-1980	1688-1000	1661-7715	1644-1201
help@mtsco.co.kr	sms@sejongtelecom.net	lgcnsalimtalk@lgcns.com	alimtalk@sweettracker.co.kr
롯데정보통신(주)	슈어엠주식회사	엠앤와이즈	휴머스온
02-2626-3742	1588-4640	02-865-4210	02-6713-0978
lmessage@ldcc.kr	Mkt@surem.com	sales@mnwise.com	imc@humuson.com
비즈톡	다우기술	CJ올리브네트웍스	
1688-3764	1599-9782	02-6252-0785	
help@biztalk.co.kr	bizppurio@daou.co.kr	wookyung.jung@cj.net	

카카오톡 비즈메시지 사용 문의처 : https://business.kakao.com/info/bizmessage/

스마트폰 메신저 이용자와 통신량이 늘어나면서 이제는 메시지가 비즈니스 접점에서 상담원의 역할을 대신하는 일도 크게 늘었습니다. 예전 같으면 기업이나 기관에 대표번호로 전화를 걸 때 업무에 따라 무슨 용무는 어느 부서 몇 번 내선번호를 이용해 달라고 안내해주던 음성 ARS가 지금은 문자 메시지나 채팅 방식으로 대체되고 있습니다.

고객이 찾아오는 홈페이지나 쇼핑몰, 랜딩 페이지에 상담 문의용 실시간 채팅창을 제공하는 곳도 늘고 있습니다. 자연히 챗봇 프로그램 개발을 대행해주거나, 범용적으로 사용할 수 있는 챗봇 모듈을 개발하여 서비스 방식으로 이용할 수 있도록 해주는 업체들도 생겨나고 있습니다.

카페24쇼핑몰과 같은 임대형 쇼핑몰에서는 앱스토어에서 제공하는 앱을 플러그인 방식으로 설치하기만 하면 네이버 톡톡 창이나, 카카오톡 상담톡 창을 바로 붙일 수도 있어서 편리합니다.

[그림5] 카페24쇼핑몰 [앱스토어]에서 플러그인 방식으로 설치해 쓸 수 있는 채팅 앱들

카페24쇼핑몰에 네이버톡톡과 카카오 상담톡 아이콘을
삽입하려면?

- 카페24쇼핑몰에서 운영되는 임대형 쇼핑몰(자사몰)에 [카카오톡 상담톡]이나
[네이버 톡톡] 아이콘을 삽입하고 싶을 때는 아래 순서대로 [앱스토어]에 접속하
여 관련 앱을 설치해주기만 하면 됩니다.

❶ [카페24쇼핑몰] 관리자 페이지 로그인 → ❷ 상단 우측 [앱스토어] 접속 → ❸
전체 카테고리 보기 → ❹ 아래 앱 목록에서 두 가지 채팅 앱 프로그램(플러그
인)을 찾아 설치.

- 위와 같이 설치를 마치면 모바일 홈페이지에도 동시에 노출되고 각 아이콘을
클릭하면 해당 업체 담당자와 연결된 메시지로 실시간 메시지를 주고 받을 수
있게 됩니다.

페이스북 메신저의 경우 주요한 챗봇 서비스를 이용하면 홈페이지나 쇼핑몰 등에 챗봇 창을 팝업창이나 아이콘으로 뜨게 하고, 여기로 들어오는 메시지에 대한 답변을 페이스북 페이지의 [받은 메시지] 함에서 확인하고 회신할 수도 있습니다.

카카오톡 챗봇을 어떻게 만들고 쓸 수 있는지 이 책의 부록에서 좀 더 자세히 다루므로 궁금한 분은 책 뒤의 부록을 먼저 읽어 보세요.

챗봇 프로그램은 쇼핑몰 사이트에만 붙일 수 있는 게 아닙니다. 개인이나 기업이 운영하는 홈페이지에도 필요하면 A/S 및 C/S 상담용 채팅 창을 삽입하여 실시간 대화 서비스를 제공할 수 있습니다. 사람이 직접 응대할 수도 있지만, 자원이 부족할 때나 근무 시간이 끝난 이후에는 자동 응답 챗봇이 기본적인 질문에 대해 대신 응답하게 하는 것도 유용합니다.

3-3 | 메시지용 폰트 및 이모티콘 제작 개발, 캐릭터 이모지 세트 개발

메신저가 스마트폰 시대에 일상적인 커뮤니케이션 도구로 자리 잡으면서, 감정 상태나 기분을 전달하는 이모티콘이나 이미지, 그림 스티커들 또한 많은 관심을 받고 인기를 누리고 있습니다. 라인 프렌즈나 카카오 프렌즈가 별도 캐릭터 사업체로 독립하여 연간 수천억 원의 매출을 올리게 된 것도 메신저 기반 이모티콘 캐릭터들이 누리고 있는 인기와 떼어놓고 생각할 수 없지요.

카카오프렌즈의 리더를 맡고 있는 '라이언'은 회사 안에서 '라 상무'로 불릴 정도였다고 합니다. 2017년 정기 인사를 통해 '전무'로 승진되었다고 해서 또 한번 세간의 관심을 끌기도 했죠. 바이럴 마케팅을 위한 상술이지만 스티커용 캐릭터들이 스스로 각자의 스토리를 만들고 사람과 같은 인격체로 거듭나고 있는 현실을 반영하고 있는 것이어서 절대 가볍게 여길 일은 아닙니다.

희망적인 소식은 이러한 이모티콘과 스티커 인기 현상이 꼭 큰 기업만 독차지할 수 있는 영역은 아니란 것입니다. 이모티콘 세트나 캐릭터를 개발하여 올리면 거래할 수 있는 스티커 스토어나 마켓들이 덩달아 생겨나고 있기 때문이죠. 디자인 능력을 갖춘 개인이나 캐릭터 개발력을 갖춘 업체라면 누구든 자유롭게 자신만의 이모티콘이나 스티커를 개발하여 팔 수 있습니다.

카카오톡에서 운영하는 '카카오 이모티콘 스토어'는 기본입니다. 네이버 카페와 블로그에서 사용할 수 있는 '네이버 OGQ마켓'과 '네이버 밴드 이모티콘 스토어'도 있습니다. 글로벌 메신저로 성장하고 있는 라인의 경우 '라인 크리에이터 샵'을 운영합니다. 그밖에도 연인들끼리 사용하는 커플 메신저 '비트윈'에서 제공하는 '비트윈 이모티콘 스토어'도 있죠. 페이스북에서 제공하는 '스티커 스토어'에 국내 아티스트가 개발하여 올린 스티커가 탑재된 사례도 있습니다.

실제로 다양한 이모티콘 스토어나 스티커 샵을 통해 개인 아티스트들이 자신들의 실력을 뽐내기도 하고 돈을 버는 사례들이 나오고 있습니다. '헬로 브라운'이라는 이름의 페이스북 스티커는 페이스북의 모든 메신저 플랫폼에서 제공되고 있는데, 개발자 호조(본명 권순호)는 우리나라 사람입니다. 2015년에 페이스북 메신저에 정식 스티커로 탑재되어 제공되고 있습니다.

카카오톡 이모티콘 꾸꾸 시리즈로 유명한 정한나의 경우 대학교 재

학 시절이던 2015년부터 지금까지 20여개 이상의 카카오톡 이모티콘을
꾸준히 제작 출시하고 있습니다. 학비를 해결한 것은 물론이고 [나는 이
모티콘으로 투잡한다]는 책까지 펴내어 팬들 뿐만 아니라, 이모티콘을
직접 만들어보고 싶어하는 제작자들로부터도 사랑받고 있습니다.

[그림6] 페이스북 메신저 스티커 [헬로 브라운] (좌)와 카카오톡 이모티콘 [베이비꾸꾸] (우)

　　전문 캐릭터 디자인 업체들도 이모티콘 시장에 진출하기 위해 많은
노력을 기울이고 있습니다. 페이스북의 경우 메신저 스티커로 채택되기
만 해도 전세계 10억명 이상의 잠재 사용자를 얻게 되는 셈이니 그로 인
해 얻을 수 있는 브랜드 가치는 돈으로 계산하기 어렵습니다. 카카오톡
이나 네이버에서만 인기를 얻어도 국내 수천 만명의 이용자에게 노출되
고 사용될 수 있으므로 경제적 효과는 충분합니다. 당연히 경쟁이 치열
하고, 그에 따른 보상도 그만큼 커집니다.

메신저 시장의 성장은 문자 메시지의 대중화로부터 시작되었지만 역설적으로 문자로는 표현하기 힘든 감정을 다양한 캐릭터들의 다양한 표정과 동작을 통해 이미지로 전달하는 이모티콘/스티커 시장이 새로운 비즈니스 기회를 열어주고 있습니다. 개인이든 기업이든 실력으로 도전해 볼 수 있는 곳이라 메신저 시장에 부가 가치를 낳는 새로운 주역으로 떠오르고 있습니다.

3-4 | 업무용 협업 도구로 떠오른 기업용 메신저들의 장단점 비교

스마트폰의 급속한 대중화로 개인들간 소통 도구로 쓰이던 메신저들이 기업이나 조직의 업무 환경에서도 이메일이나 그룹웨어 메신저를 대체하는 현상이 나타나고 있습니다. 우리나라의 경우 카카오톡이 기업 전체 또는 팀간 업무용 메신저로도 광범위하게 쓰이고 있습니다.

'주52시간 근무제' 도입의 여파로, 업무 시간 이후 야간이나 주말 휴일에도 업무 관련 메시지가 카카오톡으로 들어오는 것에 대해 많은 직장인들이 심각한 스트레스를 호소하고 있습니다. 그러다보니 업무 시간 이외 카카오톡 발송을 법으로 금지하자는 법안이 국회에서 발의되기에 이른 상태입니다.

여러 설문 조사 결과에 따르면 우리나라 직장인 10명 중 7명이 근무 시간 외에 메신저로 업무지시를 받고 있다고 합니다. 문제는 해가 지나도 이런 문제가 크게 개선되고 있지 않다는 점이죠. 이는 개인 생활과 회사 조직 생활에서 동일한 메신저가 사용되기 때문에 발생하는 측면도 무시하기 어렵습니다.

이는 역으로, 메신저가 단지 개인들 간의 소통수단을 넘어 기업 내 업무 교류 수단으로도 충분히 기능할 수 있는 도구라는 반증입니다. 네이트온과 같은 PC 기반 메신저가 적지 않은 기업들에서 업무용 메신저로 여전히 이용되고 있다는 사실은 기업용 메신저의 필요성과 중요성을 보여줍니다. 페이스북이나 구글뿐 아니라, 기업 솔루션으로 유명한 마이크로소프트도 SNS 확산과 궤를 같이 하여 기업용 메신저 시장을 선점하기 위해 치열하게 경쟁을 벌여 왔습니다.

'야머'라는 메신저로 기업용 메신저 시장을 선도했던 마이크로소프트는 2018년 7월에 '팀즈'라는 메신저를 무료로 내놓았습니다. 오피스 365 사용자를 대상으로 유료로 제공했던 도구였는데, 오피스 비사용자들을 대상으로 무료 체험 기회를 제공하기 시작한 것이지요.

구글은 다자간 화상통화 기능을 앞세운 '행아웃'을 기업용 메신저로 키워 왔는데, 2020년 4월에 Google Meet와 Google Chat 이라는 서비스로 이름을 바꾸고 업무용 기능을 더욱 강화했습니다. 이들은 업무용 구글이라 할 수 있는 G-Suite의 대표 서비스로, 조직 내 업무 협력과 생산성을 높이기 위해 제공되는 핵심 도구입니다. 페이스북은 [Facebook at Work] 라는 서비스를 발전시켜 기업용 메신저인 [Workplace Chat]을 공개한 게 2016년의 일입니다.

재미 있는 것은 기업용 메신저 시장을 둘러싼 거대 플랫폼 기업들의 이같은 치열한 각축에도 불구하고 메신저에 관한 한 작은 스타트업 기업으로 시작한 '슬랙'의 확산을 막아내기는 어려워 보인다는 점입니다. 한글 지원이 여의치 않아 국내 사용자층의 확산은 더딘 편이지만, 해외 기업용 메신저 시장에서 슬랙의 위상은 단연 돋보입니다.

슬랙은 2020년 5월부터 한글판이 나올 것이라 예고했는데 10월 초에 이르러서야 비로소 한글 메뉴가 지원되기 시작했습니다. 그럼에도 국내 소셜 벤처 기업들(소셜벤처 협의체 임팩트얼라이언스 참여사 30곳)을 대상으로 조사한 결과를 보면 설문 참여 기업의 거의 절반 이상이 사용하고 있을 정도로 협업 도구로서 탁월성을 인정받고 있습니다.

슬랙의 한글 지원 지연으로 인한 보급 부진으로 국내 사용자들에게 사랑받고 있는 토종 메신저는 '잔디'입니다. 같은 조사에서 30곳 중 10곳이 사용 중이라고 응답한 잔디의 장점은 한글이 지원될 뿐만 아니라 요금도 저렴하다는 점입니다. 슬랙의 경우 1인당 월 9천원을 지불해야 하는 데 반해, 잔디는 월 9천원의 기업용 버전 외에도 5천원짜리 프리미엄 버전을 제공합니다.

기업이나 조직의 규모, 업무 특성 및 이용자 성향 등에 따라 어떤 도구를 사용하는 게 더 업무 처리에 효과적일지는 모두 다를 수밖에 없습니다. 다만 메신저는 여러 가지를 중복하여 사용할 경우 팀원들간 혼선이 늘어나고 관리 비용이 커집니다. 단일한 도구를 통일적으로 사용하는 편이 업무 생산성을 높이는 데 중요하므로 첫 선택시 조직 구성원 간에 충분한 협의를 통해 신중하게 결정하는 게 바람직할 것입니다.

3-5 | 다양한 마케팅 자동화 솔루션에 메시지 발송 기능 기본 탑재 ⬭

잠재고객의 방문 행동 정보를 추적하여 행동 특성과 패턴에 따라 고객을 분류하고 맞춤형 대응을 하는 것이 디지털 마케팅의 성장과 더불어 기본 과제가 되고 있습니다. 특히 웹사이트 및 모바일 앱의 사용자 로그 정보 추적 기능의 발달로 온라인 고객들의 발자국을 분석하여 마케팅 메시지와 제안을 개인 맞춤형으로 제공하는 자동화 기술 또한 눈부시게 발전하고 있습니다.

이에 따라 국내에서도 다양한 마케팅 자동화 도구들이 속속 나오고 있습니다. 대표적인 서비스나 플랫폼을 소개하면 아래와 같습니다. 업종과 취급 아이템에 따라서 모두 다른 효과를 기대할 수 있으므로 각 솔루션의 주요 기능과 특장점을 충분히 비교 검토해 보기를 권합니다.

솔루션 이름	주요 기능	개발사/웹사이트	비고/ 특장점
타스온 (TASon)	Marketing Automation	(주)휴머스온 https://tma.tason.com	구 포스트맨/ 이메일 전송 및 타깃 리마케팅 기능 강점
GROOBEE	ON–SITE 마케팅 솔루션	(주)플래티어 http://groobee.net	고객 페르소나 분석, 실시간 개인화 마케팅 강점
이프두 (IFDO)	판매 문자 마케팅 자동화	(주)니블스카이 www.ifdo.co.kr	쇼핑몰 고객 구매 행동 기반 조건별 문자 메시지 전송 중심
빅인 (BigIn)	쇼핑몰 연동 온사이트 마케팅 자동화 솔루션	(주)빅인사이트 https://bigin.io	CAFE24, 메이크샵, 고도몰, 아임웹, 샵바이 연동 가능
위시폰드 (Wishpond)	랜딩페이지 제작 및 리드 마케팅 자동화 솔루션	Wishpond Technologies Ltd. www.wishpond.com	한글 메뉴 다양한 템플릿 제공 타 도구와 데이터 연동 지원
스티비 (stibee)	이메일 마케팅 자동화	(주)스티비 https://stibee.com	메일침프에 대비되는 국산 이메일 마케팅 전문 툴
콘픽 (ConPick)	콘텐츠 큐레이팅 솔루션	(주)루디엔 www.conpick.net	뉴스, SNS 콘텐츠 수집, 쉽고 빠른 뉴스레터, 이메일 생성

웹 브라우저 추적 기반 타기팅 기술과 콘텐츠 퍼블리싱 도구들이 발전하면서 이메일 뉴스레터 템플릿 제공 서비스를 비롯해서 스텝 메일, 스텝 문자와 같이 다양한 마케팅 자동화 도구들이 생겨나고 있습니다. 국내에서는 2019년 무렵부터 가시적으로 등장하기 시작하여, 2020년 들어 쇼핑몰 및 카카오톡과 연계되는 마케팅 자동화 서비스들이 본격적으로 나오고 있습니다.

기업 규모를 떠나 마케팅 자동화 툴을 업무에 적용하려는 흐름은 매우 빠르게 대중화될 것입니다. 마케팅 자동화 도구들의 기본 원리는 모두 비슷합니다. 따라서 가급적 여러가지 마케팅 자동화 도구들의 특징을 잘 살펴보고 필요에 따라 적절한 도구들을 선택하여 도입하면 각 기업의 잠재고객을 늘리고 마케팅 업무를 편리하게 처리하는 데 큰 도움을 받을 수 있을 것입니다.

chapter

4

카카오 메시지 플랫폼, 언제 어떻게 활용할까

지금까지 모바일 메시지가 어떻게 발전되어 왔으며, 어떤 메시지 서비스와 솔루션들이 실제 우리의 일상과 업무에 활용되고 있는지를 살펴 보았습니다. 하지만 원리를 아는 것과 비즈니스에 어떻게 써먹고 활용할 것인가는 다릅니다. '슬랙'이 전 세계적인 업무용 메신저로 뜨고 있다지만 우리나라 기업 중에 슬랙을 쓰는 곳은 소수에 불과합니다. 한글 지원이 미흡한 탓이겠지만, 비즈니스 환경과 사용자들의 습성, 업무 조건이 다르면 아무리 멋진 도구도 우리에게는 맞지 않을 수 있다는 얘기겠죠.

결국 우리가 선택할 수 있는 도구나 솔루션은 많지 않습니다. 카카오 플랫폼은 누가 뭐래도 우리나라 모바일 비즈니스 시장을 선도하고 있습니다. 문제는 규모입니다. 플러스 친구(카카오톡 채널)도, 스마트 메시지도 기본적인 수가 모여야 마케팅 효과를 기대할 수 있습니다. 개인이나 소상공인들에게는 그림의 떡에 불과한 기능이 많습니다. 그런 한계에도 불구하고 4천만 대한민국 국민의 모바일 라이프 데이터를 이용할 수 있다는 점에서 카카오 비즈니스 플랫폼을 제대로 공부하고 써먹는 일은 더 미룰 수 없는 과제입니다.

이번 장에서는 카카오 비즈니스 플랫폼의 전체 구조와 기능을 자세히 살펴보고, 특히 모바일 영역에서 마케팅 목적으로 활용하려면 어떤 방법들이 좋을지 따로 설명합니다.

카카오 비즈니스 플랫폼의 구성과 주요 기능

1-1 | 전국민 24시간 일상 생활 플랫폼이 된 카카오 서비스

2018년 10월 22일, 역삼역 인근 빌딩에서 열린 [카카오모먼트 & 톡스토어 설명회] 행사에 참석했습니다. 카카오가 오랜 베타 서비스를 마치고 [카카오톡 스토어]를 공식 오픈한다고 선언하기 직전이었죠. 카카오가 야심차게 개발했다는 '오디언스 행동 기반 타깃광고 시스템' [카카오모먼트]의 구조와 사례에 대해 꽤 장황하게 듣고, [알림톡] 자랑까지 들은 뒤에야 비로소 [톡스토어]에 관한 내용을 일부 접할 수 있었습니다. 플랫폼에 대한 기본적인 기능 설명을 듣는 데만도 5시간이 훌쩍 지나가더군요. 그 시간이 지루하지 않았던 것은 카카오가 제공하는 다양한 모바일 서비스와 O2O 서비스에서 쌓아올린 데이터가 너무 막강해 보였기 때문입니다.

카카오가 제공하는 서비스의 종류는 무척 다양합니다. 카카오톡을 기초로 삼아 뉴스, 검색, 카카오페이지, 멜론 등 각종 콘텐츠 서비스를 제공합니다. 티맵, 카카오택시 등 모빌리티 서비스, 선물하기, 주문하기, 스타일과 같은 쇼핑 서비스에, 카카오페이, 카카오뱅크 등 금융 서비스에 이르기까지 우리 생활의 전 영역에 걸쳐 있습니다. 카카오 비즈니스 플랫폼 또한 이같은 카카오의 전방위적 서비스를 기반으로 다양한 기능들이 통합되어 하나의 시스템으로 작동합니다. 지금부터 그 구조와 활용 방법들을 차례대로 살펴 보겠습니다.

1-2 | 카카오 비즈니스 플랫폼은 어떤 서비스로 이루어져 있나

카카오 비즈니스 플랫폼은 크게 다음의 3가지 영역으로 이루어져 있습니다.

❶ 카카오톡 채널(플러스친구) : 메시지 수신 동의자(플러스친구, 채널 추가자)를 기초로 알림 메시지 또는 광고 콘텐츠를 가장 저렴하고 편리하게 선택적으로 전송해 주는 메시징 서비스

❷ 카카오모먼트(카카오 광고) : 서비스 가입자의 개인 데이터 및 카카오가 제공하는 서비스 이용자 데이터를 기반으로 원하는 대상을 선별하여 맞춤 광고를 집행할 수 있는 타깃 광고 플랫폼

❸ 카카오 쇼핑 : 입점 오픈마켓 형식을 띤 톡스토어를 비롯해 선물하기, 메이커스 등 카카오가 자사 모바일 비즈니스 플랫폼을 통해 제공하는 커머스 관련 서비스를 통칭함.

세 가지 서비스는 서로 긴밀히 연결되어 있지만 동시에 각각 개별적인 서비스로도 동작합니다. 즉 어느 한 서비스를 안 쓴다고 해서 다른 서비스를 이용하지 못하는 것은 아닙니다. 때문에 각 서비스의 가입에 필요한 '이용 약관'이 따로 있고, 서비스 '관리자 모드' 또한 별도로 제공됩니다.

카카오 비즈니스 플랫폼이 지원하는 기능과 역할은 생각보다 넓고 다양합니다. 비즈니스 플랫폼의 기본 서비스를 토대로 카카오 싱크, 카카오톡 스마트메시지, 카카오톡 비즈보드(beta) 등 새로운 서비스도 계속해서 추가되고 있습니다.

무엇보다 카카오 서비스의 대부분이 스마트폰 앱을 기반으로 제공되기 때문에 모바일 메시지 서비스와 연동 기능이 뛰어납니다. 그런 만큼 알면 알수록 쓸모도 더 많습니다. 다만 카카오 비즈니스 플랫폼의 기능 전체를 다루는 게 이 책의 목적은 아닙니다. 여기서는 각 서비스가 갖고 있는 기능들 중에서 모바일 메시지와 관련하여 알아두면 좋은 핵심 기능과 메뉴만 추려서 좀더 상세하게 활용 방법을 살펴봅니다.

카카오 비즈니스 플랫폼은 흔히 'Kakao for Business' 라는 이름으로 통합 서비스됩니다. 관리자 대시보드를 살펴보면 맨 위에 [카카오톡 채널], [카카오모먼트], [카카오쇼핑] 순으로 배열됩니다. 현재 내 카카오계정이 이 중에서 어떤 서비스를 이용할 수 있는지는 https://business.kakao.com 에 [로그인]을 해보면 바로 알 수 있습니다.

[그림1] 카카오 비즈니스 플랫폼을 구성하는 기본 서비스들

각자의 카카오톡 계정으로 [로그인] 한 뒤에 [서비스 관리] 메뉴 탭을 클릭하여 [대시 보드] 현황을 살펴보세요. 아직 이용 권한을 갖고 있지 않은 때는 다음 그림의 왼쪽과 같이 서비스별로 [만들기] 또는 [입장하기] 안내 배너가 나타날 것입니다. 이미 비즈니스 서비스에 대한 관리 권한을 갖고 있으면 오른쪽 그림과 같이 어떤 서비스, 몇 개에 대해, 각각 어떤 수준의 권한을 부여받고 있는지, 계정별 권한 내역이 차례대로 나옵니다.

이들 비즈니스 서비스의 공통점은 '사업자 등록 정보'가 제출된 '비즈니스 계정'에 한해서 사용 권한을 제공해준다는 점입니다. 개인 자격으로 가입을 허용하는 일부 비즈니스 서비스는 사업자등록증이 없더라도 이용할 수 있습니다. 하지만 기본적으로 개인이 속한 조직의 사업자 등록 정보를 제공하고 비즈니스 소유주(마스터) 또는 관리자(매니저) 권한을 부여 받아야만 비즈니스 파트너(광고주, 사업자 계정)의 일원으로 이들 서비스와 기능을 이용할 수 있습니다.

[그림2] 카카오 비즈계정 서비스 권한 유무에 따른 kakao for business 대시보드 화면 비교

이미 카카오계정(개인 아이디)를 갖고 있다면 비즈니스 계정을 따로 다시 발급받을 필요는 없습니다. 사용하던 개인 카카오계정으로 접속하여 계정과 연동된 이메일 주소를 인증받은 뒤, '카카오 비즈계정' 등록 화면에서 요구하는 비즈니스 관련 정보(상호명, 사업자 등록번호 등)를 추가로 등록해주기만 하면 개인 카카오계정이 곧 바로 비즈니스 계정으로서 권한과 자격을 갖게 됩니다.

따라서, 카카오 비즈니스 플랫폼의 여러 기능을 써보고 싶다면 우선 사용하는 카카오계정과 연동된 이메일 주소(또는 휴대폰 번호)를 인증받고, 자신이 속한 조직의 사업자 등록 정보를 먼저 제공해야 합니다. 특히 카카오톡 스토어에 매장 개설(입점)을 원한다면 먼저 사업자 등록지 관할 구청에 통신판매업 신고를 하고 등록번호를 얻어야 합니다. 그러려면 사업자등록증의 업태에 전자상거래업을 추가하고, 거래용 계좌에 대한 안심결제 보증(애스크로) 서비스에도 가입해야 합니다. 이와 같이 제반 서류를 갖춘 뒤에 카카오측에 온라인으로 등록을 신청하고 검수 승인 절차를 거쳐야 한다는 점을 미리 알아두시는 게 좋습니다.

　카카오 비즈니스 플랫폼의 기능 설명에 앞서 [비즈니스 계정] 개설 절차와 준비 사항에 대해 강조하는 이유는 무턱대고 카카오의 비즈니스 서비스를 이용(가입)하려고 시도하다가 허탕을 치거나 심사가 반려되어 불필요하게 대기시간을 허비하거나 서비스 불만을 자초하는 사례를 현장에서 자주 접하기 때문입니다.

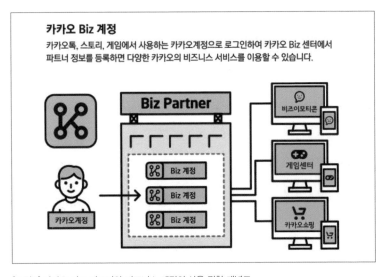

[그림3] 카카오 비즈 파트너와 비즈니스 계정의 사용 권한 개념도

　과거에 [스토리 채널]이나 [옐로아이디] 계정을 만든 적이 있다면 사업자 등록 정보가 이미 제공되었기 때문에 [비즈니스 계정] 서비스 이용 권한도 이미 주어져 있을 가능성이 높습니다. 그런 이력이 없다면 먼저 아래 순서에 따라 카카오 비즈니스 계정(파트너 등록)부터 시작할 것을 권합니다.

❶ 카카오 비즈 계정 등록

   - 카카오계정 상태 확인: https://accounts.kakao.com

   - 비즈니스 계정 만들기: https://biz.kakao.com/biz/createPartner

                (kakao Biz파트너 등록 확인)

❷ 카카오톡 채널(플러스친구) 계정 생성 :

   https://center-pf.kakao.com/signup

❸ 카카오모먼트(카카오광고) 계정 생성 :

   https://moment.kakao.com/adaccount

❹ 카카오톡스토어 계정 개설(입점신청) :

   https://comm-auth-web.kakao.com/seller/login

1-3 | 카카오 비즈니스 계정이란 무엇인가

'카카오 비즈계정이란 무엇인가요?' 라는 질문에 대해 카카오 고객센터는 이렇게 답변을 제시합니다. https://biz.kakao.com/biz/faq

"카카오 비즈니스 계정은, (주)카카오에서 제공하는 옐로아이디, 카카오 구매하기, 비즈이모티콘 등 비즈니스용 서비스를 이용하기 위한 공통 계정 체계"로서, "최초 가입하고자 할 때 한 번 등록"하면, "추후 카카오의 다른 비즈니스 서비스를 이용할 때에도 하나의 계정으로 서비스에 가입할 수 있습니다."

한 마디로, 카카오에서 제공하는 모든 비즈니스 서비스를 이용할 수 있는 단일 통합 계정을 말합니다.

[그림4] 비즈니스 계정에 관한 카카오 Biz계정센터 도움말(https://biz.kakao.com/biz/faq)

앞서 말했듯이 이미 사용하고 있는 개인 카카오계정 대신에 비즈니스용 계정을 새로 만들어야 하는 건 아닙니다. 카카오톡, 카카오스토리, 카카오게임 등에서 이미 이용 중인 카카오계정이 있다면 그 계정으로 '카카오 Biz계정센터'에 접속한 뒤 [비즈니스 파트너] 관련 정보를 등록해주면, 기존 카카오계정으로 해당 파트너와 연관된 비즈니스 서비스를 이용할 수 있습니다.

'개인용' 카카오계정과 별개로 '업무용' 카카오계정을 따로 만들어서 비즈니스 서비스를 이용하고 싶다면 '이메일 인증'을 통해 새 계정을 생성하고 그 계정으로 비즈니스 파트너 정보를 등록하거나, 비즈니스 멤버로 초대해주면 됩니다. 이 경우 비즈니스 서비스에 접속하려면 로그인을 새로 해야 하는 불편은 감수해야 합니다.

1-4 | 카카오 비즈니스 계정은 어디서 어떻게 만드나

카카오 비즈니스 플랫폼이 제공하는 서비스를 이용하려면 결국은 [파트너] 항목에 사업자등록증 관련 정보를 입력하여 비즈니스 계정을 만들고, 여기에 함께 관리할 사람의 카카오계정을 비즈니스 계정의 멤버로 초대해야 합니다. 과거에 스토리 채널이나 옐로 아이디와 같은 비즈니스 서비스에 가입한 적이 없다면 [kakao Biz 계정센터]에 접속하여 비즈니스용 계정(파트너 등록 또는 멤버 초대) 등록부터 시작하는 것이 출발점입니다.

다음 설명에 제시된 순서대로 따라해 보세요.

01 [kakao Biz계정센터]에 접속하고 [홈]에서 정보를 조회/수정할 파트너를 선택합니다.

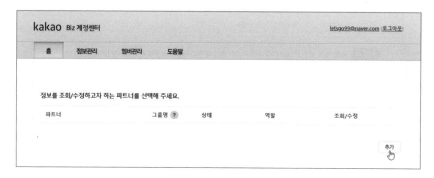

– 인터넷 브라우저 주소창에 https://biz.kakao.com을 입력하고 접속하세요.

– [정보를 조회/수정하고자 하는 파트너를 선택해 주세요.] 화면이 나오면 이미 등록되어 있는 사업자 정보가 있는지부터 확인해보세요. 목록이 없으면 오른쪽 아래 [추가] 버튼을 클릭하세요.

– 위 그림과 같이 [추가] 버튼이 뜰 때는 아직 비즈니스 계정 권한을 갖고 있지 못한 경우이므로, 이때는 파트너(사업자 등록증) 정보를 입력하는 것이 우선 필요합니다.

– '파트너 등록'이란 비즈니스 서비스 이용 목적으로 특정한 상호나 브랜드 이름으로 쇼핑몰을 개설하거나 카카오 광고를 진행하고자 할 때 상호명 등 사업자와 관련된 업체 정보를 등록하는 것을 말합니다.

– 파트너 정보는 [카카오 비즈계정 센터]의 [홈]에서 [추가]할 수도 있지만 카카오톡 채널(플러스친구)이나 카카오모먼트와 같은 개별 서비스를 이용 신청(가입)하는 과정에서도 할 수 있습니다. 어디에서 추가하든 처음에 한 번만 사업자 정보를 등록해주면 다른 비즈니스 서비스에서도 이용할 수 있습니다.

– 위 화면이 정상적으로 뜨지 않으면 아래 링크를 주소창에 직접 입력하여 접속할 수 있습니다.

   ○ https://biz.kakao.com/biz/createPartner

02 [Partner] 항목에 사업자 등록번호를 입력하고 [확인]버튼을 클릭하세요.

– 위와 같은 파트너 등록(조회) 화면이 나오면 비즈니스 서비스에 광고 또는 쇼

핑몰 용도로 이용할 사업자 등록번호를 입력하고 [확인] 버튼을 눌러 이미 등록되어 있는 업체인지 확인하세요.

- 이미 등록된 사업자 정보(파트너)로 확인될 때는 [정보관리] 탭을 눌러서 기존 파트너 정보를 수정할 수 있고, [멤버관리] 탭을 눌러서 비즈니스 계정을 함께 관리할 다른 사람(카카오계정)을 새 멤버로 초대할 수 있습니다.

- 초대한 사람이 수락하면 별도의 추가 검수 과정 없이 해당 파트너(사업자)의 멤버로 카카오 비즈니스 서비스를 이용할 수 있고, 같은 파트너 계정 내에서 일어나는 활동(결제 내역 조회, 세금계산서 확인, 비즈코인 사용 등)을 공유할 수 있게 됩니다.

03 파트너 정보 입력 화면이 나오면 업체명과 대표자명 등을 입력하고, 사업자등록 증 사본 파일을 업로드합니다.

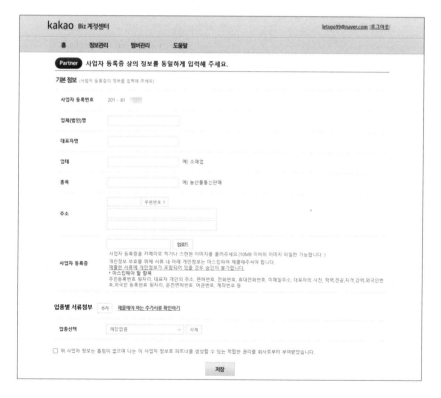

– 등록할 사업자 관련 정보를 차례로 입력하고 사업자등록증을 카메라로 찍거나 스캔한 이미지를 업로드합니다.

– 스캔한 서류를 업로드할 때는 주민등록번호 뒷자리, 개인 주소, 면허번호, 전화번호, 이메일 주소, 사진, 학력 등 개인정보가 노출되는 영역은 모두 마스킹(모자이크 처리하거나 검게 색칠해서 알아볼 수 없게) 처리해서 올려야 합니다. 마스킹 처리하지 않고 스캔 파일을 바로 올리면 접수 거절되어 대기 시간만 낭비하게 되므로 꼭 유의하세요.

04 [업종별 서류첨부] 항목에 있는 [제출해야 하는 추가서류 확인하기] 링크를 눌러서 필요한 서류 목록을 먼저 확인한 뒤 등록할 서류들을 추가로 [업로드]합니다.

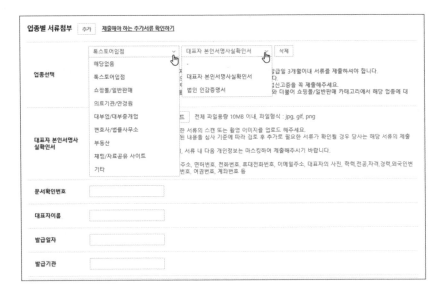

– 사업자등록증 외에도 사용하려는 비즈니스 서비업 용도에 따라 업종별로 제출해야 하는 필요 서류들이 여럿 있습니다. 따라서, [제출해야 하는 추가서류 확인하기] 링크를 눌러서 필요한 서류 목록을 먼저 확인한 뒤 추가할 서류를 꼭 함께 올려야 합니다. (아래 실전팁10 참고)

실전팁 10 비즈니스 파트너 등록시 갖추어야 할 업종별 등록서류는 어떤 것들인가?

파트너로 등록하려면 필요한 서류를 이미지 파일로 첨부해 전송해야 합니다. 어떤 서류들이 필요한지 확인하고 미리 준비해야 반려 당하지 않고 쉽고 빠르게 파트너 등록 심사를 통과할 수 있습니다.

자세한 설명은 https://biz.kakao.com/resources/html/notice22.html 안내문을 참고하세요.

1. 기본적으로 [사업자 등록증] 사본 이미지가 필요합니다. 가급적 가장 최신의 사업자등록증을 스캔하거나, 카메라로 찍은 이미지를 준비해 주세요.

2. 카카오 비즈니스 플랫폼을 이용하려 할 경우 각각의 서비스별로, 관련 업종에 따라 다음과 같은 추가 서류/정보가 필요하니 아래 업종별 필요 서류를 미리 확인하시기 바랍니다.

대분류	소분류	필요 서류
톡스토어 입점	톡스토어 입점	통신판매업신고증/대표자 본인서명 사실확인서/법인인감증명서 * 공동대표 : 대표자 모두 인감증명서 (혹은 본인서명사실확인서) 각 제출
쇼핑몰/일반판매	통신판매업	통신판매업신고증
	건강기능식품	건강기능식품판매업 영업신고증
	의료기기판매/임대	의료기기 판매(임대)업 신고증
	전통주판매	주류통신판매승인서
	총포/도검/화약류	도검판매업허가증/총포판매업허가증
의료기관/안경원	의료기관	의료기관개설신고증명서/의료기관개설허가증
	문신/반영구/피어싱 시술	의료기관개설신고증명서/의료기관개설허가증

대분류	소분류	필요 서류
의료기관/안경원	문신/반영구/피어싱 교육	부대사업장개설신고증명서
	안경원	안경업소 개설등록증
	안마시술소/안마원	안마시술소/안마원개설신고증
대부업/대부중개업	대부업/대부중개업	대부업등록증/대부중개업등록증
변호사/법률사무소	변호사/법률사무소	변호사자격등록증명원/변호사신분증/변호사등록증서
부동산	부동산중개사무소	중개사무소등록증
채팅/자료공유 사이트	채팅사이트	사이트주소
	P2P/웹하드/자료공유	특수한 유형의 부가통신사업자 등록증

3. 심사 서류 제출 시 특히 주의해야 할 사항은 다음과 같습니다.

- 개인정보 보호를 위해 서류 내 아래 개인정보는 모두 가려서 첨부해야 합니다. 첨부된 서류에 개인정보가 포함되어 있을 경우 심사에서 반려됩니다. (초보 신청자 대부분이 겪는 실수이므로 꼭 유의하세요.)
  * 마스킹(타인이 알아볼 수 없도록 뿌옇게 처리하거나 모자이크 처리)해야 할 항목 : 주민등록번호 뒷자리, 대표자 개인의 주소, 면허번호, 전화번호, 휴대전화번호, 이메일주소, 대표자의 사진, 학력, 전공, 자격, 경력, 외국인번호, 외국인 등록번호 뒷자리, 운전면허번호, 여권번호, 계좌번호 등

- 본인서명사실확인서와 법인인감증명서 등은 접수일로부터 3개월 이내 발급된 것으로 제출하세요.

05 파트너(사업자등록증) 정보 입력과 첨부 서류 업로드가 완료되면 [개인정보 수집 및 이용] 확인 항목과 [등록 정보 사실 확인 및 파트너 생성 권한 위임] 확인 항목에 각각 체크한 뒤 [저장] 버튼을 눌러 제출을 완료합니다.

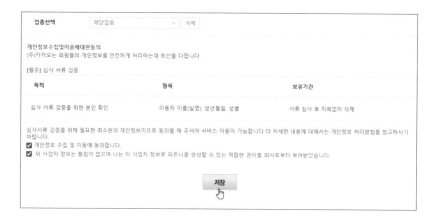

- 이상의 과정을 통해 비즈니스용 계정 생성 요청이 접수되면 카카오측의 검토를 거쳐 승인 여부가 결정되며, 심사 완료시 보통 1주일 안에 처리 결과를 이메일 등으로 알려 줍니다.

- 파트너 정보 등록은 처음에 한 번만 등록을 마치면 이후 개별 카카오 비즈니스 서비스를 추가로 이용하고자 할 때에도 연결만 해주면 바로 이용할 수 있습니다.

06 이상의 과정을 모두 성공적으로 끝마치고 나면, 향후 파트너 정보는 [kakao Biz계정 센터] – [홈]에서 각 파트너 목록의 [정보관리 조회/수정] 버튼을 클릭하여 바뀐 정보를 수정할 수 있고, [멤버관리] 버튼을 클릭하여 함께 관리할 멤버를 [초대]하거나 기존 멤버를 [탈퇴]시킬 수 있습니다.

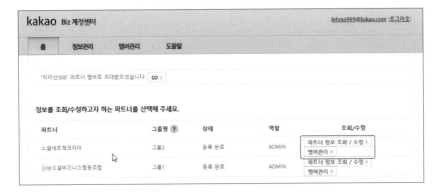

– 카카오 비즈계정으로 승인된 계정은 다른 카카오계정을 파트너 관리 멤버로 초대할 수 있고, 반대로 다른 비즈니스 계정이 보내온 파트너 멤버 초대를 수락할 수도 있습니다.

– 사업자 등록 정보가 변경된 경우 [파트너 정보 조회/수정] 버튼을 눌러 변경 사항을 수정할 수 있습니다.

07 위에서 [멤버관리] 버튼을 클릭하고 작업할 [파트너]를 선택해 주면 새로운 멤버를 초대하거나, 기존 멤버를 탈퇴시킬 수 있습니다.

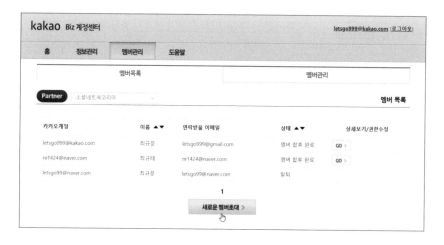

- [새로운 멤버 초대] 버튼을 누르면 [초대할 멤버의 카카오 계정을 입력하세요] 창이 나타납니다. 여기에 초대할 사람의 카카오계정을 입력하고 파트너 관리자 권한을 부여할지 체크한 뒤에 [초대하기] 버튼을 누르면 다른 사람을 새 파트너 관리 멤버로 추가할 수 있습니다.

- 이미 등록된 특정한 멤버를 선택(GO)하여 [파트너 관리자] 체크를 해제하면 관리자 권한을 제거할 수 있고, [더 이상 이 파트너의 멤버가 아닌가요? 멤버 탈퇴 처리] 옆의 [GO] 버튼을 눌러서 멤버에서 탈퇴시킬 수도 있습니다.

거듭 강조하지만, 카카오 비즈니스 플랫폼의 제반 기능을 효과적으로 이용하려면, 카카오 비즈니스 계정(권한)이 필수적으로 요구됩니다. 비즈니스용 계정으로 등록하고 승인을 받기까지 길면 일주일 정도 걸립니다. 급하다고 재촉한들 승인 처리 기간이 단축되진 않습니다. 그러므로 카카오 비즈니스 계정, 특히 카카오톡 스토어를 개설할 때는 파트너 등록시 필요한 서류를 사전에 준비하고, 검수 기간까지 1주일 이상 여유

시간을 갖고 시작하는 게 좋습니다.

실전팁 11 카카오톡 스토어 개설(입점) 신청이 반려된 경우 재심사를 요청하려면?

카카오 비즈니스 파트너 등록시 필요한 서류가 누락되거나, 스캔 파일 업로드시 마스킹 처리 등을 제대로 하지 않을 경우, 특히 카카오톡 스토어 입점 신청시 승인 반려되는 경우가 많습니다. 그럴 때는 다음과 같은 절차를 거쳐 반려 요인을 확인, 수정하고 [재심사] 요청 버튼을 클릭하세요.

1. [카카오쇼핑]에 접속한 뒤, 톡스토어의 [반려] 버튼을 클릭하여 [i 반려사유]를 확인합니다.

2. 서류 파일을 지시에 따라 보완(마스킹 요구사항 특히 유의)하여 업로드하고 재심사(수정 검수)를 요청합니다.

3. 반려 사유 및 재심사(수정 검수) 요청 방법에 관한 자세한 설명은 아래 블로그 글을 참고하세요.

○ http://letsgo99.blog.me/221461040898

---

2 카카오톡 채널(플러스친구), 어떻게 활용할 것인가

2-1 | '플러스친구'는 왜 '카카오톡 채널'로 이름을 바꾸었을까 💬

카카오가 '플러스친구'라는 이름을 '카카오톡 채널'로 바꾼 것은 2019년 7월입니다. 플러스친구가 처음 세상에 나온 지 8년만이죠. 꽤 오래 써온 탓인지 바뀐 이름이 더 생소하고, 그러다보니 언론이나 방송에서는 여전히 '플러스친구'로 사용하고 있는 곳도 많습니다. '채널'이라면 '카카오 스토리채널'이 먼저 떠오르는데 왜 굳이 채널이라고 이름을 붙였을까요?

짐작되는 이유는 두 가지. 플러스친구라는 이름이 서비스가 제공하는 기능을 제대로 설명하기에 부족하거나 오해를 부른다고 보았을 가능성이 하나입니다. 다른 하나는 플러스친구가 커뮤니티 채널의 성격과 기능을 갖고 있으니 SNS 시장에서 주도권을 잃어버린 카카오스토리(스토리채널) 대신 플러스친구를 카카오의 주력 비즈니스 서비스로 내세우려는 의도입니다!

'플러스친구'는 좁은 의미로 '브랜드의 광고성 메시지 수신에 동의한 사람'을 말합니다. 카카오 알림톡이나 카카오톡 채널 서비스 초기화면을 열면 [채널 추가] 버튼이 보이는데, 원래 버튼 이름은 [친구 추가] 였습니다. 이것은 페이스북 페이지를 접속하면 보이는 '페이지 좋아요' 버튼과 성격이 비슷합니다. 브랜드와 팬 관계를 맺는 것으로 '구독 신청' 행위를 하는 것이죠.

이름을 뭐라고 부르든 이 [추가] 버튼의 본질은 '브랜드의 광고 메시지에 대한 수신 동의' 입니다. '플러스친구'는 곧 '브랜드의 친구'란 뜻이고, 여기서 브랜드(광고주)가 원하는 것은 결국 '친구'들이 브랜드가 전파하는 광고성 콘텐츠를 자발적으로 수신하는 겁니다. 요컨대 플러스친구란 명칭은 '친구'라는 호칭을 이용해 광고 메시지를 최대한 거부감 없이 전달하려고 붙인 이름인 셈이죠.

업계에서 '채널'이란 보통 '광고성 콘텐츠 전달창구' 역할을 하는 플랫폼을 말합니다. 플러스친구와 같이 광고 메시지를 전달하기 위한 서비스는 '채널'이라는 이름을 붙이는 게 본질에 가깝습니다. '친구 추가 = 수신 동의'의 의미라면 카카오톡 '채널'로 서비스명을 바꾼 게 어쩌면 더 솔직하고 서비스의 성격을 명확히 드러내는 결정이라 할 수 있겠지요.

어떤 제품이나 서비스에서 명칭보다 중요한 것은 실제 기능과 서비스 내용입니다. '애플(Apple)'이 '사과'를 뜻한다고 해서 애플이 뭐하는 기업인지 모르지 않습니다. '아프리카TV'나 '옥수수TV'가 실제로 아프리카나 옥수수와 관련된 농업 회사라고 생각하지 않듯이 서비스나 제품명은 비즈니스 전략에 따라서 당장은 직접적인 관련성이 드러나지 않더라도 지속적인 고객 경험을 통해 정체성을 인지시키면 되니까요.

때문에, 카카오가 자신들의 메시지 기반 비즈니스 서비스를 플러스 친구로 부르든, 카카오톡 채널로 부르든 그건 부차적인 문제입니다. 진짜 중요한 건 우리들이 그 서비스를 어떻게 하면 더 잘 써먹고 더 유용하게 활용할 것인가 하는 것이죠.

지금부터는 [카카오톡 채널]의 핵심 기능에 대해 알아보고, 우리 비즈니스에 어떻게 활용하면 좋을지에 대해서 좀더 깊이 살펴보겠습니다.

2-2 | 카카오톡 채널이 등장하기까지 숨은 비하인드 스토리

앞서 [카카오톡 채널]은 카카오 스토리 채널의 'SNS 기능'과 모바일 메신저의 '채팅 기능'을 동시에 갖고 있는 '하이브리드형' 통합 서비스라고 설명했습니다. 쉽게 말해 메신저에 '모바일 홈페이지' 기능을 더한 셈입니다. 카카오가 '플러스친구'를 '카카오톡 채널'로 이름을 바꾼 직후 내놓은 [카카오톡 채널 노출 영역 및 홍보 방법 안내] 문서는 맨 앞에 이렇게 정의하고 시작합니다.

"카카오톡 채널은 누구나 무료로 만들 수 있는 카카오톡 안의 비즈니스 홈입니다."

그리고 비즈니스와 관련된 정보와 공지사항, 프로모션 등의 콘텐츠를 한눈에 보여주고, 사진이나 동영상, 카드뷰 등 다양한 형식의 포스트를 통해 좋아요, 댓글로 고객 반응을 확인하고, 공유를 통해 빠르게 확산시킬 수 있다는 점을 강조합니다. 전형적인 SNS의 기본 기능들이죠.

아울러 실시간 알림, 이벤트, 쿠폰 등을 카카오톡 메시지를 통해 발송할 수 있고, 1:1 채팅을 통해 문의, 상담, 예약을 빠르고 편리하게 진행할 수 있으며, 친구 수나 포스트 반응, 메시지 클릭, 채널 추가 경로 등 상세한 통계를 통해 마케팅과 비즈니스에 도움을 제공한다고 안내합니다.

[그림5] 카카오 스토리채널, 플러스친구, 카카오톡 채널의 초기화면 메뉴 구성(2020년 1월)

즉 잠재고객들에게 전하고 싶은 콘텐츠를 SNS 형식으로 제공하고, 이에 대한 반응에 대해서는 채팅이나 메시지로 대응한다는 이야기지요. 카카오톡 채널의 역할이 얼마나 포괄적이고 다목적인지 고스란히 드러내고 있는 것입니다. 한 마디로 기존 '카카오스토리/채널'이 가졌던 SNS

기능에, 과거 옐로아이디(플러스친구)가 가졌던 메시지 광고 및 1:1채팅 기능 등을 합해놓은 통합 서비스'로 이해하면 크게 틀리지 않을 겁니다.

돌이켜보면 카카오스토리/채널에서 옐로아이디(나중에 플러스친구로 통합)로, 플러스친구에서 카카오톡 채널로 바뀌는 동안 기능이 중첩되면서 각 서비스의 고유 기능은 줄어들고, 결과적으로 하나의 통합 서비스가 되어버린 셈이죠. 각 서비스 기본 메뉴의 구성을 살펴보면 어렵지 않게 비교됩니다.

내가 어떤 특정 브랜드가 운영하는 스토리채널에 방문하여 [소식받기] 버튼을 누르면 '구독신청' 행동으로 간주하여 내 뉴스피드에 그 스토리채널의 새 게시물을 노출시켜주는 서비스가 바로 '카카오스토리'입니다. 카카오스토리의 뉴스피드에는 카카오스토리를 이용하는 '개인(친구)'들의 소식뿐만 아니라 내가 구독 신청(소식받기)한 '채널(브랜드)'들의 새 소식도 함께 나타납니다. 친구의 소식뿐만 아니라 좋아요한 페이지(브랜드)의 게시물도 함께 보여주는 페이스북과 흡사한 방식이죠. 심지어는 [Sponsored]라는 표시를 붙여 광고 게시물을 중간 중간에 끼워서 노출하는 것조차 페이스북과 완전 판박이입니다.

카카오스토리/채널의 가장 큰 장점은 일단 소식받기 친구를 충분히 늘려만 놓으면 이들이 각자의 카카오스토리 뉴스피드를 펼치는 순간에 굳이 돈을 쓰지 않고도 브랜드의 소식을 공짜로 전파할 수 있다는 점입니다. 물론 지면이 제한되어 있으니 모든 친구나 모든 채널의 소식을 보여줄 수는 없겠죠. 소식받기를 눌렀다고 하더라도 평소 큰 관심이 없는 채널이나 친구의 소식을 모조리 다 보고 싶지도 않을 테고요. 따라서 평소 서로 소통이 잦아 관심이 많아 보이는 친구나 채널의 소식을 우선 노출해주게 됩니다.

브랜드 입장에서 보면, 소식받기를 누른 이용자를 아무리 많이 확보했다고 하더라도 이들의 뉴스피드에 우리 브랜드의 소식이 무조건 꼭 도달된다는 보장은 없다는 얘기죠. 카카오 입장에서 보더라도 한번 친구(소식받기 관계)를 맺었다는 이유 만으로 무한정 공짜로 게시물을 노출해 줄 수는 없겠죠. 그래서 나온 게 바로 플러스친구(옐로아이디)라는 '유료 메시징 서비스'입니다.

카카오스토리와 플러스친구의 가장 큰 차이라면, 내가 원하는 대상(카카오친구)에게 노출하고 싶은 메시지나 콘텐츠를 '강제로(유료로)' 도달시킬 수 있는가 여부입니다. 페이스북의 경우 홈(뉴스피드) 화면의 친구들 소식 사이 사이에 [먼저 보기] 옵션을 체크한 페이지의 소식을 우선 도달시켜 줍니다. 그 밖의 브랜드 소식은 [Sponsored] 라는 표식을 붙이고 띄엄띄엄 섞여 나오는데 이는 브랜드가 광고비를 내야만 도달시킬 수 있는 유료 콘텐츠들입니다.

과거 카카오스토리는 일단 소식받기 친구를 얻기만 하면 브랜드의 콘텐츠를 무조건 도달시켜주는 정책을 취한 바 있습니다. 그 당시 브랜드용 스토리채널 계정이 급증하면서 '공동구매'와 같은 상업적 콘텐츠가 범람했죠. 과도한 광고성 게시물로 인해 사용자 이탈이 늘어나자 이를 막기 위해 카카오는 돌연 상업적 콘텐츠를 강하게 규제하기 시작합니다. 냉온탕을 오가는 혼란을 겪으면서 카카오스토리/채널은 일반 사용자와 비즈니스 목적 사용자 모두에게 불만을 사게 되고, 결국 SNS 시장에서 주도권을 잃고 말았지요.

카카오스토리를 안정적인 광고 채널로 확장하는 데 실패한 카카오는 메시지 시장의 독점력을 기반으로 유료 메시지 시장에 집중하게 됩니다. 그래서 나온 게 플러스친구라는 유료 메시징 서비스였죠. 문제는 출시 초기 2천만 원이 넘는 기본 서비스 비용으로 소상공인들은 쳐다보기도 힘들었다는 점입니다. 이 같은 불만이 커지자 사업자 등록(비즈계정 가입)만 하면 누구든 초기 가입비 없이 메시징 서비스를 이용할 수 있도록 허용했죠. 그게 바로 옐로아이디 서비스입니다. 나중에는 플러스친구로 통합되었지만, 이것이 옐로아이디가 한동안 카카오의 대표적인 메시지 광고 서비스로 성장하게 된 배경 스토리입니다.

역설적인지만 플러스친구는 카카오스토리/채널의 상업화(광고지면화)에 실패한 카카오의 불가피한 선택이었던 셈입니다. SNS 채널의 광고 매체화를 포기하는 대신 카카오의 최대 강점인 메시지 시장의 독점력을 기반으로 다른 어떤 유료 메시지 서비스보다 낮은 가격으로 광고 메시지를 보낼 수 있도록 판을 짠 것이죠. 거기에다 사진, 영상 등 콘텐츠 전달 기능까지 추가해놓은 게 지금의 '카카오톡 채널'인 겁니다.

지금까지 성장 스토리가 어떻든, 우리나라에서 모바일 비즈니스를 하려면 이제 카카오톡 채널을 무시하거나 방치해선 절대 안됩니다. 카카오가 지난 10년간 시도했던 모바일 비즈니스의 성공과 실패 경험이 총 집약되어 있는 통합 서비스라 해도 과언이 아니니까요.

그러면, 카카오톡 채널은 어디서 어떻게 굴러갈까요? 장점은 무엇이고 활용 가능성은 과연 어느 정도일까요? 누가 어떤 목적으로 쓰면 좋을까요? 근본적인 한계나 문제점은 과연 없을까요?

2-3 | 카카오톡 채널, 누가 언제 쓰면 좋을까

어떤 서비스를 누가 어떻게 이용하면 좋을지는 그 서비스의 메뉴 구성을 살펴보는 게 가장 빠른 지름길입니다. 각각의 메뉴들이 어떤 기능을 하고 어떤 때 필요한지 살펴보면 해당 서비스의 활용도가 명확해지기 때문이죠. 카카오톡 채널의 서비스명이 플러스친구(옐로아이디)를 거쳐 지금의 이름으로 바뀌어온 것은 이 서비스가 제공하는 기능이 그만큼 다양한 데서 기인하는 면도 적지 않습니다.

　[카카오톡 채널 관리자센터 이용가이드]의 차례를 살펴보면 카카오톡 채널의 주요 기능을 아래와 같은 항목으로 열거하고 설명합니다. 메뉴별 기능을 살펴보면 이 서비스를 어떤 용도로 활용하면 좋을지 알 수 있습니다.

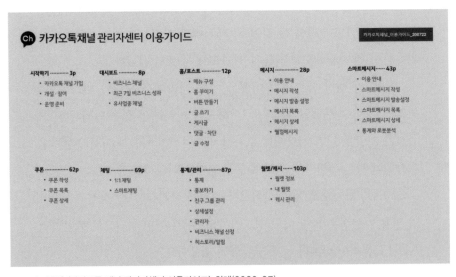

[그림6] 〈카카오톡 채널 관리자센터 이용가이드〉 차례(2020.07)

간추려 재분류한 주요 메뉴는 다음의 여섯 가지입니다.

1. 홈/포스트
2. 메시지/스마트메시지
3. 쿠폰
4. 채팅
5. 통계/관리
6. 월렛/캐시

메뉴 구성에서 보듯이 카카오톡 채널은 단순한 포스트 작성 도구나 메시지 발송 도구가 아닙니다. 채팅 메뉴를 통해 커뮤니티 멤버를 관리할 수도 있고, 쿠폰이나 월렛 및 통계 관리 메뉴를 통해 카카오 쇼핑과 연계한 판매관리 보조 도구로서 역할도 겸합니다. 알면 알수록 다양한 목적으로 활용이 가능한 통합 서비스입니다. 카카오를 마케팅 채널로 이용하려는 사업자라면 그래서 더 깊이 공부해야 합니다.

다만 이 책은 카카오의 비즈니스 플랫폼 서비스 하나하나 상세 사용법을 설명하는 매뉴얼북은 아닙니다. 그러므로 카카오톡 채널의 기능을 더 자세히 알려면 카카오가 직접 제공하는 카카오톡 채널 관리자센터 메뉴판 좌측 아래쪽에 있는 [이용가이드] 문서(다운로드 링크)를 이용하세요.

기존에 플러스친구나 옐로아이디 계정을 만들어 써본 분들이라면 긴 설명이 필요 없을 겁니다. 서비스명만 바뀌었을 뿐 핵심 기능들은 그대로이니까요. 평소 우리 채널을 찾아주는 잠재고객과 콘텐츠로 소통하는 동시에, 꼭 전해야 할 소식이나 정보가 있을 경우 '돈만 내면' 언제든지 유료 '메시지'를 보낼 수 있는 가장 효과적인 수단이 바로 카카오톡 채널입니다. 그러므로 주문 거래나 문의 상담 등과 같이 브랜드와 실시간 소통이 필요하거나 평소 정보 전달이 지속적으로 필요한 사업자들이라면 고객과 대화하고 싶을 때 매우 유용한 도구입니다.

다만 메시지는 개인 모바일 기기에 1:1로 전송되므로 사전에 상대방의 수신 동의를 얻어야만 발송이 가능합니다. 또한 포스트를 게시할 수는 있지만 이 게시물이 자동으로 강제 전파되지는 않습니다. 카카오스토리/채널은 [소식받기]를 한 구독자 중에서 평소 자주 소통하는 사람들의 뉴스피드에 새 게시물(소식)이 전해질 수 있습니다. 하지만 카카오톡 채널 홈의 포스트는 채널 구독자가 '검색'이나 '즐겨찾기', '공유 링크' 등을 통해 우리 채널에 직접 찾아 들어와야만 비로소 방문자에게 보입니다. (아래 자연전파 경로 화면 참고)

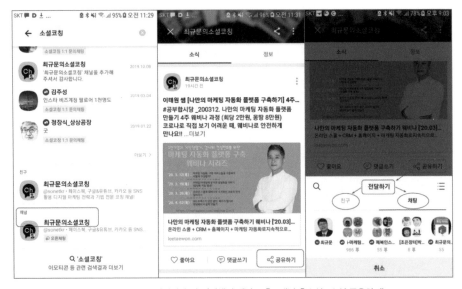

[그림7] 카카오톡 채널 게시물 자연전파 경로(검색시 채널 노출, 채널 홈소식, 소식 공유하기)

포스트 내용이 유익하고 필요한 정보여서 누군가가 좋아요나 댓글 등으로 반응을 남기고, 나아가 [공유하기]를 눌러 자신이 맺고 있는 카카오친구 또는 단톡방 등으로 [전달]해주면 다른 사람들도 그 게시물을 볼 수 있겠죠. 요컨대 자발적으로 공유하고 싶을 만큼 값어치 있는 콘텐츠가 아니면 카카오톡 채널의 게시물(소식)이 저절로 전파되기를 기대하기는 쉽지 않습니다.

(실전팁 12) 카카오톡 채널의 포스트를 밴드나 페이스북 등 다른 SNS로 퍼뜨리려면?

- 카카오톡 채널 홈의 개별 포스트에 있는 [공유하기] 기능을 통해서는 카카오톡 친구나 그룹채팅방으로 소식을 직접 공유할 수 있지만 카카오스토리나 페이스북, 밴드 같은 다른 SNS 매체로 전달하려면 포스트의 고유 링크 주소(URL)을 복사하여 첨부하는 방식으로 작업해야 합니다.

- 카카오톡 채널(홈)의 포스트 링크를 카카오스토리/채널 쪽으로 연쇄 전파하는 방법을 그림으로 설명하면 아래 순서와 같습니다.

❶ 카카오톡 채널 포스트 우측 상단 [더보기] 아이콘 터치]

❷ [URL 복사하기] 눌러 주소 복사

❸ 카카오스토리/채널 새 글 작성 창 열어

❹ 하단의 [하이퍼링크] 아이콘 터치 → 주소창에 붙여넣기(자동첨부)

❺ 링크와 연동된 포스트의 썸네일 이미지 및 제목이 미리보기로 확인되면 [다음] 버튼 터치

❻ 쓰고 싶은 내용을 적은 후 [올리기]를 눌러서 첨부 포스트 게시하기(발행)

❼ 타임라인에 포스트가 정상 게시되면 게시물 우측상단 [더보기] 아이콘 터치

❽ 카카오톡 및 다른 스토리/채널 계정, 기타 매체로 재공유

돈을 내고라도 꼭 전달하고 싶은 메시지가 있으면 [카카오톡 채널 관리자센터] 앱을 설치하고 [메시지] 송신 기능을 이용하면 모바일 환경에서도 아주 쉽고 빠르게 처리할 수 있습니다.

[그림8] 카카오톡 채널 메시지 작성 및 발송 프로세스(유료)

다만 카카오톡 채널의 메시지 서비스는 유료이고, 오디언스 개인의 모바일 폰으로 직접 전송되기 때문에 사전에 메시지 수신에 동의한 사람들(플러스친구=채널추가자)에게만 보낼 수 있습니다. 충분한 수의 채널 구독자를 확보하지 못하면 광고 예산이 있어도 이용할 수 없다는 얘기죠.

이와 같은 제약 때문에 2020년 4월 개편 전까지만 해도 카카오는 [카카오친구 늘리기] 라는 광고 상품을 카카오광고(카카오모먼트)의 주요한 광고 상품으로 부각시켜 노출했습니다.

이제는 철 지난 이야기지만 한때 옐로아이디 시절에는 이 서비스의 활성화를 위해 월 1만통에 해당하는 메시지를 무료로 발송할 수 있게 파격적인 혜택을 주었던 적도 있습니다. 플러스친구 서비스 때도 매월 2천통까지 무료 메시지 혜택이 주어졌지요. 그때까지만 해도 플러스 친구 수가 많지 않더라도 허용 건수까지 광고 메시지를 저렴하게 보낼 수 있는 좋은 도구였죠. 그 때문에 비용과 예산을 들여서라도 플러스친구(옐로아이디)를 늘리려는 경쟁이 치열했습니다.

2019년 들어 무료 혜택이 모두 종료되면서 이제는 플러스친구를 늘리는 데에 들어가는 홍보비는 물론이고 광고 메시지를 보내는 것 또한 발송한 양 만큼 비용을 치러야 합니다. 수신 동의 독자(친구)를 모으는 일도 쉽지 않은데, 광고 메시지의 효과도 기대한 만큼 나오지 않는다면 이 서비스의 효용은 기대할 수 없겠지요. 그렇지만 같은 비용을 들여서 다른 매체로 광고 콘텐츠를 전달했을 때보다 고객들의 반응 효과가 좋다면 이야기가 다르지요.

메시지 광고의 반응 효과를 조금이라도 더 높이기 위해 카카오 또한 노력하지 않을 수 없는 이유입니다. 대표적으로 카카오가 인공지능 기술을 이용해서 더 나은 메시지 반응 효율을 낼 수 있도록 제공한 서비스가 바로 [스마트메시지]입니다. '똑똑한' 메시지라는 건데 원리는 간단합니다. 메시지 광고를 내보낼 때 하나로 정해진 단일 문구로 전체 대상에게 노출하는 대신 여러 개(최고 10개)의 광고 문구를 등록해 올리고 임의로 노출하여 수신자들의 반응률이 가장 높게 나오는 광고 메시지를 자동선별(학습)하여 남은 사람들에게는 효율이 좋은 문구의 메시지를 보내도록 하여 예산 효율을 높이는 것입니다.

구글의 '반응형' 광고의 원리를 빌려와 메시지 광고에 적용한 셈이지요. 구글의 반응형 광고는 여러 가지 광고문구와 이미지를 등록해 놓으면, 광고 대상 타깃들의 평소 검색 패턴이나 행동 특성에 따라 가장 좋은 반응이 나올 것같은 문구와 이미지를 자동으로 조합하여 가장 적합도가 높은 타깃에게 가장 적합한 소재를 자동 노출해 광고 효율을 극대화하는 방식으로 운용됩니다. 그야말로 인공지능 학습 기반 '스마트 광고'인 거죠.

카카오 광고팀이 제시하는 여러 사례들을 살펴보면 스마트메시지의 효율이 일반 메시지 광고보다 높게 나오는 경향은 어느 정도 확인됩니다. 그렇지만 인공지능 학습(머신러닝) 기반 광고의 효율은 하루 아침에 높아질 수 없습니다. '어떤 광고에 대해, 어떤 사람들이, 얼마나 적극 반응하는지' 상관 정도를 분석할 수 있는 데이터가 꾸준히 누적되고, 지속적인 학습을 통해 광고 효율을 높이는 알고리즘이 고도화되어야만 실질적인 효과를 기대할 수 있는 까닭이지요.

이같은 제약 때문인지, 스마트메시지 서비스는 카카오 친구 수가 3만 명 이상 확보된 비즈니스 계정에서만 사용할 수 있습니다(2020년 7월 현재). 서비스 출시 초기(2019년 3월)에 5만 명보다 낮아진 건 다행이지만 그만한 규모의 수신 동의자(플러스 친구)를 확보하고 있지 못한 대부분의 중소기업이나 소상공인들에게 여전히 '그림의 떡'입니다. '부익부 빈익빈'인 셈이죠. 스마트메시지의 세부 사용법에 대해서는 뒤에서 좀 더 상세히 다루겠습니다.

실전팁 14 카카오톡 채널 메시지를 보낼 때 유의 사항과 금지되는 콘텐츠 종류는?

1. 메시지 발송시 유의사항

- 특가/할인 상품안내, 상품 및 서비스 홍보를 위한 프로모션 또는 이벤트 광고성 내용이 포함된 메시지는 맨 앞에 (광고)라고 표시해야 합니다.

- 전송자 명칭, 전송자 연락처(전화번호 또는 주소 중 택일)를 메시지 본문보다 상단(채팅방 상단)에 표시해야 합니다.

- 메시지에 수신 거부 및 수신동의 철회 의사표시를 쉽게 할 수 있는 방법을 광고 본문에 구체적으로 밝혀야 합니다. 수신 거부 또는 철회가 쉽게 이루어지지 않거나 불가능할 경우에는 이를 표기하지 않은 것으로 간주하며, 수신 거부를 위해 웹사이트에 로그인 하도록 하는 등 별도 추가 조치를 거치게 하는 것도 수신 거부 또는 철회를 어렵게 하는 행위로 법 위반에 해당합니다.

2. 사용해선 안 되는 금지 콘텐츠

가. 지식재산권(특허권, 저작권, 상표권 등) 및 초상권 등 타인의 권리를 침해하는 경우
   1) 특허권, 상표권 등을 침해한 것으로 확인(확정 판결 등)되는 경우
   2) 연예인, 유명인 등과의 계약관계 없이 사진, 성명 등을 무단으로 사용하는 경우
   3) 소프트웨어, 영화/드라마/음악 등을 저작권자의 동의 없이 불법적으로 유통하거나 무료로 제공하는 경우
   4) 위조상품을 판매하거나 위조상품을 직간접적으로 표현한 문구 등을 표시하여 판매하는 경우
   5) 기타 타인의 권리를 침해하는 모든 경우

나. 청소년에게 유해한 사이트나 콘텐츠를 포함한 경우
   1) 청소년보호법에 따라 '청소년유해매체물'로 고시된 사이트, 매체물
      예) 성인화상채팅사이트, 애인대행사이트, 게임아이템거래중개사이트, 불건전 전화서비스 등
   2) '청소년 접근제한 조치(연령확인 및 청소년 이용불가 표시)'가 확인되는 사이트

3) 기타 회사에서 청소년에게 유해하다고 판단한 업종 및 콘텐츠
- 성인동영상 제공 사이트, 성인을 대상으로 하는 일반채팅/미팅/커뮤니티 사이트
- 콘돔, 섹시 속옷 판매, 비뇨기과 남성성형, 산부인과 여성성형 관련 콘텐츠
- 청소년 이용불가 게임물, 청소년 관람불가 영화/비디오물 관련 콘텐츠, 과도한 신체 노출 이미지 사용
- 청소년 유해약물/유해물건의 정보를 구체적으로 기술하여 사용을 조장하거나 매개하는 콘텐츠
- 청소년에게 불건전한 교제를 조장할 우려가 있거나 이를 매개하는 콘텐츠
- 자살, 가출, 폭력서클 관련 등 청소년 비행을 권유 · 미화하거나 이를 매개하는 등 반사회적 내용을 포함하는 콘텐츠
- 시체 사진 등 혐오감을 주는 이미지를 수록하거나 해당 이미지로 링크시키는 콘텐츠
- 스와핑, 동거 등 사회 윤리적으로 용납되지 않은 행위를 매개하는 콘텐츠
- 존속에 대한 상해 폭행 살인 등 전통적인 가족윤리를 훼손할 우려가 있는 콘텐츠

다. 관계 법령에 따라 인터넷 광고가 금지되거나 인터넷 판매, 유통 등이 불가한 상품이 포함된 경우

1) 인터넷 광고가 금지된 상품에 대한 광고
예) 전문의약품 및 원료의약품, 담배, 도박 및 사행행위 관련 콘텐츠, 성매매, 불법도박, 유사수신행위 등
2) 인터넷판매가 불가한 상품을 판매하는 사이트 또는 업체에 대한 광고
예) 의약품, 주류, 담배, 시력보정용 안경 및 콘택트렌즈, 마약, 농약 등
3) 일반 유통이 불가하거나 불법적인 상품을 판매하는 사이트 또는 업체에 대한 광고
예) 혈액/혈액증서, 군복/군용장구, 야생 동식물, 음란물, 허가받지않은 주방용 오물분쇄기, 샘플화장품 등

라. 사행산업 콘텐츠를 포함한 경우

1) 카지노, 경마, 경륜, 경정, 복권, 체육진흥투표권, 소싸움 경기 등 사행산업 관련 정보를 제공하는 경우

마. 광고/홍보성 게시물/금지되는 영업활동을 하는 경우

1) 플러스친구 내 상업/홍보 활동이 현행 법률(의료법, 학원법, 대부업법, 부가
가치세법, 전자상거래 등에서의 소비자 보호에 관한 법률, 간접투자자산운
용업법 등)을 위반하는 경우
2) 회원이 상품 및 서비스의 판매 시 소비자보호를 위한 정보(전자상거래 등에
서의 소비자보호를 위한 법률 시행령 기준)를 기재하지 않거나 허위인 경우
3) 회원이 타인의 상품 등을 공동구매 하거나 서비스 대리 판매 혹은 중개 소비
자 보호를 위한 정보(전자상거래 등에서의 소비자 보호를 위한 법률 시행령
기준)를 기재하지 않거나 허위인 경우

바. 기타 아래의 내용을 포함한 경우

1) 회사의 로고 · 상표 · 저작물 등을 무단 사용하거나, 회사와 연관이 있는 것처
럼 오해시킬 수 있는 콘텐츠 포함시
2) 회사에서 제공하는 서비스의 이용약관, 개별 서비스상의 운영원칙을 위반
하는 행위를 하거나 메신저, 그룹, SNS 등을 판매하거나 이를 중개, 유도하
는 행위를 하는 등 회사의 업무를 방해하는 경우
3) 국가기관(공정거래위원회 등) 및 한국소비자원, 서울시 전자상거래센터 등
소비자보호기관,언론 등에서 이용자 피해를 유발하고 있다고 판단하거나
보도가 된 업체 또는 카카오 사용자로부터 지속적인 피해신고(구매, 개인정
보 등)가 접수되는 업체인 경우
4) 사생활 침해 우려가 있는 콘텐츠를 취급하는 경우(뒷조사, 스파이앱 등)
5) 보편적 사회정서에 맞지 않는 콘텐츠(예: 미신숭배, 비검증 건강비법, 성별/
종교/장애 차별이나 편견 조장 등)
6) 기타 관계법령을 위반하는 콘텐츠를 취급하는 경우

2-5 | 카카오톡 채널은 어디에서 노출되는가

카카오톡 채널 서비스로 카카오가 돈을 벌려면, 채널을 개설한 비즈
니스 계정들이 유료 메시지를 가급적 자주, 최대한 많이 사용해야 합니

다. 그렇게 하려면 먼저 비즈니스 파트너, 즉 광고주를 최대한 늘려야 합니다. 광고주를 늘리려면 싸면서도 효과적인 광고 상품을 제공해야 할 테지요. 다만 메시지 광고는 일반 디스플레이 광고와 달리 '수신 동의'를 얻지 않으면 임의로 보낼 수 없다는 제한 조건이 따릅니다.

여기서 두 가지 과제가 생겨납니다. 하나는 다른 유료 메시지 전송 서비스들보다 이용 요금이 싸야 한다는 점, 다른 하나는 카카오 광고주들이 최대한 쉽게 메시지 수신 동의자를 늘릴 수 있도록 지원해 주어야 한다는 점이죠. 요금이야 시장 질서를 깨뜨리지 않는 범위에서 다른 경쟁사들보다 조금 더 낮게 설정하면 해결됩니다. 정작 어려운 과제는 어떻게 해야 카카오톡 사용자들이 브랜드 채널이 보내는 광고 콘텐츠를 자진해서 수신하도록 동의를 얻어낼 수 있느냐는 것이죠.

홍수처럼 쏟아지는 이메일은 제목만 대충 훑어보고 넘어가는 경우가 태반입니다. 클릭해서 열지 않으면 제목 외에는 내용이 보이지도 않습니다. 그러나 메시지는 다릅니다. 일단 수신함에 도착하면 읽지 않고 바로 삭제하기가 쉽지 않습니다. 그만큼 강제 노출력이 뛰어난 수단인 거죠. 하지만 이것은 한두 번 스팸 메시지 발신자로 '찍히면' 곧바로 구독 취소(수신 거부) 대상으로 전락하여 '원천 차단'을 당할 위험성도 그만큼 크다는 뜻입니다.

사용자들은 특정 브랜드가 메시지를 보내오거나 수신 동의를 요청할 때 자신에게 꼭 필요한 정보를 제공하는 곳인지 아닌지를 거의 본능적으로 알아챕니다. 카카오도 이런 사실을 모르지 않습니다. 그래서 '사용자의 수신 동의 의지와 필요가 가장 높을 때'를 골라서 카카오톡 채널들을 자연스럽게 노출하고 보여줍니다. 과연 어떤 경우일까요?

크게 두 가지 경우입니다. 하나는 어떤 주제의 채널들이 있는지 사용자들이 특정한 키워드로 '검색'을 할 때입니다. 다른 하나는 상품 주문, 서비스 호출, 상담 신청, 문의, 예약 등을 위해 자신의 연락 정보를 남기고 그에 대한 답변 또는 추가 정보가 오기를 기다릴 때입니다. 이를테면 쇼핑몰에서 상품을 주문한 뒤, 결제 주문이 정상적으로 이루어졌는지, 혹은 상품이 어디쯤 배송되고 있는지와 같은 후속 상황을 메시지로 알려주면 그런 건 스팸으로 여기지 않는다는 점을 역이용하는 것이지요.

사람들은 자신이 '필요한 정보'를 얻고 싶을 때 검색이라는 적극적 행동을 합니다. 또 내가 먼저 어떤 요청을 해 놓았을 경우 그와 관련된 정보는 자발적으로 수신을 하게 마련이죠. 이런 순간에 브랜드와 관계를 맺도록 유인하고 정보를 지속적으로 수신하도록 유인하면 [채널 추가] 버튼을 누를 확률이 평소보다 훨씬 높아지게 됩니다.

그래서 카카오톡은 다음과 같은 영역과 위치에서 카카오톡 채널을 노출하고 보여줍니다.

서비스	영역	노출위치
카카오톡	[친구] 탭	친구탭 리스트 및 추가한 채널 모아보기
	[더보기] 탭	추천 채널
	검색 결과	카카오톡 검색결과 [채널] 카테고리
		QR코드 검색 결과
		#검색
Daum	검색 결과	Daum 통합 검색

[표1] 카카오톡 채널 노출 영역 및 홍보 방법 안내 가이드(Version 2019.09.17) 8쪽

위 표에 보다시피 사용자들의 자발적인 '검색' 결과 영역에 노출되는 게 대부분입니다. 이 말은 검색되지 않으면 우리 채널이 존재하는지 여부조차 알리기 어렵다는 뜻이기도 하죠.

카카오나 다음의 검색 결과에 우리 채널을 노출시키는 게 그렇게 쉬운 일은 아닙니다. 그렇다고 [카카오 친구 늘리기] 광고에다 무작정 돈을 쏟아 붓기도 어렵고요. 어떻게 해야 채널 구독자를 더 효과적으로 늘릴 수 있을까요?

카카오 비즈니스 플랫폼 전체 서비스와 기능을 통틀어, 이 문제를 해결하는 것보다 더 중요하고 핵심적인 관건은 따로 없을 겁니다!

2-6 | 카카오톡 채널, 어떻게 만들고 운영할까

금강산도 식후경이라고, 먼저 우리 채널을 개설하지 않으면 구독하라고 할 것 자체가 없습니다. 그러니 '채널(친구) 추가'를 고민하기에 앞서 우선 채널을 어떻게 개설하면 좋은지부터 살펴보죠. [카카오톡 채널 관리자 이용 가이드]의 첫 부분에 카카오톡 채널을 개설하는 방법이 잘 설명되어 있으니, 여기서는 기본 절차만 간략히 소개합니다. (https://j.mp/317plOj 링크를 이용하세요!)

01 카카오계정으로 kakao for business 화면에 [로그인] 한 뒤, [서비스 소개] 탭에서 [카카오톡 채널]을 선택하고 안내 화면의 우측 아래쪽 [카카오톡 채널 시작하기] 버튼을 클릭합니다.

  – https://business.kakao.com/info/kakaotalkchannel/ 링크에 직접 접속해도 됩니다.

– [카카오톡 채널 시작하기] 버튼 대신 아래 링크를 직접 입력하고 클릭해도 됩니다.

🔵 https://center-pf.kakao.com/login

02 [kakao for business] 대시보드 화면의 [내 사용중 비즈니스]에서 맨 먼저 나오는 [카카오톡 채널] 목록에 뜨는 [+새 카카오톡 채널 만들기] 버튼을 클릭합니다.

03 [채널 개설하기] 화면이 나오면 [프로필 설정] 섹션에서 [프로필 사진], [배경 사진]과 [채널이름] 및 [검색용 아이디]와 [소개글]을 입력하고 [부가 정보 설정]까지 마친 뒤 맨 아래 [확인] 버튼을 클릭하세요.

- 정보를 입력할 때는 [정보입력 가이드] 버튼을 눌러서 기본적인 유의사항을 먼저 살펴 본 뒤에 그에 맞추어 작업하기를 권합니다.

- 채널 이름은 한글/ 영문/ 숫자로 최대 20자까지 쓸 수 있으며, 가입 후 수정은 허용되지 않습니다. 기타 자세한 사항은 [실전팁 14]의 내용을 참고하세요.

카카오톡 채널 개설 시 필요한 정보를 입력할 때 유의할 사항은?

1. 채널 이름은 채널 홈에 노출되는 이름으로, 브랜드명, 사업체명과 가급적 일치하는 것으로 하는 게 좋습니다.

   - 동떨어진 이름은 다른 비즈니스 채널 전환시 심사에서 반려 사유가 될 수 있습니다.
   - 채널명은 20자 이내 한글/ 영문/ 숫자로 입력할 수 있으며, 친구 수 100명이 넘어가면 변경할 수 없습니다. 100명 미만일 때 1회에 한해서만 변경 가능하니 신중하게 정하세요. 비즈니스 채널로 전환되면 100명 이하여도 이름 변경이 불가능합니다.

2. 검색용 아이디는 카카오톡 안에서 채널을 검색할 때 사용되는 아이디로, 15자 이내 한글/ 영문 소문자/ 숫자로 입력 가능합니다.

   - 한글 사용이 가능하고 중복이 불가하므로 내 채널의 정체성을 잘 드러내는 고유한 아이디를 선점하는 게 좋습니다.
   - 한번 설정된 검색용 아이디는 수정할 수 없으니 유의하시고, 유명 브랜드나 유명인을 사칭하는 경우나 일반명사, 음란성 표현이나 욕설 등의 단어가 포함된 이름은 거부될 수 있습니다.

3. 프로필 사진의 권장 사이즈는 가로-세로 모두 640픽셀, 배경사진은 800 x 346 픽셀 크기이며, JPG/JPEG 파일을 지원합니다.

04 [채널 개설 입력 정보]가 정확한지 확인한 뒤 [네, 입력한 정보로 개설하겠습니다.] 버튼을 클릭하면 [새 카카오톡 채널]이 만들어집니다.

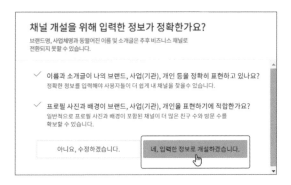

- 카카오톡 채널 계정은 '비즈니스 프로필'이라고 부르며 브랜드, 상호명 등을 자유롭게 사용할 수 있습니다.

- 해당 관리자 계정으로 톡스토어를 개설한 상태라면 [연결된 서비스] 항목에 '톡스토어'가 표시됩니다.

- [프로필 상태] 항목에는 일반채널과 비즈니스 채널 여부가 구분 표시됩니다. [알림톡]이나 [상담톡]과 같은 비즈메시지를 사용하려면 필요한 구비서류를 갖추어 '비즈니스 채널'로 전환 신청해야 합니다. 카카오측의 심사를 거쳐 수락 여부가 결정되므로 실제 사업 내용과 동떨어진 내용으로 정보를 입력하거나 서류 미비 등이 발생될 경우 반려될 수 있습니다. 비즈니스 채널로 전환되면 검색시 상위 노출에 유리하고 추천 채널 등에 추가로 노출될 기회가 제공되므로 상업적 목적으로 개설하는 [카카오톡 채널]은 [비즈니스 채널]로 전환하는 게 바람직합니다.

2-7 | 카카오톡 채널 노출 및 구독자를 늘리는 7가지 방법

첫째, 공유 가치를 지닌 전문 콘텐츠를 포스트로 올려라

특정 분야나 주제의 전문성을 갖춘 정보성 포스트를 올려야만 공유하기 및 자발적인 전파를 기대할 수 있습니다. 카카오톡 채널은 카카오스토리/채널과 달라서 글을 읽은 사람이 공유할 필요성을 느끼지 못하면 시간과 비용만 낭비될 위험이 높습니다. 유머나 시사 이슈 중심의 가벼운 콘텐츠 역시 채널 구독을 일으키는 데 장기적인 도움이 되지 못하므로 꼭 필요한 글인지 신중하게 판단하시길 권합니다.

둘째, 댓글 및 공유하기를 적극 해줄 서포터즈를 육성하라

비즈니스 채널의 글이라도 일단 좋아요나 댓글, 특히 공유하기 횟수가 많은 글은 누구라도 더 눈여겨서 보게 마련입니다. 당연히 퍼갈 가능성도 높아지겠죠. 누군가에 의해 추천되고 공유되어 전파되는 만큼 우리 채널로 유입될 수 있는 링크가 늘어나게 됩니다. 채널에 올린 포스트를 자신들의 카카오스토리나 밴드, 페이스북 등 다른 SNS 망으로 공유해줄 멤버들을 조직할 수 있다면 최상입니다.

셋째, 카카오톡 1:1 메시지 또는 그룹 채팅방으로 글을 공유하라

아무리 좋은 포스트도 퍼나르지 않으면 저절로 전파되지 않습니다. 따라서 가능하다면 많은 개인 카카오 친구와 관계를 맺고, 허락하는 한 여러 곳의 그룹 채팅방의 멤버로 참여하시는 게 좋습니다. 채팅방은 설령 오픈채팅방이라 할지라도 일반 SNS와 달리 폐쇄성이 상대적으로 강한 곳입니다. 그 만큼 해당 채팅방의 성격과 일치하는 게시물이 아니면 환영받지 못합니다. 따라서 광고성 글보다는 정보성 소식들을 엄선하여 개인 친구 및 단체 채팅방에 전달하세요. 내 채널의 포스트는 [공유하기] 클릭 한 번으로 내 친구나 내가 가입한 그룹 채팅방의 대화에 참여하는 다수에게 한꺼번에 전달할 수 있어 효과적입니다.

넷째, 홈페이지나 블로그, 브런치 등에 원문 콘텐츠를 발행하라

카카오에서 제공하는 메시지(채팅방) 및 채널의 장점은 포스트 작성 및 공유하기 이용시 게시물 링크 복사가 간편하고 첨부물의 표시 형태나 디자인이 매우 깔끔하다는 점입니다. 전문적인 게시물을 생산할 때는 개인이나 업체 홈페이지는 물론이고 네이버 블로그나 다음 브런치 등에 오리지널 콘텐츠를 발행해놓고, 이 글의 링크를 복사하여 카카오톡 채널이나 스토리 채널 등에 링크 첨부 게시글로 올리는 게 바람직합니다.

다섯째, 카카오모먼트/카카오톡 채널의 '트래픽 광고'를 이용하라

카카오톡 채널의 포스트는 모두 게시글 단위로 고유의 링크 주소를 복사할 수 있습니다. 고유 URL 주소를 가진 콘텐츠는 트래픽 광고의 랜딩페이지 링크로 사용할 수 있습니다.

유료 광고를 통해서라도 더 널리 알렸을 때 방문자들이 [채널 추가]를 누르고 갈 만한 이유가 충분한 포스트라면 여러가지 유료 광고 채널을 이용해 링크 클릭 광고를 집행하는 것도 결과를 만들어낼 수 있습니다. 채널 추가 친구를 단지 광고로만 얻으려고 하지 마세요. 상상력과 아이디어가 더 많이 요구되는 지점입니다.

여섯째, 오픈채팅방을 개설하고 [채널 홈] 버튼을 연결하라

오픈 채팅방은 네이버 카페나 밴드, 페이스북 그룹에 비해 뒤지지 않는 모바일 커뮤니티 조직 수단입니다. 단적인 예로 아이보스가 운영하는 마케팅 채널별 오픈채팅방은 여러 마케팅 주제별로 적으면 수백 명에서 많게는 1천명이 넘는 참여자들이 모여 실시간으로 소식과 정보를 주고받는 공간으로 운영됩니다. 채팅방 대화를 통해 좋은 콘텐츠를 나누고 공개할 때 이면에서 참여자들 간에 개별적인 비즈니스 제휴 제안이나 연락처 요청이 수시로 이루어집니다.

특히 카카오톡 채널에 올린 글을 링크 복사하기 방식으로 내가 개설한 오픈채팅방에 공유하여 올리면 게시물 위에 카카오톡 채널 이름이 표시되고, 채널의 홈으로 직접 연결되는 [채널 홈] 버튼도 게시물 하단에 함께 나옵니다. (다음 그림 왼쪽 참조)

[그림9] 오픈채팅방과 카카오톡 채널간 [바로가기] 버튼 설정 사례

　　단축 연결 버튼은 거꾸로 카카오톡 채널에서 [오픈채팅] 방으로 연결
되는 버튼을 설정하여 상호 직통하게 할 수도 있습니다. (윗 그림 오른쪽)
이 기능을 적극 활용하시면 카카오톡 채널과 오픈채팅방의 교류와 소통
을 촉진하는 데 매우 효과적입니다.

실전팁 15 카카오톡 채널에 [오픈채팅]방으로 연결되는 버튼을 설정하려면?

❶ 카카오톡 [오픈채팅방] 왼쪽 상단의 [공유하기] 링크를 눌러

❷ 팝업 배너에서 [공유] 버튼 터치

❸ [링크 공유] 화면에서 [링크 복사]를 터치하여 클립보드에 공유 주소 복사 저장

❹ [카카오톡 채널관리자] 앱 따로 실행 ⇨ 초기화면에서 [+버튼만들기] 터치

❺ [버튼 만들기] 설정 창에서 [오픈채팅] 선택 후

❻ 복사해놓은 채팅방 주소를 붙여넣고

❼ [저장] 버튼을 터치

**일곱째, 비즈메시지(알림톡, 친구톡, 상담톡)로 [채널 추가] 버튼을
노출하라**

카카오가 비즈니스 계정에 제공하는 대표적인 메시지 방식이 [알림
톡] 기능입니다. 알림톡은 전화번호는 있지만 카카오톡 계정은 알지 못
하는 고객에게 전화 문자 대신에 카카오톡을 통해서 안내용 메시지를 보
내는 일종의 '메시지 대리 전달' 서비스입니다.

알림톡 발신 업체들이 수신 대상자들에게 사전 수신 동의를 따로 받
지 않았음에도 불구하고 메시지 전송이 가능한 것은 대리 전송하는 내용

이 '광고'가 아니라 이미 발생한 상품 거래나 상담, 예약 요청 건 등에 대해 접수 및 진행 상황을 확인하거나 추가 정보를 안내하는 것이라서, 이 행위를 영리 목적으로 불특정 다수에게 노출하는 '광고'로 보기 어렵기 때문입니다. 그런 만큼 알림 내용 이외에 상업적 광고로 해석될 수 있는 내용은 철저하게 걸러지고 차단됩니다.

하지만, 알림톡 메시지 본문 아래 쪽에 [채널 구독] 버튼을 노출할 수 있습니다. 이것은 지금 당장은 고객의 전화번호만 알고 있어서 카카오에 의존(위탁)하여 메시지를 보내지만 향후 추가 정보를 카카오톡 계정으로 직접 받고 싶으면 해당 채널을 구독(채널 추가)해서 '플러스친구(채널구독자)'가 되어 달라는 뜻입니다.

카카오톡 이용자들은 광고에 딸려오는 카카오톡 [채널 추가] 버튼은 거들떠보지 않는 편입니다. 그러나 자신이 구매한 상품에 대한 배송 조회, 입금 확인, 환불 및 반품 안내, 이벤트 공지사항 등과 같이 자신이 받을 수 있는 혜택과 직접 연결되는 메시지를 보낼 경우 [채널 추가] 버튼을 누를 확률이 크게 높아집니다. 그러므로 알림톡 메시지에 덤으로 붙어 있는 [채널 추가] 버튼이야말로 카카오톡 채널의 구독자를 늘리는 가장 효과적인 방안 중 하나입니다.

2-8 | 카카오톡 채널 활용의 특장점과 주의할 점

카카오톡 채팅 목록 화면 맨 위에 뜨는 작은 디스플레이 배너 상품의 이름이 '카카오 비즈보드'입니다. 처음 이 광고가 뜨기 시작할 때 이용자들의 불만이 없지 않았습니다. 하지만 카카오가 자선 단체가 아닌 이상

자신들이 애써 모아놓은 4천만 사용자에게 언제까지 공짜로 서비스를 제공할 리가 없지요. 오랜 '기다림' 끝에 벼르고 별러서 2019년 가을에 채팅 목록 화면에 광고를 삽입했고, 기대한 대로 '대박 상품'이 되었죠.

SNS/메시징 서비스 플랫폼들의 제일 큰 고민 중 하나는 어떻게 하면 사용자들의 편의성을 해치지 않고 광고 상품을 결합시켜 수익을 낼 수 있을까하는 겁니다. 영리를 목적으로 하는 기업의 당연한 행동이라 비난할 일도 아닙니다. 고객들이 눈치채지 못하게 광고 지면을 늘리고 자연스럽게 광고 상품을 만들어 끼우는 것이 나름의 기술이고 능력인 것이죠.

카카오톡 채널은 옐로아이디와 플러스친구의 연장선에서 진화한 서비스입니다. 유료 메시지를 이용한 광고나 홍보를 효과적으로 수행하는 게 핵심 본질이죠. 다음 세 가지 장점 때문에 쓰지 않으면 오히려 손해라고 해도 과언이 아닙니다.

(1) 4천만이 넘는 대다수 국민들 누구에게나 접근이 가능하다.
(2) 어떤 유료 메시징서비스보다 저렴한 가격으로 이용할 수 있다.
(3) 전화번호만 알면 [알림톡]을 이용해 카카오톡 메시지를 전달할 수 있다(광고성 내용은 불가).

특히 SNS기능을 적극 이용하면 평상시 잠재고객과 소통하는 커뮤니티 채널로 활용할 수도 있습니다. 국내에서 제공되는 수많은 메시지 전송 서비스들에 비해 압도적으로 우수하고 탁월한 기능입니다. 어떤 경쟁사도 감히 넘볼 수 없는 소통 채널이자 광고 매체인 셈이죠. 카카오가 스스로 '최고의 모바일 비즈니스 플랫폼'으로 자랑할 만한 작품입니다.

그렇지만 무조건 장점만 있는 건 아닙니다. 대다수 국민에게 실시간으로 전달되는 매체인 만큼 담을 수 있는 메시지 내용과 콘텐츠에 대한 심사와 검사가 까다롭다는 점을 고려해야 합니다. 청소년 유해물이나 사행성 조장 우려 콘텐츠, 데이팅 주선 등과 같이 사회적 위험성이 있는 것들은 물론이고, 치료 효과나 성분 및 효능을 과장한 건강기능식품까지, 법적으로 문제가 될 성싶은 메시지나 광고는 심하다 싶을 정도로 철저히 검증 과정을 거치고 툭 하면 반려되기 일쑤입니다.

한번 승인이 보류되면 보완해서 재심사를 요청해야 하는데 그 사이에 타이밍을 놓치는 경우도 적지 않습니다. 누차 강조했지만 수신 동의를 받지 않은 대상에게 임의로 광고 메시지를 보내는 것 자체가 법 위반 소지가 높습니다. 자칫 광고 표시 의무를 어겨 스팸으로 신고를 당할 경우 졸지에 수백 만원이 넘는 과태료 폭탄을 맞을 위험도 있습니다. '안 쓰면 바보'지만 '잘 못 쓰면 폭망'할 수도 있는 서비스라는 점을 잊지 마세요!

3 카카오모먼트, 무엇이 되고 무엇이 안 되는가

3-1 | 카카오모먼트는 무엇이고, 어떻게 시작하는가

[카카오모먼트]는 카카오가 2018년 말에 내놓은 오디언스 추출형 타깃광고 플랫폼의 이름입니다. 인터페이스에서부터 광고 운용 방식까지 페이스북 광고 시스템을 그대로 카피했다고 해도 과언이 아닐 만큼 '짝퉁 모드'에 가까왔습니다. 부족한 캠페인 옵션에도 불구하고 인터페이스만큼은 꽤 직관적이고 깔끔했죠. 레이아웃과 디자인이 페이스북 광고 관리자를 거의 베껴놓은 모습이어서 페이스북 광고에 익숙한 이들에게는 더 친숙하게 느껴졌습니다.

그렇게 1년 남짓 운영되던 카카오모먼트가 2020년 4월을 기점으로 구조에서부터 캠페인 처리 방식까지 전면적으로 업데이트되었습니다.

기존에 캠페인 목적에 따라 광고 유형과 노출 대상 오디언스를 선택하던 방식에서, 이제는 캠페인 유형과 목표를 먼저 선택하고, 광고 그룹 (광고 목표대상)을 선택 조합하는 방식으로 구조도 복잡해졌고 설정 방식도 까다로와졌습니다.

2018년 버전이 페이스북 광고관리자 구조와 흡사했다면, 2020년 업데이트 버전은 구글 애즈의 인터페이스와 운용 구조를 많이 본뜬 느낌입니다. 어느 쪽을 벤치마킹했든, 카카오가 제공하는 다양한 서비스 이용자들의 각종 행동 정보를 기반으로 설정 조건에 맞는 사람(타깃 오디언스)을 찾아내어 광고주가 원하는 맞춤타겟에 한정하여 노출한다는 본질은 바뀌지 않았습니다.

여기에서는 카카오광고의 핵심을 이루는 카카오모먼트의 2020년 업데이트 버전을 중심으로 기본적인 구조와 기능들을 개괄적으로 살펴보고, 그 중에서 특히 메시지 광고에 대해 조금 더 깊이 있게 다루어보고자 합니다.

카카오모먼트를 이용하려면 먼저 특정한 [광고 계정]에 '관리자(마스터)' 또는 '멤버'로서 자격을 갖고 있어야 합니다. 카카오모먼트 이용이 처음이라면 먼저 [회원가입]부터 마치고, 사용할 광고 계정을 새로 만들거나 기존 광고 계정에 멤버로 초대를 받아야 합니다.

01 아래 링크를 클릭하여 [카카오모먼트] 서비스에 접속한 뒤, [회원 가입] 여부부 터 확인합니다.

⊙ https://moment.kakao.com

아직 카카오모먼트에 대한 접근 권한이 없을 경우 [회원 가입] 안내 화면이 먼저 뜹니다. 우선 [약관 동의] 화면에서 필수 사항을 체크하고 맨 아래 [동의] 버튼을 클릭하면 아래와 같은 [사용자 정보 입력] 화면이 나옵니다.

– 이름과 휴대폰 번호를 입력하고 [인증번호 발송] 버튼을 눌러 휴대폰 인증 절 차를 거칩니다. 인증이 끝나면 알림 수신용 이메일 주소를 입력하고 [가입] 버 튼을 누릅니다.

02 [내 광고계정] 목록에 선택 가능한 항목이 없으면 [+광고계정 만들기] 버튼을
    눌러서 새 광고 계정을 생성합니다.

    – 이미 만들어놓은 광고 계정이 있거나 멤버로 편입된 기존 광고 계정이 있다면
      사용할 광고 계정을 선택하면 됩니다.

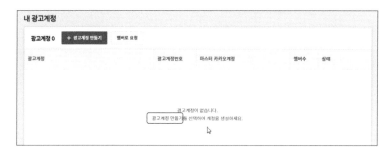

    – 광고 계정이 없으면 [광고계정 만들기] 버튼을 클릭하여 새 광고 계정을 만듭
      니다.

03 [광고계정 만들기] 화면이 뜨면 광고계정의 유형을 선택해주고 [다음] 버튼을 클
    릭합니다.

    – 광고 계정 유형은 사업자광고계정과 개인광고 계정으로 나뉩니다. 본격적인
      비즈니스 용도로 활용할 계획이면 [사업자광고계정]을 선택하여 사업자등록
      정보를 확인하고 입력해주는 게 바람직합니다.

    – 아직 사업자등록증이 없거나 소속된 사업자가 없다면 [개인광고계정]을 선택

하여 휴대폰 인증을 거치면 제한적이지만 개인 자격으로도 카카오모먼트를 이용할 수는 있습니다.

04 [정보 입력] 화면에서 사업자 등록번호를 입력하고 [검색] 버튼을 눌러 이미 만들어져 있는 광고 계정이 있는지 조회해본 뒤, 아직 없으면 사업자정보를 입력해주고 광고계정을 새로 만듭니다.

- 앞서 설명한 카카오 비즈계정에서 이미 비즈니스 계정을 만들었거나 다른 카카오 비즈니스 서비스 사용을 위해 사업자정보를 등록한 적이 있으면 해당 사업자 정보가 나타납니다.

05 [광고계정 만들기] 화면에서 [광고계정 이름]을 입력해주고 [저장] 버튼을 누릅니다.

- 한 사업자 정보 안에 광고 대상 사이트가 여러 개이거나 광고 집행 내역이 서로 섞이면 안될 경우 등 필요에 따라서 여러 개의 광고 계정을 만들 수 있습니다.

06 [광고계정 생성 완료] 안내 화면이 뜨면 [광고 만들기] 버튼을 눌러서 새 광고를 만듭니다.

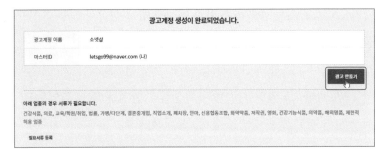

- 건강식품이나 다단계, 중개업, 건강기능식품이나 의약품 등 광고 제한 사항들이 있는 업종은 필요한 서류를 추가로 등록해야 합니다. 해당하는 업종이면 맨 아래 [필요서류 등록] 링크를 눌러서 관련 서류를 추가로 등록하시기 바랍니다.

카카오모먼트는 2020년 봄 업데이트를 통해 비즈보드에 대한 광고 설정을 비롯해서 앱 설치 캠페인까지 그동안 부족했던 여러 가지 캠페인 유형과 광고 상품을 보강했습니다. 무엇보다도 카카오가 제공하고 있는 수많은 모바일 서비스에서 수집되는 이용자들의 행동 데이터를 광고에 활용할 수 있고 광고 도달 대상자(오디언스)의 수는 페이스북의 2배인 4천만 명에 달합니다.

특히 전 국민이 전국에서 24시간 이용하는 각종 모바일 서비스를 기반으로 수집되는 고객 행동 데이터를 통해 광고 대상을 선택할 수 있기 때문에, 특정한 지역이나 구역을 정해 선택적으로 광고를 노출할 수 있습니다. 이 경우 특정한 유동 거리 내에서 손님이 찾아오는 동네 가게나 배달 상품을 취급하는 업종 등에서 도달 광고를 제한적으로 실시하고자 할 때 매우 유용합니다.

캠페인 옵션별로 다양한 기능을 갖고 있는 통합 광고 시스템이라 제한된 지면에 세세한 기능 설명을 다 담는 것은 어렵습니다. 이 책에서는 카카오모먼트 기능 중에서 모바일 메시지 광고 상품과 사용 옵션에 설명을 집중하고자 합니다. 다만 기본적인 특성과 대표적인 기능들은 알아두면 좋습니다. [광고 만들기]를 통해 직접 광고를 만들고 집행해 보면서 느낀 카카오모먼트 시스템의 특장점과 한계를 먼저 짚어두고, 이어서 메시지 광고 활용 방법을 살펴보도록 하지요.

3-2 | 카카오모먼트 시스템의 구조와 광고 만들기 절차

카카오모먼트 시스템은 2020년 4월 19일 개편을 통해서 전체 레이아웃과 광고 설정 방식이 크게 바뀌었습니다. 다음은 카카오가 공지사항(2020.3.26)을 통해 개편을 예고하면서 설명한 광고 구매 프로세스 변경에 대한 개념도입니다.

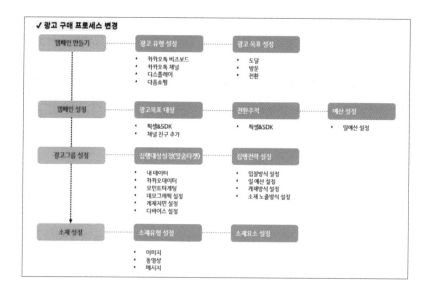

페이스북 광고관리자나 구글애즈, 혹은 네이버 광고시스템을 평소 사용해본 분들이면 이러한 구조 변경이 어떤 의미가 있는지 대체적인 느낌이 올 겁니다. 그렇지만 직접 광고를 운영해보지 않았거나 대행을 맡겨 관리해왔다면 프로세스 자체가 복잡해서 도무지 무슨 소리인지 알 수 없고, 직접 배워서 하자니 엄두가 나지 않을 수도 있습니다.

광고 시스템은 실제로 광고를 집행해보면서 배우는 것이 이해하기에 더 빠르고 쉽기 때문에 세부적인 항목 하나하나를 깊게 설명하지 않겠습니다. 큰 틀을 보자면, 맨 먼저 캠페인 목적에 따라서 광고 유형(광고 상품)과 광고 목표를 선택하고, 누구에게 어떤 조건으로 노출할지 광고 그룹을 설정한 뒤에, 어떤 콘텐츠를 제공할지 광고 소재를 설정하는 순서로 진행합니다.

아래에 카카오모먼트 광고 집행 순서를 큰 단계별로 개략적으로만 살펴 봅니다.

01 사용할 [광고 계정]을 선택하고 [광고 만들기] 버튼을 클릭합니다.

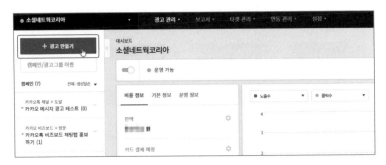

- 관리(멤버) 권한을 갖고 있는 광고 계정이 여러 개면 가장 최근에 광고가 집행 중인 계정이 자동으로 설정되어 뜹니다. 새로 집행할 광고를 만들려는 광고 계정을 먼저 선택하고 [광고 만들기] 또는 아래쪽 섹션의 [+새 캠페인 만들기] 버튼을 누르세요.

02 광고 목적에 따라 [광고 유형]과 [광고 목표]를 선택하고 [캠페인 만들기] 버튼을 누르세요.

- 광고 유형은 카카오 비즈보드, 디스플레이, 카카오톡 채널, 카카오TV 중 하나를 선택할 수 있습니다. 어떤 유형을 선택하는가에 따라서 사용 가능한 광고 목표가 제한됩니다.

- 비즈보드와 디스플레이 유형은 전환과 방문 목표에 사용할 수 있고, 카카오톡 채널은 도달 목표의 캠페인만 설정 가능합니다.

- 광고 유형을 선택하기 위해 마우스를 올리면 오른쪽 설명 창에 선택한 유형이 노출되는 지면과 디바이스, 과금 기준, 노출 가능한 소재 등이 미리 안내됩니다. 캠페인 목적과 예산에 비추어 적절한 노출 위치와 과금 기준인지 등을 미리 살펴보고 고려해서 선택하세요.

03 [캠페인] 화면이 펼쳐지면 [전환 추적] 항목에서 픽셀 & SDK 목록을 선택하고, [예산 설정] 항목에서 일예산을 입력한 뒤 [캠페인 이름]을 적어주고 [광고그룹 만들기] 버튼을 누르세요.

- [광고 목표]를 전환이나 방문으로 선택하면 [캠페인] 생성 단계에서 [전환 추적] 픽셀 또는 SDK를 선택할 수 있습니다. (광고 대상 랜딩페이지 웹사이트나 앱에 [타겟 관리] 메뉴에서 발급받은 픽셀 또는 SDK 추적코드를 미리 심어두어야 사용 가능합니다. 픽셀에 대해서는 다음 [실전팁 16]의 내용을 참고하세요.)

실전팁 16 카카오 픽셀 & SDK는 어디에서 발급받고, 어떻게 설치하나요?

❶ 카카오모먼트 메인 메뉴 중 [연동 관리] 탭을 펼치고 [픽셀 & SDK 연동관리]를 클릭

❷ [+권한 추가하기] 버튼을 클릭하고 [내 픽셀 & SDK보기] 버튼을 클릭

❸ [+픽셀 & SDK만들기]를 클릭해 뜨는 화면에 픽셀 이름을 적어주고 동의란에 체크한 뒤 [저장] 클릭

❹ 내 픽셀 목록에 새로 생긴 이름의 픽셀을 클릭하여 [+태그 발급하기] 또는 [웹 카카오픽셀 설치] 또는 [앱 카카오SDK 설치] 버튼을 눌러서 제공되는 설명에 따라 추적 코드를 생성하고 이것을 복사하여 추적할 웹사이트나 앱 소스에 삽입

더 자세한 픽셀 발급 순서는 아래 링크 글을 참고하세요.

❍ https://sonet.kr/2071

04 [광고 그룹] 화면에서 어떤 광고대상에게 어떤 전략으로 광고를 보여줄 지 선택 및 설정합니다.

- 광고 그룹 만들기 화면은 누구에게 광고를 노출할지를 정하는 [집행 대상 설 정] 섹션과 어떤 입찰 방식에 얼마의 예산을 투입해 언제부터 언제까지 집행 할지 설정하는 [집행 전략 설정] 섹션으로 나뉩니다.

- 우측 안내화면의 예상 모수의 변화를 살펴보면서 적정한 규모의 타깃 대상을 설정하세요. 맞춤타겟이 만들어져 있다면 호출해서 사용해도 되고, 없으면 카 카오 데이터와 모먼트 타게팅 기능 등을 이용해서 원하는 노출 대상을 설정 하세요.

- 맞춤 타겟을 만들어놓지 않았거나 설정할 필요가 없으면 그냥 두고 데모그래 픽(인구 통계학) 기준으로 성별이나 나이, 기타 노출 지역과 게재 지면, 디바이 스 등을 예산 대비 적정한 규모로 설정합니다.

05 [집행 대상] 설정을 마치면 아래쪽 섹션에서 [집행 전략]을 설정하고 맨 아래 [저장하고 소재 만들기] 버튼을 클릭합니다.

- [입찰 방식]은 수동 입찰과 자동 입찰이 있는데 캠페인 목표에 따라 필요한 옵션을 선택하면 됩니다. 다만, 광고 운용 경험이 충분치 않다면 자동 입찰 옵션에 [클릭수 최대화]로 맞추어진 기본 설정 상태로 두셔도 무방합니다.

- 최대 입찰금액 한도는 광고그룹에서 설정한 일예산 범위 내에서 최대한 많은 클릭을 발생시키도록 입찰 금액을 설정한 한도액 이하로 유지하도록 하는 옵션입니다. 과도한 입찰가 경쟁을 원하지 않을 경우 상한선 금액을 정해두는 것이 좋습니다.

- 캠페인 집행 기간과 게재 방식, 소재 노출 방식 등을 설정해준 뒤에 광고 그룹의 이름을 적어주고 [저장하고 소재 만들기] 버튼을 눌러주면 광고 소재 만들

기 단계로 넘어갑니다.

– 광고 그룹을 추가하고 싶으면 화면 맨 아래 [광고 그룹 추가] 버튼을 눌러서 앞서 설정한 그룹과 또 다른 그룹을 추가로 설정할 수 있습니다.

06 [소재] 화면에서는 광고 캠페인에 사용할 이미지와 타이틀, 홍보 문구 및 행동유도 버튼과 랜딩페이지 URL등을 설정해줍니다. 소재의 이름을 적어준 뒤 [설정 완료] 버튼을 누르고 마지막 [저장] 버튼을 클릭하면 광고 검수가 끝나는 대로 캠페인이 개시됩니다.

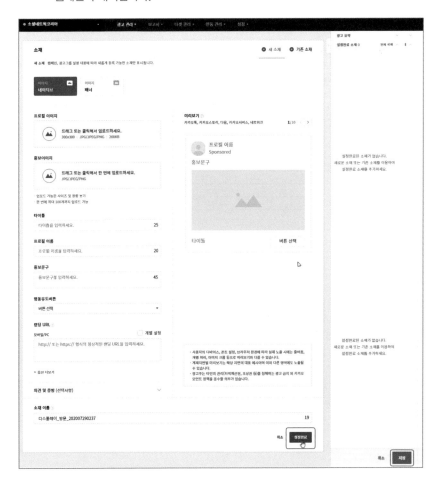

- 한번 소재를 만들어두면 다음 번 캠페인을 만들 때에는 기존 소재를 불러와서 사용할 수 있으므로 번거로와도 처음에 한번 제대로 만들어두면 다음 번 캠페인부터는 한결 수월합니다.

- 캠페인 및 광고그룹에서 설정한 내용(옵션)에 따라서 사용(등록) 가능한 소재 형식만 허용됩니다.

[실전팁 17] **카카오모먼트 2020년 4월 개편에 따라 기존 캠페인의 분류는 어떻게 바뀌나?**

■ 운영중인 캠페인의 변경사항

기 등록 캠페인은 광고목적별로 아래와 같이 광고 유형x목표가 변경됩니다.

기존 광고목적	개편 이후 캠페인 설정			
	유형	목표	광고목표대상	전환추적
웹사이트 방문 늘리기	디스플레이	방문	-	옵션
동영상 홍보하기	디스플레이	방문	-	옵션
목적 설정 없이 광고하기	디스플레이	방문	-	옵션
전환 늘리기	디스플레이	전환	**픽셀&SDK**	필수
카카오 친구 늘리기	디스플레이	전환	**카카오톡 채널**	-
카카오톡 채팅탭에서 홍보하기	카카오톡 비즈보드	방문	-	필수
카카오톡 채팅탭에서 스마트 광고하기	카카오톡 비즈보드	전환	**픽셀&SDK**	필수
다이렉트 메시지 보내기	카카오톡 채널	도달	**카카오톡 채널**	-
다음 쇼핑박스에서 홍보하기	다음 쇼핑	도달	-	옵션

- 카카오는 2020.04.06일에 발표한 [4월 19일 카카오모먼트 플랫폼 개편과 관련한 주요 변경사항에 대한 안내] 공지를 통해 광고 등록 프로세스 및 운영중인 기존 캠페인들이 광고 목적별로 어떻게 변경되는지 위의 표와 같이 안내하고 있습니다.

- 기존에 등록하여 운영중인 광고들은 플랫폼 개편 이후 위와 같이 광고 유형 X 목표에 따라 변경 분류되므로, 새 캠페인을 만들고 싶을 때는 위와 같은 유형과 목표를 선택하면 됩니다.

- 자세한 내용은 아래 링크 공지사항을 참고하세요.
  ◉ https://moment.kakao.com/noticeboard/335

3-3 | 카카오모먼트 광고 플랫폼, 무엇이 특별한가

카카오는 [Daum] 검색 포털을 아우르고 있지만 기본적으로 '카카오톡'을 기반으로 형성된 각종 모바일 서비스를 통해 잠재고객과 소통하는 '메시징 플랫폼'입니다. 이 때문에 디스플레이 광고 또한 모바일 서비스 영역에 주로 노출됩니다 따라서 오프라인 매장을 운영하는 사업체라면 유동 인구의 이동 패턴에 맞춘 광고 효과를 기대할 수 있습니다.

여기서는 카카오모먼트가 갖고 있는 여러 가지 특장점 중에서 특히 다른 광고 시스템에 비교해 특징적인 장점들을 중심으로 살펴 봅니다.

첫째, [현재 위치 타게팅] 옵션으로 광고 도달 지역 범위를 제한한다.

[광고 만들기] 화면 중 [광고그룹] 설정 단계에서 [맞춤타겟〉모먼트 타게팅] 섹션의 [현재 위치 설정] 옵션을 이용하면, 카카오 맵의 지도 정보를 기반으로 특정 지명이나 주소 지번을 입력하여 가로 970미터, 세로 612미터 크기의 블럭 단위로 구역을 지정(선택)하는 방식으로 원하는 노출(광고 도달) 범위를 설정할 수 있습니다.

구글도 페이스북도 국내 어떤 타깃 광고 플랫폼도 이렇게 정밀하게 특정한 구역 범위를 한정하여 해당 지역 내 유동 인구만을 대상으로 노출하기는 쉽지 않습니다. 동네 가게나 매장과 같이 방문 고객의 이동 반경이나 배달 구역 범위가 수 킬로미터를 넘지 않는 업종의 지역 기반 사업을 경영하는 분들이라면 꼭 활용해보기를 권합니다.

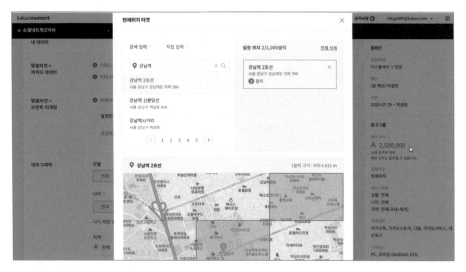

[그림10] 카카오모먼트 [광고그룹 설정]–[맞춤타겟〉모먼트 타게팅]–[현재위치 설정] 화면

둘째, 카카오 서비스 데이터를 이용해 카테고리별로 타겟을 제한한다.

[맞춤타겟〉카카오 데이터] 섹션의 [카테고리 설정] 옵션을 이용하면, 관심사, 업종, 서비스별로 다양한 조건과 카테고리에 따라 이용자들을 분류하고 추려낼 수 있습니다.

[관심사] 탭에서는 여가/일상, 건강, 패션, 게임, 교육 등 이용자들의 관심사에 따른 타겟팅이 가능합니다. [업종] 탭을 열면 의료/건강, 뷰티, 쇼핑몰 등 여러 가지 업종별 선택지들이 펼쳐집니다.

[서비스] 탭에서는 카카오택시, 카카오내비, 스타일, 헤어샵과 같은 지도 기반 서비스를 비롯해 카카오톡 선물하기, 주문하기, 장보기와 같은 커머스 서비스, 혹은 카카오페이지, 카카오뮤직 같은 콘텐츠 서비스 이용자까지 구분하여 선택할 수 있습니다.

[그림11] [맞춤타겟>카카오 데이터]-[카테고리 설정]의 여러 가지 설정 옵션

기존에 우리 제품을 구매하거나 서비스를 이용해준 고객 데이터를 상세히 분석하여 이상의 타깃팅 조건을 만족하는 그룹만을 선별하여 집중적으로 광고를 내보내면 상대적으로 더 나은 효과를 기대할 수 있겠지요. 업종을 불문하고 고객의 실제 서비스 이용 행적을 기반으로 타깃을 정할 수 있다는 것은 광고에서 매우 큰 진화이고, 매우 중요한 경쟁력 요소입니다.

셋째, [키워드 설정] 옵션으로 다음 및 카카오 키워드 검색자를 추출한다.

카카오모먼트의 기능 중 가장 두드러진 점은 [키워드] 타게팅이 가능하다는 점입니다. 포털 [다음]의 [검색] 창과 카카오 [#검색] 창에서 발생하는 질의어(키워드)를 기반으로 특정한 단어를 입력한 사람들을 추려낼 수 있게 해주는 것입니다. 키워드 검색 광고가 아닌 디스플레이 광고에서 잠재고객이 입력한 검색 키워드를 기반으로 광고를 뿌려주는 도구를 찾아보기 쉽지 않습니다. 구글애즈의 [잠재고객 관리자] 도구를 이용하면 비슷한 설정이 가능하긴 하지만, 검색이 취약한 페이스북 같은 광고 시스템에서는 쉽게 흉내내기 어려운 서비스라는 점에서 카카오만의 차별화 포인트 중 하나라 할 수 있습니다.

하지만 너무 큰 기대는 하지 마세요. 국내 키워드 검색의 60~70%가 네이버에서 일어납니다. 최근 유튜브 검색량의 증가로 구글 검색 비율이 꾸준히 증가하는 데 반해 다음이나 카카오 검색 비율은 상대적으로 여전히 낮습니다. 이런 현실 때문인지 100개 이상의 연관 키워드를 넣어 보아도 타깃 대상으로 잡히는 모수가 그리 많지 않은 경우도 많습니다. 최근 90일에 걸쳐 모은 수치임을 감안하면 더 실망스러울 수 있을 겁니다.

[그림12] [맞춤타겟〉카카오 데이터]-[키워드 설정]을 이용한 키워드 선택 화면

2018년 가을 카카오모먼트를 처음 대했을 때 많은 부족함에도 불구하고 이와 같은 점들은 다른 어떤 타깃 광고 플랫폼에 비추어도 탁월한 활용가치가 있다고 느껴졌습니다. 2020년 업데이트 버전은 거기에서 한 단계 더 진전된 흔적이 보입니다. 물론 기대가 큰 만큼 실망스러운 부분도 적지 않습니다. 특히나 대규모 광고 예산을 집행하기 어려운 소상공인들이나 중소기업 입장에서 보면 아직도 그림의 떡이거나, 버젓이 있어도 써먹기 어려운 기능들이 적지 않습니다.

어떤 점들이 카카오모먼트의 실전 활용을 가로막고 있는지, 어떻게 하면 이런 한계와 문제점을 넘어설 수 있을지 잠시 함께 고민해 보시죠.

3-4 ｜ 카카오모먼트, 소상공인들이 활용하기 힘든 5가지 이유

첫째, 기존 고객 파일 맞춤타겟 활용시 ADID 파일만 등록할 수 있다.

첫 번째 장벽은 카카오모먼트에서 맞춤 타겟을 만들기 위해 기존 고객 파일을 이용하려 할 경우 이메일 주소나 전화번호 데이터를 사용할 수 없도록 제한하고 있다는 점입니다.

카카오모먼트에서 [타겟 관리]－[고객 파일 관리] 메뉴로 맞춤타겟 소스 파일을 등록하려고 하면 샘플 템플릿 파일을 제공해줍니다.

[그림13] 카카오모먼트 [타겟 관리]−[고객파일 관리]−[템플릿 다운로드] 화면

그런데 이 템플릿 파일을 다운받아서 열어보면 아주 심플한 '1열 짜리 엑셀 파일' 양식이 나타납니다. 그 열의 타이틀에는 "adid" 라는 낯선 이름이 붙어 있습니다.

	A	B	C	D	E	F	G	H	I
1	adid								
2	000401c3-575d-4166-89f2-bc2727c1de88								
3	00020f6c-410f-4537-ab9a-61a8f1248609								
4	00030d10-8b5c-48ad-949a-5de515db5671								
5	0003487b-a5e9-4324-9cbb-e9879d0965ad								
6	0003fddb-0faf-42ee-90a3-936c3d05ed01								
7	0001312f-5e7a-4802-982f-a394824c848e								
8	00002aa8-cde1-4202-8cca-c821581f6f75								
9	00014566-14dc-416a-b5ef-8ed4f7461dfe								

[그림14] 카카오모먼트 [고객파일 관리]에서 제공하는 등록용 [템플릿] 파일 오픈 화면

ADID(애드아이디)란 안드로이드 폰이나 iOS 스마트폰에 광고를 송출하고자 할 경우 특정한 사용자의 이름이나 전화번호 등 개인을 식별할 수 있는 정보를 이용하지 않고 특정한 디바이스를 구별할 수 있도록 부여해준 기기별 고유 식별 코드입니다. 어디 사는 누구인지 알 필요 없이 해당 폰으로 메시지를 전송할 수 있도록 연결해주는 '광고 교신용' 아이디인 셈이지요.

ADID 정보는 각 사용자의 모바일 폰에 개별적으로 부여되는 것입니다. 즉 광고주가 모바일 앱을 개발하여 배포하고, 그 앱 서비스를 이용하는 이용자가 [관심 기반 광고 수신] 기능을 해제하지 않았을 경우에 한해서 수집할 수 있습니다. 광고주가 독자적인 앱을 개발 배포하고, 해당 앱 이용자의 행동 정보를 수집하는 SDK 코드를 다룰 수 없다면 이 데이터는 수집 자체가 어렵습니다. 대부분의 기업들이 1차적인 고객 데이터를 전화번호나 이메일 주소로 관리하기 때문에 ADID를 관리할 수 있는 소상공인이나 쇼핑몰 운영자들은 많지 않을 것입니다. 때문에 이같은 제약은 앱 이용자 정보를 수집할 줄 모르는 소규모 기업들에게는 고객 파일 기반 맞춤타겟 활용을 원천적으로 차단하는 장벽입니다.

둘째, 수신 동의한 '카카오 친구'가 없으면 메시지 광고는 그림의 떡이다.

두 번째 장벽은 채널 구독(수신 동의)한 카카오친구를 일정 규모 이상 모아야만 한다는 점입니다. 전 국민, 전 계층의 불특정 다수를 대상으로 광고비를 허비하지 않으려면 신규 잠재고객을 확보하려 할 경우 최대한 기존 고객과 유사한 특성을 갖고 있는 그룹을 추려서 노출 범위를 제한하여 광고를 보여줘야 합니다. 그러기 위해 기존 고객 파일 또는 웹사이트 방문자(트래픽 정보)를 추적하여 기존 고객들과 비슷한 관심사나 행동 패턴을 보이는 이용자들을 모아 추천해 주는데, 이것을 '유사 타겟'이라 부릅니다. 이 '유사 타겟'을 얼마나 우리의 고객 조건에 맞는 사람들로 가려내주느냐가 특정 광고 플랫폼의 경쟁력을 좌우하게 되지요.

카카오모먼트는 유사타겟을 만들 때 '카카오사용자(플러스친구)'와 '고객파일(ADID 파일)'을 씨드(소스)용 맞춤타겟으로 쓸 수 있습니다. 이때 친구는 1천 명, ADID 목록은 2천 개 이상이어야 사용이 가능합니다. 충분한 회원 모수가 없으면 쓰기 힘든 서비스란 얘기이죠.

[그림15] 카카오모먼트 [유사타겟] 생성시 소스(씨드) 파일로 쓸 수 있는 목록 설정 화면

셋째, 구매 전환 광고를 하려면 이벤트 추적 픽셀 코드를 따로 설치해줘야 한다.

광고가 효과를 보려면 결국은 구매 전환 효율이 나와야 합니다. [전환 최적화] 광고 설정 시 또다른 장벽이 나타납니다. 전환 광고를 실시하려면 먼저 구매(주문 완료) 페이지에 전환 추적 픽셀(SDK 추적 코드)를 심어야 합니다. 전환 캠페인의 [광고그룹] 설정 단계에서 [내 데이터 설정] 옵션의 [픽셀 & SDK 타겟 가져오기]를 선택하고, [타겟 대상 이벤트 목록] 중에서 원하는 전환 이벤트를 선택해 주면 이용할 수 있습니다.

다만 방문, 회원가입, 검색, 앱 실행 등 고객들의 각종 행동 내역을 추적하여 데이터를 수집하려면 각각의 행동 이벤트마다 고유한 추적 픽셀 코드를 생성해 측정하고자 하는 웹사이트나 앱에 삽입해줘야 합니다. 이때 추적 픽셀 소스 코드를 수정하여 새로 짤 수 있는 개발자가 없다면 외부 도움 없이 전환 광고를 집행하는 것이 어려울 수 있습니다.

넷째, 톡스토어 방문자에 대한 페이지뷰 픽셀 추적을 원천 차단한다.

카카오톡 스토어에 입점했을 때, 우리 상품을 구경하고 간 사람들을 따로 맞춤 타겟으로 잡아내고 싶어집니다. 이때 페이스북 픽셀과 같은 추적 코드를 심곤 합니다. 스마트스토어의 경우 [상품 등록] 메뉴 내 [공지사항] 등록 화면에서 제공되는 [HTML 편집] 기능을 이용해서 Pageview 추적 픽셀을 심고 비록 불완전하지만 페이스북 방문자 맞춤타겟을 만들어 광고에 이용할 수 있습니다. 카카오톡 스토어 역시 상품 등록 화면에 [HTML 편집 모드] 탭을 제공하긴 하지만, 외부 스크립트 코드 삽입은 허용하지 않습니다.

결국 상품을 구경하고 가는 우리 고객이 누구인지 추적하는 게 아예 불가능합니다. 페이지뷰 픽셀조차 허용되지 않는 것도 아쉬운 점 중 하나입니다.

다섯째, [알림톡] 메시지 광고를 이용하려면 대행사를 거쳐야만 한다.

카카오가 자랑하는 비즈 메시지 서비스의 대표격인 [알림톡]을 사용하려 할 때 겪는 어려움도 무시할 수 없습니다. 내가 수신 동의를 따로 한 적도 없는데 카카오를 통해 시도 때도 없이 들어오는 알림톡 메시지들은 도대체 어떻게 가능한 걸까요?

이것은 카카오가 '옵트 아웃' 방식으로 '수신 동의'를 미리 확보해놓은 카카오톡 이용자 정보를 바탕으로, 광고주의 고객 전화번호 정보를 이용해 정보(알림) 메시지를 카카오톡 계정으로 대신 발송해주는 '대리 메시지 광고' 시스템이라 볼 수 있습니다. (이러한 서비스가 어떻게 가능했는지 그 히스토리와 문제점에 대해서는 아래 링크를 참고해 보세요. https://brunch.co.kr/@rhodia/3)

카카오톡 채널(플러스친구)은 브랜드(광고주)가 이용자의 '수신 동의'를 얻어서 1:1로 카카오톡 메시지를 보낼 수 있는 도구입니다. 반면에 알림톡을 이용하려면 우리가 가진 고객 정보(휴대폰 번호)와 카카오가 가진 정보(카카오톡 계정ID)를 연결하는 개발 작업이 선행되어야만 합니다. 따라서 이 작업 또한 광고 대행사나 개발사를 통하지 않고는 이용할 수 없습니다. 카카오가 자랑하는 오디언스 타깃팅 기반 셀프 광고의 길은 이처럼 멀고도 험난합니다!

지금까지 살펴본 제한 조건들이 보여주듯이 기술력이나 광고 예산이 부족한 소상공인이나 작은 쇼핑몰 사업자들이 넘기엔 만만치 않은 장벽과 함정들이 곳곳에 도사리고 있습니다. 실력있는 광고 고수들은 이같은 장벽을 뚫는 기술과 기법을 찾아낼 수 있을지 모릅니다. 하지만 하루아침에 가능한 일은 아닙니다.

아울러 리마케팅 광고 플랫폼의 경쟁력은 이용자 데이터의 양만 누적된다고 해서 저절로 생기지 않습니다. 데이터 더미 속에서 어떤 항목과 어떤 요소들을 추려서 오디언스 목록을 만들어내야 광고주가 원하는 반응 고객으로 전환되는지 시행착오와 학습을 통해 광고 매칭 알고리즘을 고도화시킬 때라야 갖춰집니다. 머신러닝에 관한 한 최고 기술력을 선보이고 있는 구글이나 페이스북도 지금 수준의 '인공지능 기반 반응형 타깃광고' 시스템을 완성하는 데 짧게는 4~5년, 길게는 10년이 넘는 시행착오와 개선 과정을 거쳐야 했습니다. 불과 1~2년 사이에 카카오가 그 수준에 오르기를 기대하는 것은 과도한 일입니다. 지금은 카카오모먼트의 여러가지 한계에도 불구하고 뒤에 숨어있는 더 큰 활용 가능성을 내다보고 투자해야 할 때입니다.

4 카카오 메시지 광고, 무엇을 어떻게 활용할까

4-1 | '왕의 귀환', 카카오톡 비즈보드 베타 출시

카카오 비즈니스 플랫폼은 크게 '카카오톡 채널, 카카오모먼트, 카카오쇼핑'으로 구성됩니다. 그런데 실제로 [kakao for business] 개요 화면에 접속하여 [서비스소개] 탭을 눌러보면 아래와 같이 다양한 서비스 목록들이 어지럽게 펼쳐집니다.

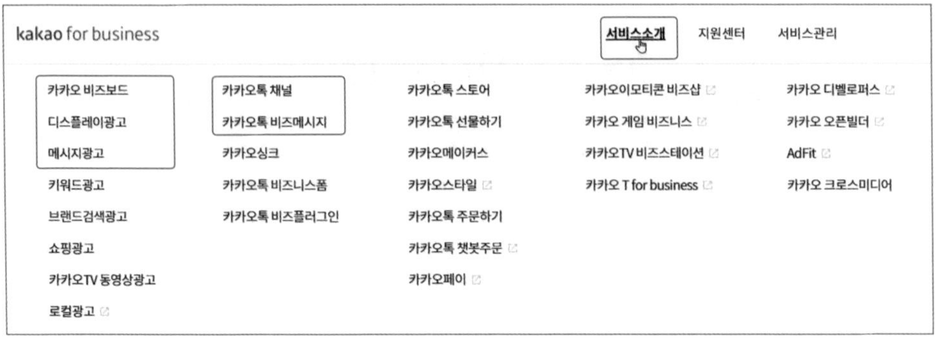

[그림16] 다양한 서비스 메뉴가 나열된 [kakao for business]의 [서비스소개] 화면

　눈여겨 볼 점은 [메시지광고] 위에 [디스플레이광고]가 있고, 그 [디스플레이광고] 위로 [카카오톡 비즈보드 beta]가 당당히 첫 열의 맨 윗자리를 꿰어차고 등장한 것입니다. 예고된 '왕의 귀환'인 거죠. 카카오톡 이용자라면 누구도 피해갈 수 없는 영역이 바로 카카오톡 채팅 목록 창입니다. 그 창의 맨 위에 노출되는 광고인 만큼, 그 왕좌를 차지할 주인은 이미 정해져 있었던 겁니다.

　뒤에 예시로 든 스크린 캡쳐 화면들은 이 원고를 쓰는 동안 카카오톡 채팅 창을 [다시 보기] 했을 때 눈에 뜨인 비즈보드 광고 샘플들입니다. 불과 1~2분도 되지 않은 짧은 시간에 나타난 것들입니다. 이 배너들이 공짜가 아니라면, 카카오는 노출된 횟수만큼 광고 수익을 올리고 있다는 이야기죠. 비즈보드가 얼마나 '파워풀'한 광고인지 더 설명할 필요가 있을까요?

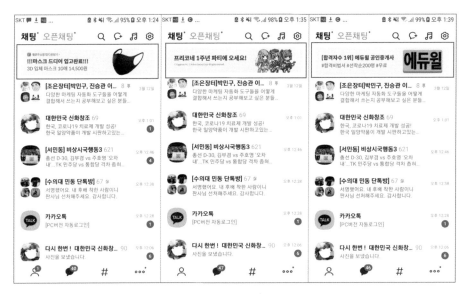

[그림 17]. 카카오 채팅 목록에 나타나는 [비즈보드 beta] 배너 광고 사례들

　　2019년도 카카오 광고 분야 매출 실적에 효자 노릇을 해준 주인공은 '비즈보드'입니다. 매일 3천만 명 이상이 수십 번씩 열어보는 카카오톡의 채팅 목록 창에 언젠가 광고가 뜰 거라는 것은 오래 전부터 예견된 일입니다. 단순 셈법으로, 하루에 3천만 명이 10번씩 카카오톡 수신함을 들여다본다고 가정하면 3억 회의 노출 기회가 생깁니다. 네이버의 첫 화면에 뜨는 타임보드 배너나 유튜브 첫 화면에 뜨는 마스터헤드 광고의 노출당 단가를 어림해보면 대략 노출 횟수당 2.5~5원 정도입니다. 비슷한 단가로 3억 회의 노출 횟수면 최하로 잡아도 7억원 이상의 수입이 거져 생기는 '금싸라기 땅'입니다. 카카오가 그 좋은 광고 영역을 언제까지 마냥 놀리고 있을 이유가 없죠.

　　참고로, 이 비즈보드 베타 광고가 처음 출시된 2019년 4월에 작성된 [카카오 비즈보드_상품소개 Ver 0.4] 자료를 살펴보면 보장형 광고 상품의 경우 CPM(1천회 노출당 비용) 5천원으로, '노출 보장' 횟수에 따라 2억 ~20억 원까지 광고 단가가 제시되어 있습니다.

이처럼 막대한 광고비를 부담해야만 쓸 수 있는 광고 상품이어서 일반 소액 광고주들은 시도할 엄두조차 낼 수 없었지요. 지금은 문호가 열려 적은 예산으로도 비즈보드 광고를 할 수 있습니다. 여기에서는 작은 온라인 쇼핑몰이나 소규모 동네 가게들도 어떻게 하면 이 비즈보드 광고 상품을 이용하는 게 가능할지 함께 알아보죠.

4-2 | 카카오 비즈보드, 누구나 직접 이용할 수 있다! 💬

비즈보드 광고는 콘텐츠 유형으로는 '이미지 배너' 형식이라 [디스플레이 광고]로 볼 수 있지만, 노출 위치가 '채팅 목록 화면'이라는 점에서 [메시지 광고]로 볼 수도 있습니다. 두 가지 속성을 동시에 갖고 있는 셈이죠.

카카오 비즈보드 광고는 카카오모먼트를 통해 광고 등록부터 오디언스 타깃팅, 보고서 확인까지 광고주가 직접 운영할 수 있도록 지원하는 '셀프 관리형 광고' 상품입니다. 따라서 광고주가 직접 캠페인을 만들어 집행 할 수 있도록 상세한 [상품소개서]와 [제작 가이드] 문서를 제공합니다. 그래야 광고주들이 더 정확하게 잠재고객을 찾아내고 좋은 소재를 만들어 광고 반응 효과를 높일 수 있을 테니까요.

제대로 활용하려면 당연히 광고 입찰 방법이나 소재 제작 방법 등을 익혀야 합니다. 세부 기능이나 사용법에 대해서는 상품 소개서의 설명을 살펴보도록 하고, 여기서는 비즈보드 광고를 집행할 때 꼭 알아야 할 기본적인 내용만 추려서 설명합니다.

비즈보드 광고는 카카오톡 채팅 목록 화면(상단)에 노출되는 배너를 터치하면 링크된 랜딩페이지 화면으로 넘어가는 구조로 동작합니다. 랜딩페이지는 광고주의 홈페이지나 카카오톡 채팅방은 물론이고, 선물하기, 톡스토어와 같은 커머스 플랫폼이나 #탭 검색결과, 톡캘린더 화면으로 연결할 수도 있습니다. 특히 [애드뷰]로 불리는 광고용 화면을 먼저 띄우고 하단에 링크 버튼을 붙여 2차로 [애드뷰 랜딩페이지]를 호출하는 방식도 유용합니다.

[그림18] [카카오 비즈보드 상품소개서] Ver16(2020.07.23) 5p. 비딩형 광고 랜딩페이지 소개

비즈보드 광고를 집행하려면 '배너 이미지'와 연결되는 '랜딩페이지' 두 요소가 준비되어야 합니다. 채팅 리스트에 노출되는 배너는 용도와 타입에 따라 다양하게 구성됩니다. 크기는 공통적으로 1029×204픽셀로 정해져 있지만, 배너의 유형(일반형, 앱다운로드형, 텍스트형)과 타입

(두줄 카피, 한줄 카피, 부가정보, 인랜딩)에 따라 텍스트 영역과 이미지 영역의 길이와 표시 방식이 조금씩 달라집니다.

제작 가이드에서 제시하는 규격을 정확하게 지키지 않으면 광고 검수 시 승인이 떨어지지 않을 수 있으니 배너 소재 제작 가이드 기준에 맞는지 꼭 확인하세요.

[그림19] [카카오비즈보드_제작가이드_ver16] (2020.07.20) 6p. 일반형-두줄 카피 배너 가이드

광고에 노출된 배너를 터치했을 때 연결되는(펼쳐지는) 화면을 [배너 랜딩페이지]라고 부릅니다. 카카오톡 비즈보드에서 연결 가능한 배너 랜딩페이지는 애드뷰(풀뷰, 콤팩트뷰), 채팅방(챗봇, 톡채널 메시지, 톡비즈니스폼), 카카오 커머스 플랫폼(선물하기, 톡스토어, 메이커스), #(샵)탭 검색결과 및 채널웹뷰와 톡캘린더까지 무척 다양합니다.

[애드뷰]는 광고 이미지가 화면에 펼쳐지는 크기에 따라 풀뷰(전체 화면)와 콤팩트뷰(줄인 화면)로 나뉩니다. [풀뷰]는 배너를 터치했을 때 화면 전체를 차지하면서 뜨는 광고 형식으로 동영상형, 이미지형, '세로 스크롤형'이 제공됩니다. [콤팩트뷰]는 모바일 광고에 적합한 형태로 화면 전체를 가리지 않는 절반 정도의 크기로 노출되며, 이미지형과 동영상형 외에 여러 장의 이미지가 슬라이드 방식으로 노출되는 '가로 캐러

셀형'이 지원됩니다.

[그림20] [카카오비즈보드_상품소개서_ver16] (2020.07.23) 9p. 애드뷰(콤팩트뷰) 예시

랜딩페이지 또는 애드뷰 랜딩페이지가 카카오 서비스로 연결되는 경우에는 소재(배너)에 [인랜딩 배지]를 필수적으로 표기해야 합니다. 랜딩페이지에 카카오 서비스가 여럿인 경우는 광고주가 원하는 배지 하나를 선택하면 됩니다. 배지의 노출 형식과 표기 가이드는 다음을 참고하세요.

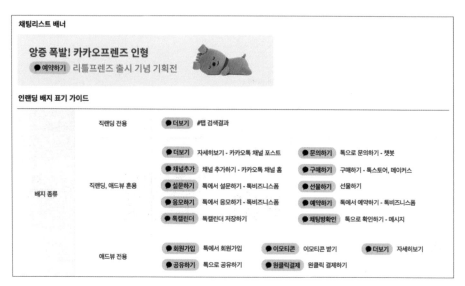

[그림21] [카카오비즈보드_상품소개서_ver16] (2020.07.23) 6p. 인랜딩 배지 표기 가이드

비즈보드 광고 성과에 대한 결과 보고서는 카카오모먼트 리포트로 제공되므로 카카오모먼트의 기본적인 사용법을 익혀두는 게 좋습니다.

카카오 비즈보드 광고의 노출 대상 타깃(오디언스)을 설정하는 방법은 다른 카카오모먼트 광고와 동일하고, 비딩형 광고 상품의 최소 입찰 금액은 CPC 10원, CPM 4,000원입니다. (2020.7 기준)

카카오 비즈보드 광고의 운영 관리 및 소재 제작에 관한 규정을 자세히 알고 싶으면 아래 링크 페이지에서 제공하는 카카오 비즈보드 [상품소개서] 및 [제작가이드] 문서의 설명을 참고하세요.

○ https://business.kakao.com/info/talkboard

4-3 | 카카오 비즈보드 광고, 어디서 어떻게 만드나

여기서는 비즈보드 광고 캠페인을 직접 만들어 집행하는 과정을 차례로 살펴보겠습니다.

01 [카카오모먼트] 서비스에 로그인하고 [광고 만들기] 버튼을 클릭합니다.
https://moment.kakao.com/

02 [유형과 목표] 화면에서 [카카오 비즈보드] 유형을 선택하고 광고 목표는 [전환]과 [방문] 중 필요한 옵션을 선택하고 [캠페인 만들기]를 클릭합니다.

- [전환] 목표는 쇼핑몰에서 구매 전환을 일으키거나 앱 설치 광고 등을 집행하고 싶을 때 선택합니다.
- [방문] 목표는 상품 상세페이지나 이벤트 랜딩페이지로 유입을 일으키고 싶을 때 사용합니다.

03 [캠페인] 설정 화면에서 광고목표 대상과 전환 추적, 예산 범위 등을 설정하고 [캠페인 이름]을 적어준 뒤 [광고그룹 만들기] 버튼을 클릭합니다.

- 픽셀 및 SDK를 선택해주면 전환 목표 선택시 구매 전환과 앱설치 전환을 선택할 수 있습니다.
- 예산 설정 항목은 뒤에 [광고그룹] 설정에서 개별적으로 할 수 있으므로 [미설정]으로 넘어가도 됩니다.

04 [광고그룹 1] 화면의 [집행대상 설정] 섹션에서 어떤 오디언스를 대상으로 광고할 것인지에 따라 이미 생성해놓은 맞춤 타겟을 선택하고 게재 지면과 디바이스 등을 설정해줍니다.

– 연동 가능한 픽셀 & SDK를 찾아서 선택해주어야 합니다.

05 [광고그룹 1] 화면의 [집행전략 설정] 섹션에서 입찰방식과 일예산, 집행기간과 노출방식 등을 설정해주고 [광고 그룹 이름]을 적어준 뒤에 [저장하고 소재 만들기]를 클릭합니다.

– 입찰방식은 자동입찰 – 전환수 최대화가 디폴트 설정되어 나타나며, 최대 입찰금액을 제한하고 싶으면 [최대 입찰금액 한도] 액수를 설정해 줍니다.

- 일예산은 10만원으로 기본 설정되어 나타나는데, 필요시 낮추어 설정하면 됩니다.

- 필요시 [광고그룹 추가] 링크를 눌러서 다른 광고그룹을 추가로 생성할 수 있습니다.

06 [소재] 화면에서 광고에 사용할 [배너 이미지]를 새로 만들거나 업로드하고 [랜딩 URL]과 설명 등을 입력하고 미리보기 화면에서 어떻게 보이는지 확인한 뒤 [저장] 버튼을 누릅니다.

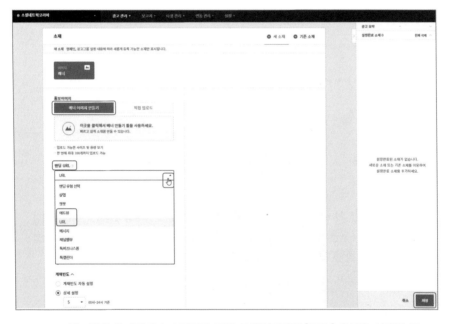

- 광고주의 홈페이지나 쇼핑몰로 직접 유입시키려면 [URL] 옵션을 선택해 주소를 입력하세요.

- 애드뷰를 추가로 제작하여 [애드뷰 버튼]을 경유하여 2차 랜딩페이지를 연결하고 싶으면 [애드뷰] 옵션을 선택하여 후속 작업을 진행하세요.

- 텍스트 입력시 자판 내 특수기호 및 화살표만 사용 가능하므로 임의의 특수문자를 쓰지 마세요.

- [소재 설명]은 장애인용 음성 안내 정보를 입력하는 곳으로 특수문자는 사용할 수 없습니다.

- [옵션 더보기]를 눌러서 [게재빈도] 등을 변경할 수 있습니다.

- 소재 이름을 적절히 수정해서 적어준 뒤 [설정완료] 버튼을 누르고 [저장] 하면 끝납니다.

07 애드뷰 선택시 아직 만들어진 애드뷰가 없다는 경고가 뜨면 [광고 관리] 메뉴탭을 펼쳐서 [애드뷰 만들기]를 선택하고, 사용할 애드뷰 화면을 먼저 제작한 뒤에 다시 작업하세요.

- 애드뷰 화면을 제작하려면 앞에서 소개한 [카카오톡 비즈보드 제작가이드]의 상세 설명을 숙지한 뒤에 작업하세요.

- 애드뷰 화면을 최소한 1개는 미리 만들어 두어야 위 단계에서 애드뷰를 선택할 수 있습니다.

4-4 | 카카오 메시지 광고, 언제 어떻게 보내는가 💬

카카오 비즈보드는 이미지, 동영상, 슬라이드(캐러셀)를 이용한 '디스플레이' 광고 형식을 띱니다. 그에 반해 [메시지 광고]는 글자 그대로 카카오톡의 채팅방에 '대화' 형식으로 전달됩니다. 예전 같으면 80자 이내 단문메시지나 MMS 정도를 떠올렸지만 지금은 문자 외에 다양한 이미지와 콜투액션(인랜딩 배지) 버튼이 기본 요소로 첨부되어 메시지 콘텐츠가 훨씬 풍부해졌습니다.

카카오 메시지 광고가 갖는 큰 장점은, 원하는 사람에게, 원하는 시점에, 그 사람의 관심사와 현재 필요에 맞추어 광고를 노출할 수 있다는 점입니다. 이른바 '오디언스 타깃팅'이라 부르는 것으로 특정 주제에 맞추어 '지면'을 찾기보다 24시간 손에 쥔 스마트폰에서 어떤 사람이 어떤 행동을 하고 있는지에 따라 '실시간 니즈'를 파악하여 메시지로 광고를 내보낸다는 뜻이죠.

사실 광고와 정보는 종이 한 장 차이입니다. 받는 사람에게 필요한 내용이면 정보지만, 필요 없는 내용이면 스팸입니다. 또 당장 필요한 때에 보내면 정보지만, 필요하지 않은 때에 보내면 스팸입니다. 따라서 받는 사람에게 '필요한 내용을, 필요한 때에' 보낼 수만 있다면 메시지는 다른 어떤 광고 매체보다 강력한 비즈니스 도구입니다. 모바일 메시지는 이러한 장점을 두루 갖고 있기 때문에 마케팅 도구로서 실용성이 매우 높습니다.

카카오모먼트에서 제공하는 [메시지 광고] 만들기 절차를 따라 메시지 광고를 어떻게 만들고 집행할 수 있는지를 알아봅니다. 앞서 살펴본 비즈보드 광고의 순서와 크게 다르지 않습니다.

01 카카오모먼트 [광고만들기] 버튼을 눌러 [카카오톡 채널] 유형과 [도달] 목표를
  선택하고 [캠페인 만들기] 버튼을 클릭합니다.

02 [캠페인] 설정 화면에서 [광고목표 대상]의 [카카오톡 채널]을 펼쳐서 다이렉트
  메시지를 보내려는 카카오톡 채널을 선택하고 [광고그룹 만들기] 버튼을 클릭합
  니다.

 – 발송대상을 [친구 전체/그룹]으로 선택하면 카카오톡 채널 구독자(플러스친구)
   전체 또는 전화번호나 앱유저ID로 만든 친구 그룹에게만 발송할 수 있습니다.
   (카카오 개인 친구 전체가 아니므로 유의하세요!)

 – [맞춤타겟] 옵션을 선택하면 카카오톡 채널과 친구인 사람 중에서 필요한 조

건을 설정하여 해당하는 오디언스만으로 수신 범위를 좁힐 수 있습니다.

– [카카오톡 채널] 항목의 [선택] 버튼을 눌러 발송하길 원하는 그룹을 선택합니다.

03 [광고그룹] 설정 화면의 집행 대상(타깃 오디언스) 설정은 앞서 비즈보드 광고와 같습니다. [집행 전략 설정] 부분에서 구매방식과 구매 발송수 등을 설정해주고 [저장하고 소재 만들기] 버튼을 클릭합니다.

– [구매 발송수]를 입력하면 건당 발송 단가에 따라서 자동으로 구매금액과 예산액이 계산되어 나타납니다. 예상 발송 모수보다 적게 입력하는 것은 허용되지 않습니다.

– 메시지는 발송 시작 시점의 대상 친구에게 발송되므로, 발송 시점의 친구수에 따라서 예상 발송수보다 실제 발송대상이 적거나 많을 수 있습니다.

– 전체 발송 후 새 친구에게도 보내기 옵션을 선택(체크)해주면 광고 개시 이후 새로 추가된 새 친구에게도 메시지를 보낼 수 있습니다.

– 20시(밤 8시)부터 다음날 오전 08시까지는 메시지가 발송되지 않습니다. 20시 이후 발송되지 않은 메시지는 다음날 오전 8시 이후에 발송됩니다.

– 발송 시각은 현재 시간 이전으로 설정할 수 없습니다.

04 [소재] 설정 화면에서 메시지 유형을 선택하고 [메시지 불러오기]를 클릭하여 광고로 사용할 메시지를 설정합니다. 이미 만들어 놓은 메시지가 없을 때는 [+ 새소재]를 클릭하여 새로운 메시지를 먼저 작성합니다.

- 메시지 광고는 [카카오톡 채널 관리자센터]의 메시지 항목과 연동되어 움직이므로, 카카오톡 채널에 이미 작성해놓은 메시지가 있으면 [메시지 불러오기] 버튼을 눌러 호출합니다.

- 등록된 메시지가 없을 때는 [메시지 작성하러 가기] 버튼을 눌러 카카오톡 채널의 메시지 작성 창으로 이동합니다.

05 [카카오톡 채널 관리자센터]가 뜨면 원하는 메시지 유형을 선택하고 [메시지 작성] 버튼을 클릭합니다.

– 기본 텍스트형과 와이드 이미지형, 와이드 리스트형, 커머스형 중에서 선택하여 사용합니다.

– [와이드 이미지형]을 선택하면 이미지 또는 동영상을 직접 업로드하고 해당 웹사이트나 랜딩페이지로 연동되는 **URL** 링크를 연결해줄 수 있어 많이 이용됩니다.

06 예시로 위에서 [와이드 이미지형]을 선택한 경우, [Step1. 메시지 작성] 창에서 [이미지]를 업로드하고 [첨부할 링크]를 비롯해 내용(메시지 구문)과 메시지 버튼의 이름을 입력해주고, 공유하기 버튼 표시 여부를 설정해준 뒤 [다음]을 클릭합니다.

– 새로 작성할 내용이 이전에 작성해놓은 메시지와 유사할 경우 [이전 메시지 불러오기] 버튼을 이용해 불러온 뒤에 수정할 수 있습니다.

– [이미지]란에 해당 동영상의 미리보기 이미지 파일을 업로드해주고, [첨부할 링크] 란에 랜딩페이지의 유형을 선택하고 연동할 외부 **URL** 주소를 입력하거나 카카오톡 채널의 포스트를 선택해 불러옵니다.

– 랜딩페이지 화면이 정상적으로 열리는지 [연결확인] 버튼을 눌러서 미리 확인해 봅니다.

– 내용을 적고 싶으면 [내용]란 옵션을 [있음]으로 선택하고 설명을 써줍니다.(76자까지 입력)

– [메시지 버튼]의 유형을 선택하고 원하는 버튼명을 입력해줍니다. (8자까지 입력 가능)

– [포스트 첨부]를 선택한 경우 [불러오기]를 눌러 연동시킬 카카오톡 채널의 글을 선택해줍니다.

– [공유하기 버튼]을 표시해 보여주려면 [있음]으로 옵션을 선택합니다.

07 [Step2. 메시지 발송 설정] 창이 뜨면 오른쪽 맨 아래 [카카오모먼트에서 보내기] 또는 [등록] 버튼을 눌러 메시지를 바로 발송하거나 나중에 사용할 수 있도록 [등록]해 둡니다.

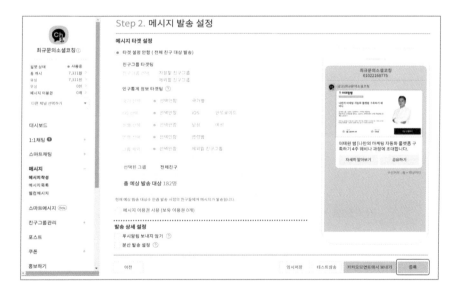

> **실전팁 18** 광고용 메시지를 작성할 때 [광고] 표시는 어떻게 해야 하나?

- 광고성 메시지인 경우 [광고] 여부 박스에 체크 표시를 꼭 설정해줘야 합니다. 카카오는 광고 메시지 작성시 아래 내용을 도움말 팝업 화면으로 보여줍니다.

광고 메시지 작성 시 유의사항

한국 인터넷 진흥원에서 배포한 <u>불법 스팸 방지를 위한 정보통신망법</u> 안내서에 따라 광고성 메시지 작성 시 하기 가이드를 준수하여야 합니다.
아래 내용을 참고하여 발송할 메시지가 광고성 내용을 포함할 경우,
☑ 광고성 내용이 포함된 경우에 체크해주세요. 를 필수로 체크해주세요.

1. 광고 표시
˚ 광고성 내용이 포함된 메시지 맨 앞에 (광고)를 표시해야 합니다.
˚ 광고성 메시지에 대한 판단 기준
  1. 특가/할인 상품안내
  2. 상품 및 서비스 홍보를 위한 프로모션 또는 이벤트
  3. 정보를 '주'로 나타내더라도 [위1,2]의 내용이 혼재된 경우

2. 전송자의 연락처 표시 의무사항
˚ 전송자 명칭, 전송자 연락처는 메시지 본문보다 상단에 작성되어야 합니다.
˚ 전송자 명칭과 전송자 연락처의 경우, 채팅방 상단에 노출됩니다.
˚ 연락처의 경우 전화번호 또는 주소 중에서 하나를 선택하여 기입하여 주셔야 합니다.

3. 수신거부 의사표시를 쉽게 할 수 있는 조치 및 방법 표시 의무사항
메시지에 수신의 거부 및 수신동의 철회의 의사표시를 쉽게 할 수 있는 조치 및 방법을 광고 본문에 표기하여 구체적으로 밝혀야 합니다. 동 조치 및 방법으로 수신의 거부 또는 수신동의 철회가 쉽게 이루어지지 않거나 불가능할 경우에는 이를 표기하지 않은 것으로 간주합니다.

∗전자우편을 수신 거부하기 위하여 웹사이트에 로그인하도록 하는 등 별도의 추가적인 조치를 거쳐야 하는 것은 수신의 거부 또는 수신동의 철회를 어렵게 하는 것으로 법 위반에 해당합니다.

4-5 │ 카카오톡 스마트 메시지, 나도 써볼 수 있을까

    2019년 3월 27일 카카오가 [스마트 메시지]라는 새로운 메뉴를 선보였습니다. 초기 5만 명에서 줄어들긴 했지만, 카카오톡 채널의 친구 수가 기본적으로 3만 명 이상 확보되어 있어야만 사용 가능합니다.

이 때문에 아무나 쓸 수는 없지만 조건만 충족되면 안 쓸 이유가 없는 서비스입니다. 머신러닝 기능을 이용하여 여러 개의 메시지 문안을 보내서 반응 효과를 일정 정도 사전에 테스트해보고 더 효과가 좋은 메시지를 자동으로 선택하여 광고 메시지의 효과를 올려주는 원리로 동작하기 때문이지요.

스마트 메세지 기능은 2020년 하반기에 베타 테스트를 마치고 [카카오톡 채널 관리자] 대신 [카카오모먼트]에서 [카카오톡 채널 × 도달] 캠페인 유형과 목표를 선택한 경우 [광고그룹] 생성 단계에서 [집행대상 설정] 항목 중 [소재 노출방식]이라는 메뉴에서 설정하도록 관리 방식이 변경되었습니다.

[소재 노출방식] 항목 중 [소재 최적화] 옵션을 체크하면 최대 10개의 소재를 등록할 수 있고 이들 소재 중에서 성과가 좋은 소재를 자동으로

활용할 수 있습니다. 이 '소재 최적화' 옵션은 메시지 수신에 동의한 카카오 친구 수가 3만 명 이상이어야 선택 가능합니다.(2021년 1월 현재)

카카오톡 채널에서 제공하는 [스마트 메시지] 기능은 크게 두 가지 과제를 인공지능의 도움을 받아 해결하려고 합니다. 하나는 '내 친구에게 어떤 메시지를 보내면 더 효과적일까'이고, 다른 하나는 '어떤 친구에게 보내야 더 효과적일까' 하는 것이지요. 전자는 '콘텐츠 셀렉터', 후자는 '유저 셀렉터' 기능이라 부릅니다.

스마트 메시지는 타깃 대상을 선택한 뒤 먼저 제한된 소수의 친구들에게 메시지를 발송하여 반응 정도와 반응 유형을 분석하는 학습을 반복함으로써 가장 효율이 높은 타깃을 추출해 집중적으로 발송하는 서비스입니다. 다음은 카카오가 제공하는 [스마트 메시지 상품소개서]에 소개된 [콘텐츠 셀렉터] 에 관한 설명 화면입니다.

[그림22] [카카오톡 스마트 메시지 상품소개서] (Version 2019.11.14) 8p 콘텐츠 셀렉터 안내

스마트 메시지 광고를 이용해 타깃 오디언스의 반응에 따라 유효한 그룹에 광고를 집중 노출하면 상대적으로 전체 친구를 대상으로 무작정 한꺼번에 메시지를 보내는 것보다 효과가 클 것은 당연합니다. 불필요하게 허비되는 광고비를 절약할 수 있으므로 잘만 활용하면 돈 쓰는 만

큼 효과적으로 광고를 집행할 수 있습니다.

다만 충분한 규모의 카카오톡 채널 구독자를 확보하고 있지 못한 경우 이 또한 그림의 떡에 불과하다는 점은 여전히 아쉽습니다.

4-6 | 카카오톡 비즈메시지를 제대로 활용하려면

앞서 [카카오모먼트]의 장벽과 문제점을 말하면서 마지막에 짧게 언급했던 [알림톡] 메시지를 기억하시나요? 카카오는 비즈니스 목적으로 카카오톡을 이용하려는 사업자들을 위해 비즈메시지라는 전문 카카오톡 메시지 도구를 제공하는데, 이것을 [비즈메시지]라고 통칭해 부릅니다.

비즈메시지는 알림톡과 친구톡, 그리고 상담톡 이라는 이름으로 용도에 따라 크게 세 가지로 구분합니다.

[알림톡]은 주문, 결제, 배송 등 '정보성 메시지'를 보낼 때 스팸으로 인식하지 않는 고객들을 위해서 비록 카카오톡 채널에 수신 동의를 직접 받지 않은 대상자일지라도 상대방의 전화번호 정보만 알면 카카오톡으로 메시지를 보내주는 서비스입니다. 브랜드와 고객이 사전에 일정한 거래 관계를 맺고 '합법적으로' 얻어낸 연락처 정보이면 됩니다. 메시지에 광고성 내용은 포함할 수 없다는 점을 유의하세요.

[친구톡]은 기업의 마케팅을 위해 기업이 보유하고 있는 CRM 데이터 및 커머스나 물류 시스템 등과 직접 연동하여 타깃 고객에게 개인화된 마케팅 메시지를 발송할 수 있게 도와주는 서비스입니다. 카카오톡 채널에 친구를 맺은 고객(플러스친구)에 한해서 '광고성 메시지'를 발송할 수 있다는 점이 알림톡과 다른 점이지요.

[상담톡]은 기업의 고객센터와 잠재고객들의 카카오톡을 연결해 '채팅 상담' 방식으로 고객들을 더 쉽게 만날 수 있도록 도와주는 도구입니다. 챗봇, 기본정보 수신, 상담 응대자 자동 분배 등 다양한 기능 확장을 통해 고객의 상담 경험을 향상시키고, 상담 업무의 효율을 극대화하여 응대 비용을 절감하기 위한 서비스입니다.

이와 같이 비즈니스 목적으로 카카오톡을 연동하여 활용하려면 우리가 운영하는 홈페이지나 쇼핑몰, 혹은 우리가 보유하고 있는 고객 정보(휴대폰 번호) 등을 이용해 카카오톡 메신저와 연결(API 연동)하는 작업이 불가피하게 요구됩니다. 내부에 개발자를 보유하고 있거나, 혹은 없다면 외부 개발 대행사나 광고 대행사에 위탁을 해서라도 사용 가능한 환경을 먼저 구축해야만 합니다.

기업이 이용할 수 있도록 환경 구축 과정만 추가될 뿐, 어떤 메시지를 어떻게 만들어 내보낼 것인지는 지금까지 공부해온 다른 메시지 기능과 크게 다를 바가 없습니다. 비즈메시지의 상세한 이용 방법이나 활용도는 카카오가 제공하는 서비스별 상품소개서를 참고하세요.

- 알림톡/친구톡 상품소개서.pdf (2020.01.21)
  ◯ http://j.mp/kakao_bizmsg_API
- 상담톡 상품소개서.pdf (2020.01.22)
  ◯ http://j.mp/kakao_biztalk_API

카카오톡 챗봇 연결 및 API 연동에 대해 부가적인 내용은 이 책의 부록을 참고하세요.

지금까지 내용을 통해 메시지 커뮤니케이션의 발전 역사와 진화 흐름을 짚어보고, 메시지 교신이 갖는 마케팅적 효과에 대해 그 필요성과 유용성에 대해 살펴보았습니다. 아무리 이론이나 원론을 배우고, 또 다양한 플랫폼의 기능을 공부하더라도 막상 실무에 활용하려고 들면 가장 먼저 막히는 지점이 바로 '언제 어떤 내용으로' 메시지를 작성해야 실제로 비즈니스에 효과를 거둘 수 있느냐는 것입니다.

결국은 메시지 콘텐츠를 어떤 상황에서 어떤 부분에 포인트를 두고 작성해야 잠재고객의 실질적인 반응을 일으킬 수 있느냐가 핵심 관건이란 얘기지요. 이어지는 2부에서는 바로 이와 같은 실전 비즈니스 현장에서 부딪히게 되는 메시지 작성법에 대해 다양한 상황별로 어떤 전략으로 어떤 기법을 구사하면 좋은지를 각종 사례와 예문으로 풀어보고자 합니다.

구슬이 서 말이라도 꿰어야 보배라고 했습니다. 메시지의 중요성과 활용 필요성을 절감하고, 카카오톡의 숨은 기능을 제아무리 많이 공부한다고 한들 사람의 눈길을 사로잡고 클릭을 유발하는 메시지 콘텐츠를 작성하지 못하면 결국은 반쪽 짜리 지식에 불과합니다. 고객에게 감동과 유용성을 실감하게 해주고 그로부터 실질적인 클릭 반응을 이끌어내지 못한다면 지금까지 배운 모든 내용이 그냥 머리 속의 지식으로 그칠 수밖에 없을 테니까요!

part

2

모바일 메시지, 어떻게 쓸까

chapter

1

메시지, 어떤 내용으로 어떻게 써야 할까

앞서 1부에서 살펴 보았듯이, 지금은 모든 사람들이 모바일 메시지로 소통하는 것이 일상화된 시대입니다. 따라서 한번 고객과 인연을 맺으면 향후 그 관계를 어떻게 지속시키고 다시 찾아오게 할 것인지가 상당 부분 '메시지 소통'에 달려 있다고 해도 과언이 아닙니다.

2부에서는 이대로 장사를 접어야 할까를 심각하게 고민하는 분들에게 모바일 '메시지'를 활용해 단골을 만드는 실질적인 사례나 방법들을 차례로 살펴봅니다. 특히 판매를 촉진하고 재구매나 재방문을 일으키는 메시지 기법을 찾아서 정리 해보려 합니다.

① 메시지 콘텐츠는 왜 중요한가

1-1 | 한 번 온 고객이 다시 오기를 원하나요?

"저 가게는 한 번 가기만 하면 단골이 안 되고는 못 배겨."

이런 말을 들어보고 싶은가요? 굳이 파레토 법칙을 들먹이지 않더라도 보통 매출의 70% 이상이 재구매 고객에 의해 발생한다는 말은 업종을 떠나 업계의 정설입니다. 단골의 증가가 곧 가게나 매장의 번창으로 이어지는 핵심이라는 건 누구나 알지만 이게 말처럼 쉽지 않은 게 현실이지요.

작은 가게나 소상공인들은 한결같이 하소연합니다. '자금도 없고, 사람도 없고, 목도 안 좋습니다.' 삼중고를 안고 하루 하루 생존을 위해 싸우고 있습니다. 그러잖아도 버티기 힘겨운 마당에 터진 코로나 바이러스 감염병의 확산은 작은 기업이나 가게들을 생사의 갈림길로 내몰고 있습니다.

많은 매장에 손님들의 발길이 끊기고 매출이 반토막 나는 상황입니다. 그런데도 어떤 가게들을 가보면 여전히 앉을 자리를 찾기 어렵고 대기표를 받아 기다려야 합니다. 도대체 이 가게는 왜 항상 손님들로 붐빌까, 과연 어떤 방법으로 단골을 늘리고 유지하는 것일까 궁금하지 않을 수가 없지요.

누군가의 소개나 우연한 만남을 통해 명함을 나눈 사람이 생겼을 때 어떻게 하면 관계가 지속되는지를 돌이켜 보세요. 만나서 반가웠다는 인사말 한 마디, 계절 바뀔 때 안부 인사라도 한 번 더 전하면 관계가 지속될 여지가 커집니다. 하지만 기념일을 맞아도 축하 인사 한 마디 없이 시일이 흐르다보면 그것으로 관계는 끝입니다. 자연스럽게 잊혀지고 말죠.

가게나 쇼핑몰에 어쩌다 우연히 방문한 손님 또한 다르지 않습니다. 단 한 번이라도 우리 매장을 이용해준 데 대해 감사 인사를 전하고, 언제든 다시 올 수 있도록 작은 계기라도 만들어 기억에서 잊혀지지 않도록 노력해야 합니다. 이 때 절실하게 필요한 것이 바로 메시지 소통 능력입니다. 짧은 감사 인사에서부터 재구매나 재방문을 일으키는 판촉 제안까지, 메시지를 어떻게 만들어 보내는가에 따라 단골 손님을 만들 기회가 생기기도 하고 속절 없이 사라져버리기도 하니까요.

1-2 | '아' 다르고 '어' 다르다

우리말 속담에 '아 다르고 어 다르다'는 말이 있지요. 비슷하게 들려도 실제 의미는 다를 수 있다는 말입니다.

실제로 짧고 굵게 "아!" 하고 발음하면 '아차!' 싶을 때, 혹은 어떤 생각이 퍼뜩 떠오를 때 감탄사로 여겨집니다. '어!' 하고 짧게 내뱉듯 말하면 '이건 아닌데' 싶은 실수를 했거나 뭔가 이상하다는 뜻의 놀람 섞인 감탄사로 들리죠. '아~'나, '어~'로 길게 늘여 발음하면 '음 그랬구나', '그래 맞아' 하는 이해나 긍정의 뜻으로 쓰입니다.

말뜻만 달라지는 게 아닙니다. 한숨 섞인 푸념에 곁들이는 감탄사로, '아휴'보다는 '어휴'가 강한 느낌을 주지요. '아장아장'과 '어정어정'의 어감이 사뭇 달라지는 것과 같은 원리입니다. 같은 말이라도 어떤 상황에서 어떻게 쓰느냐에 따라서 그 뜻과 느낌의 정도가 달라지는 겁니다.

1부에서 모바일 메시지 플랫폼의 특성과 장점, 그리고 우리나라에서 가장 대표적인 메신저로 자리잡은 카카오톡을 어떻게 하면 좀더 효과적으로 활용할 수 있는지에 대해 알아보았습니다. 그러나 원리를 아는 것과 실제 비즈니스 실무에 적용해 활용하는 것은 전혀 다릅니다. 두 바퀴로 달릴 수 있는 원리를 배웠더라도 자전거에 올라 넘어지고 일어서기를 반복하는 훈련 없이 자전거를 잘 타게 될 수는 없는 법이니까요.

신규 고객을 만들어야 하는 경우는 말할 것도 없고, 기존 고객의 재구매를 일으키려면 고객의 필요와 요구를 정확히 알아내야 합니다. 꼭 필요한 때에 가장 유리한 조건을 제시해야 만족도가 극대화되겠죠. 만족한 고객은 굳이 거래처를 바꾸거나 관계를 끊지 않을 터이니 단골 손님이 될 가능성이 그만큼 커질 테고요.

메시지 전달도 마찬가지입니다. 똑같은 말도 누가, 언제, 어떻게 전하느냐에 따라서 해석이 달라집니다. 듣는 이의 입장과 처지, 감정 상태, 신뢰도나 친밀도 등 다양한 요소들이 해석에 영향을 주기 때문이지요. 금전적인 이해 관계가 걸린 상거래에서는 해석의 편차가 더 심해집니다. 사람들은 똑같은 말도 자신에게 유리한 쪽으로 해석하니까요. 그래서 구매를 제안하거나 협상을 진행할 때는 말 한 마디, 단어 하나 하나가 더욱 신중하고 지혜로워야 합니다.

그런 이유들 때문에 막상 메시지를 작성하려고 하면 이런 고민들이 바로 시작됩니다.

"뭐라고 써야 할지 모르겠어요."
"쓸만한 문구나 표현이 도무지 떠오르지 않아요."
"어떤 타이밍에 어떤 메시지를 보내야 더 효과적일지 모르겠어요."

당연히 아래와 같은 질문들이 이어지게 마련이죠.

"고객의 마음을 사로잡고 감성을 자극하는 메시지는 어떤 걸까요?"
"고객이 우리에게 듣기를 기대하는 말들은 무엇일까요?"
"무엇을 어떻게 이야기해야 반응이 일어날까요?"

위와 같은 질문과 고민 호소에 우리는 어떤 대답을 들려 줄 수 있을까요?

1-3 | 고객 만족도는 심리적 요소에도 좌우된다

고객의 만족도는 단지 제품이나 서비스의 성능이나 편리함, 가성비로만 결정되지 않습니다. 얼마나 친절하고 세심하게 대접받고 있다고 여기는지, 다른 고객에 비해 얼마나 더 특별히 배려받고 있다고 느끼는지와 같은 심리적 요인에 따라서도 크게 좌우됩니다.

하루에도 수십 수백 통이 들어오는 이메일 중에서 어떤 메일은 열어보고 어떤 건 걸러 버리나요? 밤낮을 가리지 않고 들어오는 수많은 채팅 메시지 목록 중에서 어떤 메시지는 읽어보고 어떤 건 삭제해 버리시나요? 똑같은 말도 상황과 기분에 따라서 해석이 달라지는데, 메시지의 내용이나 표현 방식이 달라진다면 두말할 필요가 없겠지요.

제목이나 첫줄 문구를 살펴보다가 평소 관심을 갖고 있는 분야에 새로운 정보나 소식이 있다고 느껴지면 자연스럽게 그 쪽으로 손가락이 향하게 마련이지요. 또 보내온 사람이 누구인가에 따라서 열어보기도 하고 삭제해 버리기도 하지요. 호기심에 읽기도 하고, 뭔가 혜택이 있을 것같은 기대감 때문에 열어볼 수도 있습니다.

스마트폰의 대중화와 더불어 비즈니스 목적의 메시지들이 스팸으로 여겨질 정도로 홍수를 이루고 있습니다. 그렇지만 아직도 국내에서는 메시지를 활용한 마케팅 방법론을 체계적으로 정리하여 안내해주는 실전 지침서를 찾아보기가 쉽지 않습니다. 우리는 그래서 바로 아래와 같은 고민과 질문에 답하는 것으로 시작합니다.

❶ 비즈니스 메시지의 유형은 무엇을 기준으로 어떻게 나누면 좋을까요?
❷ 어떤 소재와 내용으로 메시지를 작성해야 비즈니스 효과가 더 커질까요?

메시지의 수신 대상, 작성 목적, 접근 관점, 고객 심리를 좌우하는 기법, 메시지 소재 등 구분 요소나 기준에 따라서 메시지 유형은 여러 가지로 분류해 볼 수 있습니다.

이 책에서는 한번 방문한 고객을 재구매 고객으로 전환시키는 데 효과적인 메시지 작성 기법들을 중심으로 마케팅 메시지의 유형을 나누어 보려 합니다.

소비자의 심리적 특성을 우선 감안하고, 여러가지 비즈니스 상황에 따라서 언제 어떤 주제와 소재로 어떻게 메시지를 작성하고 보낼 때 고객의 반응을 유발하는 데 더 효과적인지, 실전에 활용 가능한 메시지 작성 템플릿과 예시 문안을 찾아봅니다. 아울러 실제 카카오톡 등에서 발견한 유사한 메시지 사례들도 눈에 뜨이는 대로 모아서 정리해봅니다.

책에 제안된 상황이나 예문, 예시 사례들은 비즈니스 현장에서 다수가 공감할 수 있는 내용을 중심으로 간추리고 다듬어 정리한 것들입니다.

다양한 메시지 유형들이 있겠지만, 이 책에서는 크게 다섯 가지 범주로 나누어 모두 30가지의 메시지 작성 기법을 제시합니다. 예시로 든 문안들은 각자의 업종이나 아이템에 따라서 적절히 수정하거나 변형해서 사용해야 할 것이라는 점은 굳이 부연할 필요가 없겠지요. 실무 적용시 필요에 따라 적합한 유형을 찾아서 적절히 예문을 응용하는 지혜를 발휘해 보세요.

각각의 메시지 작성 요령들을 하나 하나 세부적으로 살펴보기에 앞서, 어떤 요소들을 기준으로 나누었는지, 그렇게 분류한 이유는 무엇인지부터 살펴보고 시작하지요.

② 메시지 콘텐츠 유형, 어떤 기준으로 나눌까

2-1 | 잠재고객의 행동 심리부터 이해하라

형태를 갖춘 제품을 판매하나요, 눈에 보이지 않는 지식이나 기술 서비스를 제공하고 있나요?

공통점은 누군가 그 제품이나 서비스를 '필요'로 하고 있어야만 비즈니스의 대상이 될 수 있다는 것입니다. 당장의 실수요자가 아니어도 됩니다. 미래 어느 시점에서든 필요할 수밖에 없고 결국 언젠가는 요구하게 될 사람들이 있다면 그들이 바로 잠재고객이 될 터이니까요.

마케팅 메시지는 현재 혹은 미래의 잠재고객을 수신 대상자(오디언스)로 삼아서 우리의 제품이나 서비스를 알리고, 필요한 수요자를 찾아내어 우리가 원하는 행동을 하도록 유인하기 위한 것입니다. 따라서 비즈니스 목적의 메시지는 '작성하는 목적(원하는 전환 행동)'에 따라서 소재와 구문(표현방식)이 달라집니다. 이 말은 제한된 예산으로 최대의 노출과 전환 효과를 올리고자 하는 '광고 캠페인'과 유사한 방식으로 분류할 수 있다는 말이지요.

또한 마케팅 메시지는 단지 제안을 전달하는 데 그치지 않고, 보내는 사람이 의도한 '결과'를 일으켜야 합니다. 즉 '수신자의 반응 행동'을 예상하고 작성해야 합니다. 그러려면 잠재고객들이 어떤 종류의 메시지에 어떻게 반응하는지 알아야 하겠죠. 다양한 심리학적 연구 보고와 소비자 행동에 관한 지식이 우선적으로 필요한 이유입니다.

비즈니스 현장과 광고 분야에서는 어떤 소재, 어떤 카피(문구)로 만든 메시지가 오디언스에게 더 많은 행동을 일으켰는지 실제 사례를 모아서 성과를 낳는 요소별로 살펴보는 것이 효과적이겠죠.

메시지는 테마와 소재를 무엇으로 잡고, 어떤 내용으로 문구를 작성하여, 언제 받아보게 하는가에 따라서 수신자의 반응 효과가 달라집니다. 그 만큼 짧으면서도 강한 임팩트를 줄 수 있도록 해야겠죠. 이미지 한 컷, 카피 한 줄, 단어 하나 하나까지 깊이 고민하여 선택해야 합니다.

인력이나 예산에 여유가 있어 홍보팀을 따로 두거나 광고 대행사에 외주를 줄 수 있다면 다행일 겁니다. 전문 카피라이터나 솜씨 좋은 디자이너들에게 맡기면 될 테니까요. 하지만 월 광고비로 1백만 원도 쉽게 지출하기 힘든 처지의 소상공인이나 소규모 사업자들이라면 남의 이야기에 불과합니다. 결국 작은 규모 사업자들이 선택할 수 있는 현실적인 방안은 그 동안 현장에서 통했던 여러 성공 사례를 찾고 모아서, 상황별로 가장 흡사한 사례를 샘플로 삼아 '무작정 따라하기'로 도전해 보는 것이 최선입니다. 남의 것을 베끼거나 변형하여 내 것으로 완성도를 높이는 정도가 그나마 가성비가 높은 방안일 테니까요. 다음에 크게 다섯 가지 요소로 나누어 메시지 작성 전략과 기법을 정리해 봅니다.

2-2 | '한정판' 메시지로 고객의 조바심을 자극하라

마케팅 목적의 메시지 중에서 가장 흔하면서도 효과가 검증된 방법은 특정한 '제한' 조건을 달아서 그 조건에 맞는 한정된 사람들에게만 특별 혜택을 제안하는 방법입니다. 2019년 한해 가장 성공적인 모바일 마케팅 기법으로 유행했던 '토스 퀴즈'나, 마켓컬리를 흉내내어 많은 온라인 쇼핑몰들이 따라 하고 있는 '100원 첫구매 쿠폰' 같은 방식이 대표적이죠.

'선착순' 몇 명, 또는 언제까지 참가자에 한해 특별 할인이나 덤을 얹어주는 방식이 전통적으로 가장 흔하게 쓰이는 '한정' 기법이지요. 모바일 기기 사용자들이 즉각적으로 반응하는 추세를 이용해 '지금 당장' 어떤 행동을 하면 보상을 제공하는 메시지를 실시간으로 뿌리는 것도 이제는 가능해졌습니다.

특정 지역 내 코로나19 확진자가 발생할 경우 발생 업소 및 감염자 동선과 관련된 경고 알림 메시지가 스마트폰으로 강제 수신되는 것을 대한민국 국민들은 매일 체험하고 있습니다. 모바일 기기로 우리들의 이동 위치가 파악되기 때문에 가능한 일이죠. 이같은 추적 기능을 이용하면 특정 매장을 중심으로 몇 킬로, 혹은 몇백 미터 이내 수신 대상자에게만 알림 메시지를 뿌리는 '비콘' 송신도 가능합니다.

개인 행동 정보와 연동된 CRM 기술의 발전에 따라 생일이나 결혼기념일 등과 같은 특정한 날짜에 맞추어 특정 개인에게 1:1 맞춤 선물을 제안하는 메시지도 자동으로 보낼 수 있습니다.

대표적으로 다음과 같은 '한정' 방식들을 통해 메시지를 작성하면 고객의 즉각적인 행동과 반응을 일으키는 데 효과적입니다. 실전 사례와 요령은 이어지는 장에서 상세히 살펴보도록 하지요.

❶ '기간 한정' 메시지로 고객의 걸음을 재촉하라.
❷ '시간 한정' 메시지로 지금 당장 지르게 하라.
❸ '수량 한정' 메시지로 경쟁심에 불을 지펴라.
❹ '회원 한정' 메시지로 고객의 마음을 흔들어라.
❺ '날짜 한정' 메시지로 고객에게 기쁨을 선사하라.
❻ '장소 한정' 메시지로 실시간 반응을 일으켜라.

2-3 | '이벤트' 메시지로 고객의 참여를 일으켜라

'한정' 기법과 더불어 가장 흔히 사용되는 메시지 기법은 바로 '이벤트'를 만들어 제안하는 방법입니다. "온라인 쇼핑몰을 운영하려거든 '365일 에브리데이' 이벤트를 준비해야 한다"고 말하는 게 과장이 아닙니다. 그만큼 이벤트의 종류는 다양하고 많습니다. 편의상 범주를 나누어 놓았지만 위에서 이야기한 한정 방식의 메시지 제안이나 뒤에 거론하는 여러 메시지 기법들도 넓게 보자면 모두 이벤트의 일종이라 할 수 있습니다.

가장 많이 쓰이는 이벤트 유형은 역시 특정한 조건을 만족할 때 '무료' 또는 파격적인 '할인' 혜택을 제공하는 '가격 할인' 방식이지요. 세상에 공짜 싫어하는 사람은 없다지요. '공짜라면 소도 잡아 먹는다'는 옛말이 있듯이 '무료 득템' 기회보다 더 빠르고 확실하게 사람의 눈길을 사로

잡는 유혹은 없습니다.

꼭 무료가 아니어도 됩니다. 전혀 기대하지 않았는데 어느날 갑자기 깜짝 이벤트가 열리면 기분이 어떨까요? 게릴라성 이벤트로 우연한 행운을 선사하는 방법도 있습니다. 비가 내리거나 첫눈이 내리는 날과 같이 예측하기 힘든 자연 현상과 연동하여 이벤트를 만들 수도 있고요. 이벤트는 그 자체가 재미와 즐거움을 선사하기 때문에 즉각적인 행동이나 충동 구매 등을 유발하고 싶을 때 다른 무엇보다도 효과적입니다.

❶ '무료 이벤트' 메시지로 손가락을 멈춰 세워라.
❷ '할인 이벤트' 메시지로 구매욕을 자극하라.
❸ '특별 이벤트' 메시지로 눈길을 사로잡아라.
❹ '깜짝 이벤트' 메시지로 즐거움을 선사하라.
❺ '날씨 이벤트' 메시지로 기대감을 갖게 하라.
❻ '게릴라 이벤트' 메시지로 행운을 잡게 하라.

2-4 | '공감형' 메시지로 고객의 마음에 호소하라

사람들은 보통 노골적인 상업적 제안에 대해서는 본능적으로 거부감을 느끼고 방어적인 태도를 취합니다. 반면 평소 충분한 교류나 소통을 통해 친근한 관계를 형성하거나, 인간적인 공감을 불러 일으키는 방식으로 접근하면 경계심을 누그러뜨리고 마음의 문을 열곤 합니다. 손익을 먼저 따지기보다는 고객을 아주 가까운 이웃이나 친구처럼 대해 보세요. 때로는 손해를 감수하면서 먼저 호의를 베풀어 보세요. 사람들은 요청하지 않아도 오히려 더 적극적으로 사주고 자진해서 홍보를 도와줍니다. 나아가 혼자만 알고 이용하는 데 그치지 않고 친구나 지인들에게 소개합니다.

지역 전통시장과 같이 오랜 시간에 걸쳐 한 곳에 터를 잡고 동네 사람들을 상대로 하는 가게들이 대표적입니다. 미용실처럼 친한 관계를 맺고 고객의 스타일을 익혀서 매번 일일이 원하는 헤어 스타일을 설명하지 않아도 '알아서 척척' 처리해주게 되면 여간해서는 고객이 다른 경쟁업소로 가지 않고 단골이 되게 마련입니다. 물론 인간적인 친분과 공감은 한두 번의 행동으로 단번에 생기는 게 아닙니다. 평소 지속적인 교류 기회를 의식적으로 만들어야 합니다. 대화 또한 판매자와 소비자로 구분하는 거래 관계로 접근하면 곤란하죠. 오랫동안 같은 공간에서 잘 알고 지내는 친구나 이웃, 식구를 대하는 듯한 친근한 화술이 요구됩니다.

'단골' 손님에게 예정에 없던 선물이나 덤을 준다든지, 일시적인 손해를 감수하고서라도 먼저 아낌 없이 베푸는 행동이 무엇보다 중요합니다. 주인이 아닌 직원의 입장에서 고객의 편에 서서 공감해 주세요. 고객이 우리의 진심에 감동하고 진정성을 느낄 수 있도록 만들어야 합니다. 고객이 판매자와 일체감을 느끼게 해주는 것이야말로 성공적인 메시지 마케팅의 핵심 관건입니다.

❶ '단골 우대' 메시지로 충성 고객을 늘려라.
❷ '행사 초대' 메시지로 참여 기회를 선사하라.
❸ '가족 대화' 메시지로 친근하게 다가서라.
❹ '진심 어린' 메시지로 공감을 불러일으켜라.
❺ '이심 전심' 메시지로 고객이 감동하게 하라.
❻ '손해 감수' 메시지로 단골 고객을 만들어라.

단골 손님이 많을수록 비즈니스 기반은 튼튼해지죠. 하지만 단골은 하루 아침에 만들어지는 게 아닙니다. 또한 단골도 처음에는 신규 고객이었습니다. 그러니 단 한 번이라도 우리 제품이나 서비스를 경험한 고객들이 스스로 홍보 대사 역할을 자청하도록 만들 수 있다면 그게 최선이겠죠. 눈에는 보이지 않지만 '만족한 고객의 입소문'이야말로 '발 없는 말'과 같아서 새로운 고객을 창출하는 최고의 수단입니다. 그렇지만 깊은 감동을 경험하지 않는 한 자발적으로 동네방네 입소문을 내줄 만큼 적극적인 고객을 만나기란 쉽지 않습니다. 따라서 적절한 보상이나 반대 급부를 제공해서라도 자신들의 경험을 조금이라도 더 널리 알리도록 촉진하고 부추기는 노력을 게을리해선 안 됩니다.

가게에 새로운 고객을 모시고 함께 오거나 추천을 해준 경우에 특별 서비스나 선물을 덤으로 제공한다든가, SNS 채널에 홍보 소개 포스팅을 올려주면 즉석에서 추가 서비스나 메뉴를 제공하는 것도 좋은 방법이지요. 사람들은 기분 좋은 경험을 하면 본능적으로 남들에게 자랑을 하고 싶어합니다. 자신의 경험을 남들에게 알리거나 소개하는 행위로 이익이 돌아오면 더 적극적으로 알리는 행동에 참여하게 마련이죠.

품질에 자신이 있다면 체험단이나 인플루언서를 이용해 먼저 우리 제품이나 서비스를 써보게 하는 것도 바람직합니다. 솔직한 체험 후기나 리뷰 의견을 남기도록 하세요. 자화자찬이 아닌 실제 이용고객들의 평가 목소리가 아직 우리 제품이나 서비스를 모르는 잠재고객들에게 구매나 소비에 대한 망설임을 없애줍니다. 아래와 같은 다양한 방식으로 메시지를 만들어 보세요.

❶ '자랑 거리' 메시지로 스스로 알리게 하라.

❷ '사진 첨부' 메시지로 호기심을 자극하라.

❸ '보상 약속' 메시지로 친구를 데려오게 하라.

❹ 'SNS 공유' 메시지로 고객이 홍보하게 하라.

❺ '퀴즈 참여' 메시지로 고객에게 재미를 선물하라

❻ '1+1 혜택' 메시지로 고객이 참여하게 하라.

2-6 | '충동질' 메시지로 고객의 욕망을 일깨워라

'설득의 심리학'을 비롯해 세일즈나 마케팅 분야에서 인간의 심리학을 다룬 책들이 많습니다. 소비자의 심리를 이용해서 고객이 스스로 행동하게 만드는 것은 매우 중요한 일입니다. 특히 문구 하나, 가격표의 숫자 하나를 어떻게 쓰고 표현하는가에 따라서 고객들의 반응이나 행동이 달라지는 사례는 주위에 널려 있습니다.

모든 인간이 지니고 있는 호기심과 내면의 충동과 욕구 심리를 활용하여 흥미와 관심을 불러 일으키세요. 각종 비교 자료나 증거를 통해 고객의 선택에 확신을 심어 주세요. 일단 관계를 맺은 고객에게 믿음과 신뢰를 강화하는 메시지를 지속적으로 제공하는 것은 무척 중요하고 효과적인 단골 확보 방법입니다.

사람은 다른 어떤 동물보다 호기심과 탐구심이 넘치는 종입니다. 따라서 암호나 비밀과 같이 숨겨진 것을 찾거나 맞추는 이벤트를 제공하면 본능적으로 집중하고 몰입하는 경우가 많습니다. SNS 채널에서 '틀린 그림 찾기'나 '넌센스 퀴즈', '숫자 맞추기' 같은 콘텐츠들이 해가 지나도 변함 없이 많은 사람들에게 사랑받는 이유도 바로 여기에 있습니다.

간단 명료하게 메시지를 전하세요. 사람들은 복잡한 것을 싫어합니다. 또한 '원조'라고 하면 멀리서 차를 운전하는 수고를 감수하더라도 찾아가봐야 직성이 풀리는 사람도 많습니다. 증거가 많아질수록, 숫자가 구체적일수록 사람들의 믿음은 강화됩니다.

따라서 아래와 같이 충동을 일으키는 심리 기법들을 활용하여 메시지를 작성하고 보내는 실험을 해보면 의외로 큰 효과를 볼 수 있습니다. 사람의 심리에 대한 공부를 멈추지 말고 아이디어가 떠오르거든 망설이지 말고 즉시 테스트해보세요.

❶ '단순 명쾌' 메시지로 고객의 결정을 촉진하라.
❷ '원조 효시' 메시지로 고객의 만족도를 높여라.
❸ '암호 제공' 메시지로 고객의 궁금증을 자극하라.
❹ '비교 차별' 메시지로 고객의 믿음을 강화하라.
❺ '비밀 코드' 메시지로 고객의 호기심을 키워라.
❻ '히든 카드' 메시지로 고객의 재방문을 유인하라.

이제부터는 위에서 제시한 카테고리별 메시지 마케팅 실행 방법들을 하나 하나씩 구체적으로 살펴보겠습니다. 이 책에서 제시하는 '메시지 마케팅 실행 방법'들은 결코 어려운 일이 아닙니다. 다음의 3단계를 그대로 따르기만 하면 되니까요.

❶ 매장이나 가게, 혹은 쇼핑몰에서 신규 회원을 모은다.
❷ 상황별로 제시한 템플릿에 맞추어 메시지를 작성한다.
❸ 작성한 메시지를 때 맞추어 회원들에게 꾸준히 보낸다.

이 과정을 올바로 반복해서 수행하면 재구매 고객은 늘고 단골은 꾸준히 증가할 것입니다. 어떤 내용의 메시지를 보내면 좋을까에 해당하는 '메시지 작성 요령'은 물론이고, 성공적인 '판촉 메시지 예문'들을 함께 제공합니다. 여러 가지 기법과 예문을 모두 활용해도 좋고, 필요한 것만 조합하거나 편집해서 사용해도 됩니다. 배우고 따라하면서 책의 내용을 응용해 보세요.

자신도 모르는 사이에 메시지 작성 요령과 실력이 부쩍 늘고, 그 결과는 여러분의 비즈니스 성장으로 돌아올 것입니다.

자, 그럼 이제부터 효과적인 마케팅 메시지 작성을 위한 탐구 여정을 함께 떠나 보시지요.

chapter

2

'한정판' 메시지로
고객의 조바심을
자극하라

한번 찾아온 고객이 여러분 가게나 매장의 지속적인 팬(단골 손님)이 되게 하고 싶은가요? 온라인 쇼핑몰도 예외일 수 없습니다. 무엇보다 우리 매장만의 장점을 느끼게 해줘야 합니다. 구체적으로 분명한 '이익'이나 '특별함'을 방문 고객이 체감할 수 있어야 합니다.

번창하는 쇼핑몰이나 가게들을 살펴보면 하나같이 재방문하는 단골 고객이 많습니다. 그리고 이들은 여러 가지 '한정 서비스'들이 많은 게 두드러진 특징입니다. 한정 서비스에는 여러 가지 종류가 있습니다. 기간이나 시간을 제한하는 게 대표적이지만, 수량을 제한하거나 수혜 대상을 제한하기도 합니다.

비즈니스 현장에서 이같은 '한정 서비스'가 효과적인 이유는 사람들이 어떤 선택을 할 때 얻을 수 있는 잠재 이익보다 그 기회를 사용하지 않을 경우 빼앗기게 되는 손실에 더 예민하고 적극적으로 반응하기 때문입니다.

다음의 두 가지 상황에서 하나를 선택하라면, 여러분은 어느 쪽을 택하시겠습니까?

#1. 무조건 1만원을 받는 것과, 동전을 던져서 앞면이 나오면 2만원을 받고 뒷면이 나오면 한 푼도 못 받는다면 어느 쪽을 선택하겠는가?

#2. 무조건 1만원을 잃는 것과, 동전을 던져 앞면이 나오면 2만원을 잃고 뒷면이 나오면 한 푼도 잃지 않는다면 어느 쪽을 선택하겠는가?

실제 실험을 해보면 #1번 상황에서는 무조건 1만원을 받겠다는 선택이 많은 반면, #2번 상황에서는 동전 던지기를 선택하는 쪽이 많아진답니다. 잠재 이익이 기대될 경우 이익의 폭이 위험을 감수할 정도로 크지 않는 한 '확실한 이익'을 보장받는 쪽을 선택(위험 회피)하지만, 반대로 잠재 손실이 예상될 경우 확실한 손실을 감수하기보다는 손실을 안 보기 위해 '위험을 감수'하는 쪽을 선택(손실 회피)할 가능성이 높다는 것입니다.

따라서 기간이든 수량이든 '한정 서비스' 기법을 사용할 때는 사람들의 이와 같은 심리를 잘 이해하고 적용하는 게 관건입니다. 즉 특정한 혜택을 제공했을 때 참여한 사람들이 감수해야 할 위험(구매 지불액)의 크기에 비해 참여할 기회를 놓칠 경우 발생하는 잠재 손실(특혜 서비스 환산액)의 크기가 얼마나 더 큰 지를 실감나게 전하는 것이 핵심입니다.

잠재 이익에 대한 기대감을 키우기 위해 한정 서비스는 단지 딱 한 가지 조건만 사용하기보다는 여러 제한 조건을 조합하여 동시에 적용하는 경우가 효과적입니다. 예를 들면, "기존 회원에 한해, 언제까지, 선착순 몇 명에 한해서만 적용한다"는 식으로 기간과 수량은 물론 서비스 수혜 대상자까지 제한하여 조건에 해당하는 사람들의 기대치를 최대로 높이는 방식을 쓰면 더욱 효과적이라는 것입니다.

다만 장점이 있으면 단점도 있습니다. '한정 서비스'의 효과가 아무리 좋다고 해도, 한정 조건이 너무 제한적일 경우 역효과를 일으킬 수도 있습니다. 이를테면 선착순 숫자가 너무 적어서 금새 혜택받을 인원이 차버리면 참여할 기간이 남아 있어도 한정 효과는 바로 사라져 버립니다. 고객들의 기대감은 곧장 실망감으로 바뀌고 그 순간 한정 서비스의 효과는 반감되어 버립니다.

또한 효과가 좋다고 매번 똑같은 방법만 되풀이하거나 너무 자주 시행하게 되면 '특별한 느낌'이 사라집니다. 그러면 특별 서비스가 아니라 재고 물량을 처리하기 위해 '싸구려' 덤핑을 하는 것처럼 비춰지겠죠. 자칫하면 가게나 기업의 이미지를 망칠 수도 있습니다. 모처럼 생긴 고객을 그냥 놓쳐버릴 수도 있지요.

그러므로 이런 부작용을 막으려면 한정 서비스가 질리지 않을 만한 장치나 분명한 행사의 명분을 꼭 마련해두어야 합니다. 흔한 말로 '날이면 날마다 오는 기회가 아니어야만' 한정 서비스는 효과를 기대할 수 있습니다.

지금부터 여러가지 '한정 서비스' 기법들을 하나씩 살펴보죠.

[기간 한정] 메시지로 고객의 걸음을 재촉하라

가장 보편적인 한정 서비스는 '기간 한정'입니다. ' ○일부터 ○일까지 딱 ○일간', '○월 말까지', '○일 이내'와 같이 특정한 마감 기한을 정하여 파격 할인 등 특별한 혜택를 제공하는 것이 일반적인 예입니다.

🔘 방법 : 특정한 마감기한을 정해서 특별 혜택을 제공한다

기간을 한정하게 되면 '그 기간 안에 빨리 참여하지 않으면 특별 혜택을 받을 수 없다'는 조바심을 불러 일으킬 수 있습니다. 그렇게 해야 고객이 당장 참여하고자 하는 의욕이 커집니다.

흔히 가장 많이 쓰이는 '기간 한정' 유형은 '1일 한정(오늘 하루)' 방식입니다.

얼핏 '겨우 하루'라고 가볍게 여길 수도 있습니다. 하지만 이 방법은

오프라인 매장들뿐만 아니라 많은 온라인 쇼핑몰들도 가장 많이 애용하는 방식입니다. 우리나라 소셜 커머스의 원조 '티몬'에서 주로 택했던 방식이 "하루 한 건, 오늘의 딜"이었던 것은 널리 알려진 사례지요. 한때 소셜 커머스 업체들을 중심으로 "오늘 하루 반값" 쿠폰이 유행처럼 퍼졌던 사례도 유명하고요.

딱 하루, 오늘 또는 특정한 하루만 정해서 특별 할인 혜택을 제공하는 '1일 한정' 방식은 다양한 상품을 취급하는 종합몰이나 오픈마켓 업계에서는 고정 코너로 운영할 만큼 일반화된 방법입니다. 스마트스토어의 '럭키투데이'나 카카오 쇼핑하기의 '톡딜', 매월 11일에 특가 이벤트를 집중 전개하는 11번가의 서비스도 넓게 보면 모두 '1일 한정' 기법의 하나로 볼 수 있습니다.

오프라인 매장을 운영하는 사업자들도 1일 한정 기법을 이용할 수 있습니다.

아래와 같은 기본 템플릿을 이용하여 회원들에게 한 달에 두 번 정도 정기적으로 메시지를 보내보세요.

○월 ○일 단 하루, ○○만원 이상 구매 회원 중 선착순 ○○명에게 ○○상품(서비스)을 덤으로 드립니다.

회원 한정, 수량 한정 기법을 기간 한정과 함께 적용하면 반응 효과를 더 높일 수 있습니다.

기본 메시지 템플릿 및 적용 예시 문안은 아래를 참고하세요.

[기간 한정] 메시지 템플릿	적용 예시
안녕하세요! ○○○입니다! 회원 여러분에게 좋은 소식을 알려드립니다. ○○원 이상 {상품 / 서비스}를 구입하신 분들에게! {상품 / 서비스}를 드립니다. (오전) ○시부터 선착순 ○○명 (오후) ○시부터 선착순 ○○명 총 ○○○명에게 증정합니다~! 오늘 하루 한정 이벤트입니다. 꼭 방문하셔서 기회를 놓치지 마세요!	안녕하세요! 디오션리조트 공식 티켓몰입니다. ★★ 회원 한정 오늘 하루 이벤트! ★★ – 25만원 이상 디오션 워터파크 다회권 2매 이상 구입하신 분께 2만원 상당의 BBQ 치킨세트 교환권을 드립니다. (선 착순 20명) ▶ 오전 9시부터 선착순 10명! ▶ 오후 2시부터 선착순 10명! 오늘 하루 한정 이벤트입니다. 기회를 놓치지 마세요!!

사례 예시 참여업체 소개

* 디오션리조트 공식 티켓몰은?

▶ 상호: 주식회사 더심플 (대표: 김규남)
▶ 업태: 도소매, 서비스
▶ 종목: 여행업, 전자상거래, 여행레저 온라인티켓몰, 광고제작 및 광고대행업
▶ 개요: 여수 지역 내 숙박, 관광 레저, 요트 투어, 디오션 공식티켓몰, 여행먹다 복지몰 등 온라인 여행포털과 홈케어 플랫폼 서비스를 제공하는 업체로, 여수 지역의 호텔&콘도&펜션 숙박, 골프, 부대 업장의 상품을 비롯해 워터파크 및 관광시설 입장권, 요트투어 패키지 상품 등을 판매하며, 정리수납 및 프리미엄 가사 서비스도 제공하고 있습니다.

⬤◯ 응용 포인트

❶ 특정한 기간 동안에만 적용되는 특혜라는 점을 강조한다.

❷ 회원들에게만 적용되는 혜택이라는 점을 부각한다.

❸ 기한이 종료됐을 때와 이벤트 기간 중 서비스 혜택의 가치와 차이점을 명확히 알려준다.

❹ 회원 한정, 기간 한정이라는 점을 거듭 강조하여 확인시켜준다.

❺ 특별한 시기나 기념 이벤트와 결합시켜 억지스럽지 않게 홍보한다. (특정일, 혹은 몇째 주 무슨 요일과 같이 매월 하루를 고정시켜놓고 정기적으로 홍보하는 것도 가능하다.)

⬤◯ 적용 사례들

② [시간 한정] 메시지로
지금 당장 지르게 하라

'타임세일', '선착순 마감', '30분간 특가'와 같이 이벤트에 참여할 수 있는 시간을 제한하는 방법입니다. 이 방법의 핵심은 메시지를 받은 고객이 그 상품이나 서비스의 파격적인 가격에 매력을 느끼게 하여 바로 구매하지 않으면 손해를 볼 것같은 조바심을 일으키게 하는 것입니다.

방법 : 특정한 시간을 정해서 특별 혜택을 짧게 제공한다

시간 한정 기법은 TV 홈쇼핑 채널에서 가장 많이 사용하는 기법입니다. 보통 1시간 내외로 편성되는 프로그램을 통해 한 아이템에 대해 기능과 성능을 실감나게 보여준 뒤에 파격적인 패키지 가격을 제시하죠. 방송이 끝나기 전까지 구입 신청을 하는 사람에게는 보너스 선물을 몇 가지씩 더 얹어주고, 12개월 이상 장기 무이자 카드 할부 혜택까지 더해서 결제에 따르는 심리적 부담까지 허물어 뜨립니다.

손님들은 유혹당하는 것을 뻔히 알면서도 가격과 보너스에 눈이 멀어서 자신도 모르게 구매 전화번호를 누르거나 스마트폰 앱을 켜고 [지금 구매] 버튼을 경쟁적으로 누릅니다. 방송이 끝나는 순간 덤으로 받을 수 있는 혜택이 사라지기 때문이죠. 큰 이익을 얻을 수 있는 기회를 상실한다는 것은 왠지 손해라는 마음이 일어납니다. 손실을 회피하려는 심리를 자극하여 충동 구매를 하게 만드는 것이지요. 자칫 쇼핑 중독자를 양산하는 것이 바로 '시간 한정' 기법입니다.

시간 한정은 이와 같이 '마감 시한'을 매우 촉박하게 정해 놓으면 경쟁 의식과 흥분감이 커져서 도발적으로 행동하게 되는 사람들의 충동 심리를 이용합니다. 온라인 쇼핑몰의 '타임 세일' 행사에서도 흔히 이용됩니다. 뿐만 아니라 소프트웨어 솔루션이나 이벤트 패키지 상품을 파는 경우에 마감까지 남은 시간을 '타임 스코어 보드'처럼 표시해 보여줌으로써 행동을 재촉하는 방식도 대표적인 시간 한정 기법이 적용된 사례입니다.

몇 일부터 몇 일까지, 혹은 몇 시부터 몇 시까지 구매하는 고객에게만 한정하여 파격적인 할인 특가를 제시하면, 그 정보를 얻게 된 사람은 마감 시한이 지나고 나면 언제 다시 이런 기회가 올지 모른다는 조바심에 '일단 지르고' 보는 것이죠.

우연히 발견한 기회에 주문한 상품이 실제 받아보니 품질까지 기대 이상이라면, 그런 만족감을 경험한 고객은 틀림없이 단골 재구매 고객이 될 것입니다.

시간 한정 기법은 모바일 메시지를 통해서도 유효하게 활용할 수 있습니다. 아래와 같은 기본 템플릿을 이용하여 회원들에게 행사 개시가 임박한 시점에 메시지를 보내보세요.

'오늘 ○시부터 ○시까지' (또는 '내일 ○시부터 ○시까지') {상품/서비스}를 {파격할인가}에 판매합니다.

[수량 한정] 이나 [추가 보너스] 요소를 더하면 참여자에게 더 특별하다는 느낌을 줄 수 있습니다.

[시간 한정] 메시지 템플릿	적용 예시
★★오늘 하루 한정 타임 특가 세일! ★★ ○월 ○일(요일), ○월 ○일(요일) 이틀간! 타임 특가 세일을 실시합니다. 오늘 하루 ○시부터 ○○시까지 {상품 / 서비스}를 ○○% 할인해드립니다! 전화 주문을 하실 때는 반드시 '메시지를 보고 연락했다'고 말씀해 주세요. 주문은 한정 수량 선착순으로 마감합니다. 단, 다른 할인권과 중복 사용하실 수 없습니다.	★★ 이틀 한정 타임 특가 세일! ★★ 디오션 공식티켓몰에서 5월 가족여행 주간을 맞아 5월 23일과 24일 딱 이틀간! 타임 특가 세일을 단행합니다!! 0시부터 24시까지! 디오션 공식티켓몰 5월 호텔패키지 전상품 40% 할인!! 전화로 예약하실 때는 반드시 '타임 특가 세일 메시지를 보고 연락했다'고 말씀해 주세요. 예약은 잔여객실 한정 수량 선착순으로 진행됩니다. 단, 다른 할인권과 중복 사용하실 수 없습니다!!

❶ 평소에는 쉽게 만날 수 없는 파격 조건의 서비스를 마련한다.
❷ 판로나 고객이 없어서 덤핑 할인을 한다는 느낌이 들지 않도록 한다.
❸ 기간 한정 및 수량 한정(선착순 마감) 등의 조건을 추가하여 긴박감을
   더한다.
❹ 다음 기회가 언제 올지 모르는, '이 시간 동안만~' 가능한 특혜임을 강
   조한다.
❺ '지난 번에 기회를 놓친 분들', '마지막' 또는 '이번에는 꼭!' 같은 표현을
   넣는다.

● 활용 사례들

③ [수량 한정] 메시지로
경쟁심에 불을 지펴라

'한정' 기법에서 절대 빼놓을 수 없는 게 있지요. 바로 수량을 한정하여 판매하는 '수량 한정' 방식입니다. 기간 또는 시간 한정과 함께 쓰일 때가 많지만 독립적으로 쓰이기도 합니다. 소수로 선택된 데서 생기는 만족감이나 희소성 있는 제품을 소유하는 데서 오는 자부심을 자극하여 구매 경쟁을 유발하는 대표적인 방법이지요.

◯◯ 방법 : 특정한 수량을 정해서 구매(참여)할 기회를 제한한다

흔히 '선착순 몇 명 마감', '한정판 몇 개 예약 주문 생산', '몇 명 참여 시 공동구매가 얼마'와 같은 메시지를 받아 보신 적이 있지요. 제한된 사람에게만 특별 혜택을 제공하거나 물량 자체를 일정한 수로 한정하는 방식입니다. 참여 기회나 공급 수량을 줄임으로써 희소 가치를 높이는 전략이지요.

단독으로 사용하기보다 다른 한정 조건과 결합하여 활용하면 재구매 고객을 만드는 데 큰 효과를 발휘합니다. 이를테면 "이 안내는 VIP회원에게만 공개되는 내용입니다."라고 밝혀서 특정한 조건을 만족하는 회원만 참여할 수 있도록 제한해놓고, "수량이 한정돼 있습니다"라고 한정 조건을 추가하는 식이지요.

'회원 한정' 조건을 통해 참여 자격을 갖춘 고객에게 '특별하다는 느낌'을 주는 동시에, '수량 한정' 조건을 통해 고객의 경쟁심을 살짝 부추깁니다. 만약 여러분이 이런 메시지를 받는다면 어떻게 행동할까요? 마침 거기서 안내하는 상품이 평소 꼭 갖고 싶었던 것이라면 '만약 늦게 신청했다가 예정된 수량이 떨어져 버리면 어떡하지' 싶은 조바심에 나도 모르게 구매 버튼을 누르게 될 수도 있습니다.

'이 메시지를 얼마나 많은 회원들에게 보냈을까?' '선착순이라고 하지만 진짜로 딱 몇 명에게만 기회를 주는 걸까' 한편으론 의심도 들지만, 일단 욕심이 발동하면 차분히 생각할 겨를도 없이 '빨리 사야지'하는 조급함이 발동하게 됩니다. 누군가 나보다 먼저 신청해버리면 나에게는 기회가 오지 않을 것같은 불안감을 조성하면 사람들은 자신도 모르게 충동 구매를 시도하곤 합니다.

따라서 고객을 잡으려는 매장이나 쇼핑몰에서는 이같은 '수량 한정' 기법을 사용하지 않을 이유가 없습니다. 실제로 홈쇼핑 채널에서 이러한 [수량 한정] 기법을 모든 프로그램에서 예외 없이 사용하는 것도 이 방법이 갖고 있는 검증된 구매 촉진 효과 때문입니다. 웬만한 고객이면 모두들 다 알 텐데도 여전히 많은 사람들이 이 전술에 걸려드는 것은 '수량 한정' 기법이 그만큼 '강력'한 판매 촉진 수단이라는 것을 반증합니다.

그런 만큼 모바일 메시지를 이용한 비즈니스에서도 이 방법을 시도해 보세요.

'O월 O일, O만원 이상 구매자 중 선착순 OO명에게 {상품/서비스}를 선물로 드립니다.

아래와 같은 기본 템플릿을 이용하여 회원들에게 수량 한정 메시지를 날려 보세요.

[수량 한정] 메시지 템플릿	적용 예시
○○○입니다. 오랜만에 인사드립니다. 벌써 ○월이네요. ○○를 맞아하여 특별히 회원 한정 {상품 / 서비스}를 만들었습니다. {상품 / 서비스에 대한 설명}을 준비했습니다. 금액은 ○○원 판매는 ○월 ○일까지만 진행합니다. 수량이 한정돼 있으니 서둘러 구매하시기 바랍니다. 계산할 때 반드시 '메시지를 보고 왔습니다'라고 말씀해 주세요!	디오션 공식티켓몰입니다. 오랜만에 인사드립니다. 벌써 8월이네요. 8월 2일 디오션 실내 워터파크 오픈을 기념하여 디오션 공식티켓몰 회원 한정 워터파크 5회 입장권을 64% 파격 할인가로 준비했습니다. 금액은 대인과 소인 구분없이 125,000원입니다. 8월 15일까지만 판매하며 수량이 한정돼 있으니 서둘러 구매하시기 바랍니다! 선착순 2,000명 한정 마감 합니다! ^^ 구매하실 때는 반드시 아래 특가 링크를 통해 구매하셔야 혜택을 받으실 수 있습니다. ★★ 회원전용 특가 구매링크 ★★ http://theocean.co.kr/event/200501

❶ 특별한 날에 맞추어 특별한 상품이나 서비스를 마련한다.
❷ 정기적 또는 주기적으로 '한정' 조건의 상품을 준비한다.
❸ 매번 같은 상품이나 패키지를 제안하는 것은 피한다.
❹ 수량 한정은 시간 한정 또는 기간 한정 조건을 함께 활용한다.
❺ '한정' 조건과 '선착순' 마감 요소를 함께 조합하여 사용한다.

⬤ 활용 사례들

④ [회원 한정] 메시지로 고객의 마음을 흔들어라

재구매 단골 고객을 만들고 싶을 때 가장 쉽게 할 수 있고, 또 가장 효과적인 방법이 [회원 한정] 기법입니다.

흔히 '신규가입자 첫 구매 특별 혜택' 또는 "첫 구매시 100원 구입 쿠폰", "1주일 내 재구매시 50% 특별 할인"과 같이 다양한 혜택을 내세워 일단 회원이 된 사람들로 하여금 재구매를 하도록 유인하는 방식입니다.

◗◗ 방법 : 회원으로 가입한 사람에 한해서만 참여할 기회를 제공한다

'회원 한정'이라는 말 속에는 놀라운 힘이 있습니다. 인터넷 쇼핑몰에서 '회원 한정 알림'이나 '회원 특가'라는 말을 자주 사용합니다. 사람들은 '~에 한하여'라는 제안에 무척 약합니다. 그 한 마디 때문에 나도 모르게 '지르게' 되었던 경험이 없는 사람을 찾기는 쉽지 않을 겁니다.

그만큼 강력하면서도 매우 간단하기 때문에 이 방법을 철저히 익혀서 사용해야 합니다.

"회원만 한정한다고? 그걸 누가 몰라!" 라고 쉽게 여기는 사람들도 있을 겁니다. 하지만 머리로는 알아도 막상 써먹으려면 생각처럼 간단하지 않습니다. 당장 판촉 메시지를 작성할 때 이 방법을 활용해 보라고 말하면, 어떻게 해야 할지 몰라서 망설이는 분들이 의외로 많습니다.

'회원 한정'이란 전체 방문자 중에서 회원으로 가입한 특정 고객만을 '추려내는 일'입니다. 이 말은 '특정한 자격'을 갖춘 사람만 골라 선택한다는 의미입니다. 다시 말해 "당신만이 우리에게 소중한 사람입니다! 다른 사람(비회원)들보다 훨씬 더 우대 받을 자격이 있습니다."라고 인정해주는 것입니다. 즉 한정된 고객들에게만 하는 '사랑 고백' 같은 것이라고 말할 수 있지요.

요컨대 회원이 아닌 사람은 '그 특혜를 누릴 수 없고' 당연히 그에 따라 '즐거운 일도 생기지 않는' 셈이지요. 그런 만큼 모바일 메시지를 이용한 비즈니스에서도 이 방법을 사용하는 것을 잊지 마십시오.

아래와 같은 기본 템플릿을 이용하여 특정한 회원들에게 '회원 한정' 이벤트 메시지를 보내 보세요.

"○월에 {상품 / 서비스}를 구입하고 회원 가입하신 분들은 다음번 구매 시 ○○%를 할인해 드립니다"

이렇게 하면, "○○% 할인"이라는 특혜를 받고 싶은 사람들은 ○월에 우리 매장을 방문할 가능성이 그만큼 높아질 것입니다.

[회원 한정] 메시지 템플릿	적용 예시
회원 여러분, 안녕하세요♪ 날씨가 많이 더워졌어요(>_<) 올해는 특별한 달이 끼어 있는 만큼, 한 가지 이벤트를 마련했습니다. 이제 ○월이 열흘밖에 남지 않았더군요 (>_<) 그래서 마련했습니다! [회원 한정 특별기획 이벤트] 특별한 의미를 가진 달, ○월에 {상품 / 서비스}를 구매하신 회원분들께만!! 특별히 {상품 / 서비스}의 금액을 ○○% 할인해 드립니다!! (○/○○일 까지) 회원만이 누릴 수 있는 기회입니다 ~! (^^) ♪	디오션 공식티켓몰 회원 여러분, 그 동안 잘 지내셨어요? 날씨가 많이 무더워졌네요. 올해는 코로나로 모두가 어려운 시기를 보낸 만큼, 힘내시라고 회원 이벤트를 특별히 마련했습니다. 8월도 딱 열흘밖에 남지 않았더군요. 그래서 마련했습니다! [회원 한정 8월 특별 이벤트] 8월에 호텔 레스토랑 메뉴를 예약하신 회원분들께!! 아래 첨부된 회원 전용 할인 쿠폰을 제시하면 레스토랑 전 메뉴를 10% 추가 할인해 드립니다. (8/31일 까지만 한정) 놓치지 마세요! 오직 회원분들께만 드리는 특별 찬스입니다. ^^

응용 포인트

❶ 회원으로 가입된 사람에 한해서만 특별 혜택이나 선물을 제공한다.

❷ 회원용 특별 서비스나 로그인해야만 보이는 회원 전용 메뉴를 만든다.

❸ 일반 가격과 달리 회원에게만 적용되는 특가를 따로 표시한다.

❹ '회원 한정', '특별', '비밀'과 같은 문구를 넣어 차별성을 강조한다.

❺ 1+1 이벤트처럼 상품 하나를 보너스로 더해 주는 것도 좋다.

⬭ 활용 사례들

⑤ [날짜 한정] 메시지로
고객에게 기쁨을 선사하라

기간이나 시간을 한정하는 것과 비슷하지만 1년에 한 번, 또는 평생에 한 번 밖에 돌아오지 않는 날을 활용해 맞춤형 1:1 다이렉트 메시지를 발송한다면 그 효과는 더 말할 필요가 없겠지요.

고객의 심리적 기대감이 큰 상태에서 직접 발송할 수 있다는 점에서 큰 마케팅 효과를 기대할 수 있는 방법이 바로 '특별한 날짜'를 활용하는 것이지요. 흔히 생일이나 결혼기념일 등이 대표적으로 꼽히지만, 11월 11일(빼빼로데이), 3월 3일(삼겹살데이) 매달 21일(둘이하나되는 부부의날), 새로 사귄 연인이나 젊은이들에겐 '만난 지 며칠째 되는 날'도 얼마든지 기념일이 되곤 합니다. 아이디어를 조금만 고민하면 특정한 날짜에 의미를 부여하는 것은 그리 어려운 일이 아닙니다.

기념할 수 있는 명분은 뭐든 만들면 될 정도로 다양합니다. 여러 기념일 중에서도 절대 빗나가는 일이 없는 '생일날 기념' 메시지를 샘플로 삼아서 메시지 활용법을 살펴봅니다.

⬤◯ 방법 : 고객이 특별히 기억할 만한 기념일에 축하 메시지와 함께 이 벤트를 제안한다

생일 축하 메시지는 재구매 고객뿐만 아니라 처음으로 방문한 고객을 구매 고객으로 전환시키는 데 꼭 필요한 기법입니다. 음식점이든 옷가게든 업종을 불문하고 효과가 큰 방법이라는 점도 장점이죠.

"이번 달에 생일이시네요", "생일 맞으셨군요. 축하드립니다." 라는 말을 들으면 누구나 기분 좋아합니다. 자신이 다른 사람들의 관심 대상이 되는 데다, 축하 인사를 듣고 기분 나빠할 사람은 세상에 없을 테니까요.

기념일은 '자축'을 하기도 하지만 주변 친구나 지인들이 챙겨서 선물을 하게 되는 경우가 더 많지요. 따라서, 생일이나 기념일을 맞는 당사자에게 보내는 축하 메시지도 의미가 있지만, 꼭 챙겨주어야 할 배우자나 가족, 친구의 기념일을 미리 알려줄 수 있다면 금상첨화일 것입니다.

그러잖아도 기념일 축하 선물이나 이벤트를 어떤 것으로 할까 고민하면서 몇몇 곳을 후보로 생각하던 중인데, 어떤 가게가 특별 제안 메시지를 때마침 보내 온다면 어떤 느낌이 들까요? 게다가 특별 선물까지 딸려 있다면, 세심한 관리와 센스에 고마운 마음까지 들 지도 모릅니다.

꼭 생일이 아니라도 기념일은 많습니다. 졸업, 입학, 어버이 날, 어린이 날, 추석 명절, 설 명절, 크리스마스 등 각종 기념일에 맞추어 이벤트를 기획하고 시기에 맞춰 메시지를 보내면 효과가 좋을 수 밖에 없습니다.

일단 구매 이력이 있는 고객에게 평소에 감사하는 마음을 담아 생일 축하 인사와 더불어 계속 이용해 달라는 메시지를 보내보시기 바랍니다.

최근에는 가족의 생일을 큰 행사처럼 생각하는 사람들이 많습니다. 때문에 그러한 기회를 놓치면 안되겠죠. 생일 기념 메시지는 작성하고 발송하는 방법도 비교적 간단합니다. 보통은 구매 고객의 생일, 예를 들어 ○월 ○일에 생일을 맞는 당사자에게 일일이 메시지를 보내는 것이 합당하겠지만 대상 인원이 많아지면 그것도 무척 번거롭습니다. 따라서 '이번 달에 생일이신 분들에게'와 같이, 생일을 맞는 달을 한정짓는 것이 좋습니다.

생일과 같은 기념일 선물은 꼭 당일에 닥쳐서 구매하는 것이 아니라, 1~2주 전에 미리 고민하고 예약하거나 사전 주문해서 배송일을 기념일로 맞추는 경우가 많습니다. 따라서 생일을 맞는 당일에 개별적으로 메시지를 보내는 것보다 '이번 달에 생일을 맞는 분들께' 한꺼번에 보내는 것이 효과적일 수 있습니다.

고객은 자기 생일만이 아니라, 주변에 챙겨주어야 할 다른 가족이나 친구들의 생일이 없는지도 함께 고민해볼 수 있겠지요. 어떤 선물이 좋을지 찾아보거나, 혹은 어떤 선물을 받게 될 지 기대할 수도 있지 않을까요?

다음과 같은 [기념일] 메시지 템플릿을 참고해서 특별한 날을 맞은 회원에게 행운 메시지를 보내 보세요.

이번 달에 생일 맞으신 분들께 기쁜 소식을 알려드립니다.

이번 달 안에 저희 가게를 찾아주시면 ○○○를 기념 선물로 증정해
드립니다.

※ 방문하실 때 생일을 증명할 수 있는 신분증을 제시해 주세요.

아래 메시지 템플릿과 예시 문안을 참고해 보세요.

[날짜 한정] 메시지 템플릿	적용 예시
★ 메시지 구독 회원 한정 ○월의 특별 서비스입니다. ■ ○월에 생일 맞는 분들에게♪ ★생일 선물★ ○○의 수제 케이크를 드시면 선물을 드립니다. ■ 서비스 기간은 ○월 한달 동안 (0일~00일) 언제든지 OK입니다! 꼭 찾아주세요♪ ※주문하실 때 받은 메시지 화면과 신분증(면허증 등)을 보여 주세요♪	■ 디오션리조트 구독 한정 8월에 특별한 날을 맞는 분들께 드리는 디오션리조트 특별 보너스! ★ 생일 / 결혼기념일 선물 ★ 디오션 호텔과 콘도패키지를 예약하시고 원하는 사진을 미리 보내주세요. 저희가 직접 제작한 포토액자를 선물로 드립니다. (체크인시 프론트에 문의) ■ 8월 1일~31일까지 (한달 동안) 언제든지 OK입니다! 잊지 말고 꼭 찾아 주세요! ^^ ※ 체크인 하실 때 이 메시지 화면과 생일 확인이 가능한 신분증을 보여 주세요!^^

응용 포인트

① 회원 한정 기념일 선물로 가입을 유인하여 미래 구매 고객을 확보한다.
② 다른 날이나 달보다 기념일이 속한 때의 서비스 폭을 늘려서 제안한다.
③ 생일을 맞는 달을 기준으로 혜택을 한 달 내내 이용할 수 있게 한다.
④ 단순 축하 메시지나 선물 이외에 다른 특혜나 선물을 함께 안내한다.
⑤ 기념일을 맞는 당사자 뿐만 아니라 전체 고객이 알 수 있도록 노출한다.

활용 사례들

6 **[장소 한정] 메시지로
실시간 반응을 일으켜라**

　혹시 교보문고에서 제공하는 [바로드림] 서비스를 아시나요? 방문한 문고 매장에서 사고 싶은 책을 발견하면, 그 자리에서 앱으로 결제하고 [바로드림] 코너에서 수령 확인만 하면 10% 온라인 구매 할인에 더해서 추가 마일리지를 얻을 수 있는 구입 방법입니다. 온–오프라인 통합 실시간 결제를 결합한 고객 유치 기법이지요.

　코로나19 감염병의 확산에 따라 '사회적 거리두기'가 전국민 행동 요령으로 요구될 때 하루에도 몇 번씩 삐삐–– 하는 경고음과 더불어 자동으로 폰으로 수신되는 알림 문자 메시지를 경험해 보셨죠. 지방 출장을 가보면 해당 지역에서 발생한 신규 감염 확진자 실태 및 동선 정보를 알리는 메시지들이 수시로 들어옵니다.

　[장소 한정] 메시지는 "지금 ○○매장 구매시 ○○% 추가 할인", "30분 내 오면 서비스 추가"와 같이 실시간으로 모바일 메시지를 보내고,

메시지에 '즉시 반응'하는 고객에게 추가 보너스나 혜택을 제공하는 방식입니다. 흔히 대형마트에서 실시하는 '10분 타임세일'과 같이 그 시각 그 장소에 있지 않으면 절대 기회를 가질 수 없는 이벤트가 대표적인 장소 한정 마케팅 기법입니다.

⬤ **방법 : 실시간 메시지를 보내 즉각 반응하는 고객에게 추가 혜택을 제공한다**

친구를 만나려고 지하철역 출구를 나와서 사방을 둘러보니 100미터 이내 3개의 카페가 눈에 들어옵니다. 어디로 들어갈까 망설이던 중에 갑자기 폰이 울리더니 "30분 내 방문 고객에게 쿠키 및 사이즈 업 서비스 제공"과 같은 메시지가 들어온다면 어떻게 행동할까요?

스마트폰에는 다양한 센서들이 장착되어 있는데 그 중에서 가장 이용도가 높은 것은 바로 위치 인식 기능입니다. 내비게이션 맵도 크게 발전되어 있어서 스마트폰의 위치 추적 기능만 이용해도 수십 미터 이내 기기를 탐지하고 해당 폰들에 모바일 메시지를 보낼 수 있습니다.

생각나는 즉시 누군가에게 메시지를 보낼 수 있고, 상대방이 휴대폰의 전원을 꺼두지만 않았다면 실시간 호출이 가능하다는 점이 바로 모바일 메시지가 갖는 최대 강점이죠. 실시간 메시지는 급한 경고에도 유용하지만, 예상치 못했던 '깜짝 제안'이나 '번개 호출'을 할 때도 유용합니다. 특정 거리 이내 모바일 기기를 확인하여 메시지를 보내는 방식을 흔히 '비콘 서비스'라 부릅니다.

이와 같이 스마트폰의 '위치 추적' 기능을 이용해 '특정한 위치'에 존재하는 사람들에게만 실시간 메시지를 보내는 것도 한정 기법 중 하나입니다. 실시간 제안이 가능하므로, 전혀 예상하지 못했던 이벤트나 깜짝 제안을 받게 하여 고객의 흥미를 일으키고, 매장으로 유인하는 고도로 진화된 모바일 마케팅 방법이지요.

따라서 적절한 타이밍에 유동 인구를 붙잡을 수 있는 재미 있는 이벤트를 만들어 낼 수 있다면 실시간으로 즉시 행동을 유발하는 메시지를 잘 활용하는 것도 고객을 늘리는 효과적인 방법이 될 것입니다. 여기서 특히 중요한 것은 타이밍이 얼마나 유효 적절한가 여부겠죠.

편리하다고 무턱대고 성급하게 사용하지는 마세요. 어디까지나 미래 구매 고객을 늘리고 정착시키기 위해서 사용하는 것이라는 점을 잊으면 안됩니다. 판에 박힌 광고 문구만 보낸다면 고객은 우리 가게에서 떠나버릴 수도 있습니다. 실시간 번개 메시지는 편리한 도구지만 잘못 사용하면 스팸으로 취급될 위험도 있습니다.

[장소 한정] 메시지 템플릿을 활용해서 특정한 범위 안에 있는 사람에게만 실시간 번개 메시지를 날려 보세요.

○○날, ○○ 매장으로 직접 방문하는 고객에 한해 특별 선물을 제공합니다!!
저희 매장의 대표 상품인 {상품 / 서비스}을 ○○% 할인해 드립니다.
지금 바로 ○○로 오셔서 행운을 잡아 보세요.

아래 메시지 템플릿과 예시 문안을 참고해 보세요.

[장소 한정] 메시지 템플릿	적용 예시
안녕하세요. ○○○입니다. 어제도 회원 여러분 덕분에 매장이 손님들로 북적였습니다! 감사합니다. 그런데 오늘은 갑자기 비가 내린 탓인지 손님이 많이 줄었네요. 비오는 날 깜짝 이벤트로 방문 고객께 특별 서비스를 제공합니다!! 저희 매장의 대표 상품인 {상품 / 서비스}의 값을 절반만 받겠습니다. 지금 바로 오시면 반값에 드립니다.	안녕하세요. 디오션리조트입니다. 어제도 회원님들 덕분에 저희 디오션리조트가 손님들로 북적였습니다. 정말 감사합니다. 그런데 오늘은 갑자기 비가 내린 탓인지 찾아주신 고객님이 많이 줄었네요. ★ 비오는 날 깜짝이벤트로 방문고객께 특별서비스를 제공합니다!! 저희 호텔 레스토랑의 대표 상품인 가성비 높은 참돔&우럭 회세트와 바비큐 세트 값을 절반만 받겠습니다. 지금 바로 오시면 반값에 드립니다. ※ 출발 20분 전 미리 예약 전화 주세요...^^

응용 포인트

❶ 장소와 거리를 감안해 실시간 반응을 보일 수 있는 사람들에게만 보낸다.

❷ 회원 한정 또는 특정 행동(예: 매장 방문) 수행 조건을 조합하여 제안한다.

❸ 실시간 반응이 가능하도록 적절한 타이밍을 선택하여 발송한다.

❹ 사람들이 행동에 나설 만한 메리트를 갖춘 상품이나 서비스를 제시한다.

❺ 즉시 행동해야 얻을 수 있는 혜택이라는 점(긴급성)을 부각시킨다.

활용 사례들

chapter

3

'이벤트' 메시지로
고객의
참여를 일으켜라

"팔지 말고 사게 하라!"

　말은 쉽습니다. 하지만 세일즈 전선에서 가장 성공하기 어려운 미션입니다. 나는 팔고 싶지만, 사줄 사람은 내가 아닌 고객이기 때문이죠. 동네 가게든 온라인 쇼핑몰이든 모든 사업주의 고민은 한결같습니다. 어떻게 하면 우리 매장에 새 손님이 찾아 오고, 들어온 손님이 뭐라도 사게 할 것인가 하는 것이죠.

　과제는 두 가지입니다. 첫째는 사람들에게 우리 가게로 찾아오게 하는 것! 둘째는 찾아온 손님이 우리 상품에 매력을 느껴서 사게 만드는 것! 먼저 찾아 들어오도록 하지 못하면 사게 하는 것은 시도조차 할 수 없습니다. 우리가 홈페이지를 만들고, SNS 채널을 열고, 여기저기 광고를 하는 것도 목적은 하나입니다. 단한 명이라도 우리 가게가 어디 있는지 알게 하고, 단 한 번이라도 방문하게 만드는 것!

　그렇다면 우리 가게나 쇼핑몰의 존재를 알리고, 사람들이 한 번이라도 찾아오게 하는 데 가장 효과적인 방법은 무엇일까요? 미래 가망 고객이 우리와 첫 만남을 갖도록 하는 사건, 그게 바로 '이벤트'입니다!

　이벤트(event)는 여러 방면에서 무척 다양한 뜻으로 쓰입니다. 보통 일상 생활에서는 '특별한 날을 기념하여 선물이나 마음을 전하는 행사'를 이르는 말로 많이 쓰이지요. 사전을 찾아보면, '어떤 일이나 행동이 벌어지는 계기나 시점, 혹은 사건'을 뜻합니다. 그래서 판매 비즈니스에서 '이벤트'는 뜻 그대로 '고객과 만나는 계기이자 사건'인 것입니다.

　새로운 잠재고객을 발굴해서 끌어오고, 단 한 번이라도 우리 상품을 사게 하고, 한 번 산 고객이 다시 재구매를 하게 하려면 이벤트는 많으면 많을수록 좋습니다. 앞서 설명한 '한정' 방법을 이용한 메시지 제안이나 뒤에서 다루게 될 다양한 메시지 기법도 크게 보면 모두가 이벤트 제안의 일종입니다.

우리 상품이나 서비스에 대해 전혀 들어본 적이 없거나, 잘 알지 못하는 사람들의 눈길을 끌기 위해서는 이벤트가 그만한 매력을 갖고 있어야겠죠. 기껏 비용과 노력을 들여서 이벤트랍시고 공들여 집행을 했는데 아무도 눈여겨 봐주지 않는다면 아까운 돈만 허비하고 의도한 효과는 얻지 못하는 실패작이 될 테니까요.

많은 이벤트 유형이 있지만 예나 지금이나 가장 많은 사람들의 관심을 끌어들이는 방법은 누가 뭐래도 '공짜' 이벤트입니다. 옛말에 "공짜라면 양잿물도 먹는다"는 속담이 있지요. 먹으면 죽는 줄 알면서도 공짜라면 먹는다는 비유이니, '무료'의 효과는 예나 지금이나 변함이 없다는 얘기죠. 하지만 무료 이벤트는 언제든 맘만 먹으면 할 수 있는 게 아닙니다. 사람들이 열광할 정도였다면, 그 만큼 우리 비용이 나갔다는 말이니까요. 이벤트는 혜택을 보는 쪽에는 횡재겠지만, 혜택을 주어야 하는 쪽에는 고스란히 비용으로 돌아옵니다. 광고를 하는 것도 마찬가지이지만 이벤트를 기획하고 집행할 때는 늘 '비용 대비 효과'를 꼭 신중하게 따져 보아야 합니다.

비용에 비해 높은 효과를 올릴 수 있는 이벤트를 만들어내는 능력이야말로 유능한 마케터가 갖춰야 할 최고의 자질입니다. 잘 만든 이벤트 하나가 열 광고를 이길 수 있습니다! 이번 장에서는 다양한 이벤트 메시지를 이용해서 잠재고객의 구매 반응을 이끌어 낼 수 있는 구체적인 방법들을 함께 찾아 봅니다.

[무료 이벤트] 메시지로 손가락을 멈춰 세워라

"세상에 공짜는 없다!"고들 하죠. 반면에 "세상에 공짜 만큼 무서운 것은 없다!"고도 말합니다.

사람들은 '무료'로 뭔가를 주겠다고 하면 분명히 숨은 꿍꿍이가 있을 거라고 의심합니다. 그럼에도 불구하고 '도대체 뭘 공짜로 준다는 거지?' 하면서 슬그머니 눈길을 보냅니다. 그 만큼 공짜 마케팅의 힘은 강합니다. '무료 이벤트'가 사람들의 시선을 끌고 첫 방문을 일으키는 데 가장 강력한 무기로 쓰이는 까닭은 바로 '무료' 제안이 발휘하는 '거부할 수 없는 힘' 때문입니다.

◖◗ 방법 : '무료' 이벤트 메시지로 고객의 시선을 붙든다

쇼핑몰에 들어온 신규 방문자가 회원 가입을 하면 즉시 사용 가능한

마일리지를 선물해 주죠. 대표적인 '공짜' 마케팅 전략입니다. 어차피 쇼핑몰에서 구매할 때 아니면 사용할 수 없는 포인트죠. 고객이 사용하게 되면 그만큼 비용이 나가지만 회원 가입과 첫 구매를 일으키는 데 이 만큼 효과적인 '미끼'도 드물지요.

메시지를 마케팅에 활용할 때도 마찬가지입니다. 상품이나 서비스를 '무료'로 제공하는 기법을 잘 활용하면 다른 어떤 이벤트보다도 큰 효과를 볼 수 있습니다. 하지만 무료 이벤트를 남발하게 되면 우리 상품의 가치를 떨어뜨리고, 돈을 주고 산 고객들의 불만을 키울 수도 있습니다. 평소 구매 수준에 비추어 고객들이 우리 가게의 단골이 되기를 잘했다고 생각할 정도로만 사용하는 게 좋습니다.

아무리 성능과 품질이 뛰어난 제품이라 해도 둘러보면 우리보다 뛰어난 경쟁자가 넘치는 곳이 시장입니다. 경쟁 업체를 이기려면, 우리 가게가 '고객을 얼마나 소중하게 생각하는지' 그리고 '재구매 고객을 어떻게 우대하는지' 먼저 알려야 합니다. '다른 곳과는 확실히 다르다'는 점을 고객이 체감하도록 해야만 재구매가 일어나고 단골 손님이 늘 테니까요. 이 때 가장 효과적인 것이 바로 '무료' 이벤트입니다.

다음과 같은 '무료 제안' 메시지를 통해 고객의 첫 방문을 일으키고, 나아가 재구매를 유도해 보세요.

[무료 이벤트] 메시지 템플릿	적용 예시
[회원 한정 특별 이벤트 ★ Xmas 무료 선물!] ① ○○○ 15,000원→0원! ② ○○○ 증정! 크리스마스가 한 달 앞으로 다가왔습니다! 오늘부터 12월 25일까지 ○○○에서 무료 선물을 드립니다!	슝슝슝 회원 한정 특별 이벤트 슝슝슝 2019년 Xmas 무료 선물 대잔치!! ① 디데이 성장달력 15,000원 →0원! ② 테라피 20% 할인권 신청자 전원 제공! 크리스마스가 한 달 앞으로 다가왔습니다! 오늘부터 12월 25일 까지 라둘라스에서 무료 선물을 무제한 쏩니다!

사례 예시 참여업체 소개

* 라둘라스는?

▶ 상호 : 라둘라스 (대표 김옥선)

▶ 업태 : 서비스업

▶ 종목 : 임산부관리(피부미용), 대한출산둘라협회

▶ 개요 : 라둘라스는 경기도 부천시 중동에 위치한 임산부 산전산후관리 전문 센터입니다. 임신부터 출산 그리고 산후 관리까지 토탈케어 서비스를 제공하고, 병원 및 기타 단체의 임산부 관련 종사자들에게 출산전문가인 둘라(Doula : 출산 동반자)양성 교육을 실시하면서 자연주의 출산 캠페인을 통해 우리 사회에 올바른 출산문화가 자리잡도록 선도하고 있습니다.

▶ 상품 :

1. 자연주의출산교육 - 출산의 주체인 부부에게 "아기 어떻게 낳을까?"라는 주제로 산모와 아기의 출산해부학을 교육하고 임신 또는 출산중 올바른 신체적, 정서적 지지를 통한 순산교육 제공

2. 산전관리 - 순산을 위해 바른 몸 ,바른 생각을 갖도록 케어 합니다. 식이요법, 운동, 출산의 다양한 정보를 주고 출산에 필요한 체형 관리 제공

3. 출산둘라 - 고객이 출산하는 장소로 둘라가 파견되어 출산 시 산모를 1:1집중 케어 합니다. 이완 및 감통테크닉, 불안전한 아기의 태위, 골반과 아기의 균형을 잡아 순산하도록 페이스메이커 역할 제공

4. 산후관리 - 출산후 산모의 바디 케어 및 신생아 케어, 모유수유 지도관리

5. 출산둘라양성과정 - 간호사, 간호조무사, 임산부요가 및 필라테스 강사 등을 대상으로 출산 관련 전문 지도자를 양성하는 과정

❶ 쿠폰은 '무료'와 '할인'을 병용하여 '무료 효과'를 눈에 띄게 한다.

❷ 짧은 기간 안에 같은 상품을 '무료'로 반복 제공하는 것은 피한다.

❸ 계절이나 기념일 등 적절한 이벤트에 맞춰서 발송한다.

❹ 21일(부부의 날)과 같이 정기적인 날이나 기념일에 맞춰서 발송한다.

❺ '회원 한정 무료', '재구매 고객 무료' 식으로 제목에 '무료'와 '한정' 문구를 강조한다.

일주일에 한 번 쿠폰을 보내면 그 효과가 일주일 동안 지속됩니다. 메시지에 '회원 한정 할인' 메뉴에 덤으로 'ㅇㅇ 무료' 쿠폰을 추가하는 것도 좋습니다. 고객이 좋아할 만한 '대박 할인' 쿠폰을 메시지로 발송하면 무료와 비슷한 판촉 효과를 기대할 수 있습니다.

무료 이벤트 제안 메시지는 우리 주변에서도 쉽게 찾아볼 수 있습니다. 여러 가지 사례들을 참고하여 여러분 만의 개성이 넘치는 무료 이벤트 메시지를 만들어 보세요.

템플릿 (추가 예문)

런치 타임 한정 특별 보너스	특정 기념일 한정 무료 이벤트
항상 저희를 찾아주셔서 감사드립니다. 런치 타임 특별 보너스 ○○ 시부터 ○○시까지 오늘의 런치는 ○○○ 세트입니다. ○○○○원입니다. 하지만 회원 한정으로 ○○○원에 제공해 드립니다. ※ 주문하실 때 이 화면을 보여주시기 　바랍니다. 　매주 특별한 쿠폰과 함께 메시지를 　보내드립니다. 　금주의 특별 쿠폰 　○○○ 무료! 　유효기간 : 2020.0.00.~ 0.00 ※ ○○ 메뉴를 주문할 때만 사용할 수 　있습니다. 　- 쿠폰 하나당 하루에 2개까지만 　　제공됩니다. 　- 유효기간 중 몇 번이든 사용하실 　　수 있습니다. 모두가 기다리고 있겠습니다.	안녕하세요! ○○○입니다. 여러분, 내일은 ○○○ 날이에요~♪ 드디어! 왔습니다! 고객들을 위한 더블 무료 이벤트!! • 보너스1 "○○○ 무료 티켓"을 드립니다! ※ 다음번부터 사용하실 수 있습니다. • 보너스 2 그리고! "○○○ 무료"도 준비돼 있습니다! ※ 사람이 많으면 기다려야 할 수 　있습니다. ※ 전화 예약은 불가합니다. • 보너스 3 하나 더! 여성분들은 꼭 보세요! ○○○ 서비스가 있어요♪ 모든 페이셜 메뉴가 ○○○원 → ○○○원으로! ※ 서비스 받으실 때, 이 메시지를 　보여주세요. ※ ○월 ○일(○요일) 한정 서비스입니다.

활용 사례들

② [할인 이벤트] 메시지로 구매욕을 자극하라

'무료' 이벤트와 더불어 가장 흔히 이용되는 판촉 수단은 다름 아닌 '할인' 이벤트입니다. 특히 한번이라도 구매한 적이 있는 고객에게 보너스 찬스를 주고자 할 때 제일 먼저 떠오르는 것이 할인 행사지요. 먹거리 장사라면 사람들이 제일 자주 먹는 메뉴를 좀 더 저렴한 가격에 제공하고, 반복 구매가 일어나는 생필품이라면 평소 많이 애용하는 상품을 정가보다 더 싼 값으로 제공하는 방법입니다.

방법 : '할인 이벤트' 메시지를 보내서 고객의 구매욕을 깨운다

'할인'이라는 단어가 눈에 들어오는 순간 우리 뇌는 거의 본능적으로 반응합니다. "도대체 얼마나 할인을 해준다는 거지?" 궁금증이 발동합니다. 화면을 스크롤하던 손가락이 멎고, 눈은 나도 모르게 메시지 내용을 훑어보기 시작합니다. 지금 당장 꼭 필요한 상품이 아니어도 "혹시나" 하는 마음에 다시 읽게 됩니다.

'회원 한정'이라고 하면 내가 딴 사람들에 비해서 특별한 대우를 받고 있다는 느낌이 들지요. 이곳에 회원으로 가입하기를 잘 했다는 확신이 생겨납니다. 이같은 효과는 단지 메시지에서만 나타나는 게 아닙니다. 행인을 상대하는 가게나 온라인 쇼핑몰에서도 '할인'은 방문자를 멈춰 세우는 강력한 힘을 발휘합니다.

오늘도 수많은 업체들이 경쟁적으로 할인 이벤트를 실시합니다. 그런데도 할인 안내문이 사람들의 시선을 붙드는 효과는 좀처럼 사그라들지 않습니다. 신기할 정도지요. 망설이지 말고 일단 시도해 보세요.

한 달에 두 번 정도 정기적으로 할인 이벤트 메시지를 보내 보세요. '할인의 흡인력'만으로도 방문자 수가 2배 이상 늘어나는 놀라운 경험을 할 수도 있을 테니까요.

'할인의 힘'은 꼭 할인한 상품 하나에만 적용되는 게 아닙니다. 전단지에 소개된 '계란 한 판' 할인가로 사려고 마트에 들렀다가 수레 한가득 장을 보게 되는 경우를 생각해 보세요. 특정 상품의 할인 가격에 낚여서 다른 상품까지 추가 구매하게 되는 것도 '할인'이 가진 숨은 마력 탓입니다!

<table>
<tr><th>[할인 이벤트] 메시지 템플릿</th><th>적용 예시</th></tr>
<tr><td>오늘 신메뉴 ○○○○ 드디어 출시!!

시판 기념으로 ○○ 반값 이벤트를
준비했습니다!!
새로운 ○○도 출시되었으니 꼭 드셔
보세요!

○○월부터 겨울 메뉴로 바뀌기 때문에
가을 메뉴를 즐길 수 있는 시간이
이제 얼마 남지 않았습니다...
그러니 꼭 ○○○로 오세요!
[오늘부터 ○일 동안 회원들에게만
모든 ○○를 반값에 쏩니다!!]
○○ % 할인 쿠폰과 함께 사용할 수
있습니다.

※ ○○시 반 이후부터 사용 가능합니다.
※ 유효기간 : ○월 ○○일까지</td><td>숲숲숲 라둘라스 뉴 프로그램 출시 기념 대할인 이벤트 !!

"산후 2day 방문케어 모유수유 마사지 및 코칭" 30%
30% 특전을 준비했습니다!!!

간호사이자 둘라, 국제모유수유전문가가 직접 산모와 신생아가 있는 집으로 방문하여 아기의 첫 음식, 모유 잘 먹이기 프로젝트를 시작합니다!
- 혼자서 모유수유 막막하신 분!
- 자꾸 젖몸살이 생기는 분!
- 모유수유 기초 지식이 없는 분!
- 아기가 잘 먹고 있는지 궁금하신 분!
- 젖 양을 가늠할 수 없는 분!
- 수유 자세부터 교정이 필요한 분!

이런 분들은 꼭 신청하세요!

[오늘부터 3일 동안 회원들에게만
"엄마젖 먹이기 성공 프로젝트]를 30% 할인 특가로 쏩니다!!]
10% 할인 쿠폰과 함께 사용할 수 있습니다.

※ 유효기간 : 아기 출생일로부터 2개월!
※ 5월부터는 할인이 적용되지 않습니다.</td></tr>
</table>

응용 포인트

❶ 할인율이 크면 클수록 주목 효과도 커진다. ('반값 이벤트'가 직관성이 높다.)

❷ 신규 가입 및 첫 구매를 유도할 때 할인의 효과가 특히 크다는 점에 유의한다.

❸ 할인 제품과 연관된 상품이나 신상품을 구비하여 추가 구매를 유도한다.

❹ 비수기에 파격 할인 가격을 제안한다. (예: 여름에 겨울 용품 할인 제안)

❺ 특정한 시즌이 도래하거나 기념일이 다가오면 그에 맞추어 정기적으로 발송한다.

이와 같이 쉽게 따라할 수 있으면서도 효과가 큰 방법이 바로 '할인 이벤트'를 활용하는 기법입니다.

아래 제시한 예시 문안들을 활용하여 직접 '할인 이벤트' 메시지를 작성해 보세요.

◯◯ 템플릿 (추가 예문)

특정 대상 할인 이벤트	회원 한정 할인 이벤트
안녕하세요~ ◯◯◯도 즐거운 ◯◯휴가를 보냈습니다. 벌써 ◯월도 다 끝나가네요! 계절의 끝자락에 펼쳐지는 엄청난 시즌 마감 이벤트 ~ ◯◯ + ◯◯ 00,000원 ※ 오늘부터 ◯월 말일까지! 　초중고생 한정 특가 *◯◯* 메시지를 보여주시면 　00,000원 환절기 건강 관리에 더욱 유의하시고, 꼭 방문해 주시기 바랍니다.	[◯◯◯ 회원을 위한 대박 할인 이벤트!] ◯◯/◯◯(◯) ~ ◯◯/◯◯(◯) 이틀 동안 회원 한정 특가 대방출! ★ ◯◯◯ 비용 000원! ※ 주문시 이 메시지를 제시해 주세요. ※ 대박 할인이기 때문에 한 사람당 　하나씩만 할인 가능합니다. ※ ◯◯◯은 대상에서 제외됩니다. ★ 많은 분들이 문의해 주셨던 　◯◯◯이 드디어 들어왔습니다!

활용 사례들

3 [특별 이벤트] 메시지로 눈길을 사로잡아라

'날이면 날마다' 오는 기회라면 이벤트라고 부를 수 없겠지요. 모든 이벤트는 '특별'해야 합니다. 365일 하루도 빠짐 없이 "점포 정리! 폐업 임박! 90% 파격 세일!" 현수막을 내붙이고 철 지난 아웃도어 의류나 등산용품을 1년 내내 할인가로 파는 매장들을 종종 볼 수 있지요. 그런 가게들을 보면 어떤 생각이 드시나요?

웬만큼 브랜드가 알려져 있는 제품이라 해도 할인 상품의 품질이 과연 괜찮을까 의심하게 됩니다. 물건에 하자가 있어서 비품으로 처리된 것들을 '떨이'로 내다 파는 것은 아닐까 싶은 마음에 선뜻 걸음이 내키지 않습니다. 이와 같이 할인 이벤트는 단지 할인율만 높다고 모두 성공하는 것은 아닙니다.

⦿○ 방법 : '특별한 명분'이 생긴 때나 '기념일'에 맞춰 이벤트를 제안한다

이벤트는 우연한 사건, 또는 특별한 계기와 연관될 때라야 사람들이 취지를 수긍하고 의심을 덜 하게 됩니다. 따라서 이벤트를 하게 된 동기나 사연을 특혜 내용과 결합하여 제시하는 게 바람직합니다. 이벤트의 사연에 맞는 사람이나 주인공에 한해서 특별히 기회를 주어야만 진짜로 '특별 대우'를 받는다고 느끼기 때문이지요.

그러므로, 재구매 고객을 꾸준히 늘리고 유지해 나가려면 여러 가지 이벤트 계기를 적절히 이용해야 합니다. 크리스마스나 밸런타인데이, 어린이날, 어버이날과 같이 이벤트 사유로 활용할 수 있는 "날"들이 1년 내내 널려 있습니다. 심지어 해마다 "○○년 연간 마케팅 캘린더"가 만들어져 공유되기도 합니다.

꼭 이벤트 캘린더에 적혀 있지 않더라도 우리 가게나 몰과 연계하여 우리만의 이벤트 "날"을 만들 수 있습니다. 11월 11일을 '가래떡데이'로 홍보하거나, 3월 3일을 '삼겹살데이'로 이름 붙여서 판촉 이벤트를 진행하는 게 대표적인 사례지요. 이런 '우리의 날'들을 만들어서 잘 활용하면 '노다지' 효과를 일으키기도 합니다.

이벤트는 '명분'을 만들어 가미해야 효과가 배가됩니다. '특별한 사유'가 없는 이벤트는 '특별한 혜택'이 없는 이벤트만큼이나 맹탕으로 끝날 수 있다는 점을 잊지 마세요!

아래 예시 템플릿을 참고하여 우리 가게만의 '특별한 날'을 독창적으로 만들어 보면 어떨까요?

[특별 이벤트] 메시지 템플릿	적용 예시
2월 14일은 밸런타인데이입니다. 본점에서는 2월 13~14일 이틀 동안 '밸런타인 쇼콜라 롤케이크'를 판매합니다. 익숙한 쌉싸름한 쇼콜라 롤케이크 위에 빨간 딸기를 올린 감각적인 롤케이크입니다. 소중한 사람, 가족, 친구에게, 그리고 나를 위해 선물해 보시지 않겠습니까? 수량이 한정되어 있으니 서둘러 주세요!	3월 14일은 화이트데이 입니다. 라뮬라스에서는 3월 13~14일 이틀 동안 "남편 및 지인"되시는 분께서 산전/산후 테라피 프로그램 티켓을 선물하시면! 20%를 특별 할인해 드립니다! 임신과 출산, 육아로 지쳐있는 임산부에게 최고의 선물을 전해 보세요! 수량이 한정되어 있으니 서둘러 주세요... ^^

응용 포인트

❶ 할인 명분이 떨어졌을 때는 우리 가게만의 독창적인 이벤트를 만든다.

❷ 사람들에게 자연스레 입소문이 날 만한 이벤트 스토리를 준비한다.

❸ 가족, 친구, 연인들의 기념일(이벤트 캘린더)에 맞춰 이벤트를 기획한다.

❹ 기념일 이벤트라면 이벤트 당일보다 그 전날에 발송하는 게 효과적이다.

❺ 이벤트 참가 신청을 '한정 예약'으로 미리 받아 참여 기대감을 높인다.

재구매 고객에게 '할인'이나 '무료' 서비스를 덤으로 제공하는 것도 좋지만, 왜 그런 이벤트를 열게 되었는지 행사의 취지나 특별함을 강조해 고객의 참여를 호소하는 것도 효과적입니다.

추가해 드리는 이벤트 알림 템플릿을 활용해 나만의 이벤트 메시지를 만들어 보세요.

⬤ 템플릿 (추가 예시)

가위바위보 게임 이벤트	어버이날 효도선물 이벤트
"가위바위보 게임 이기고 ○○○를 받자!" 오늘부터 ○○일까지 매일 저녁 ○○시부터 ○○까지! 매장 직원과 '가위바위보 게임'을 해서 이기면 '○○○'을 무료 서비스로 드립니다. 이 메시지를 직원에게 보여주세요. 가위바위보에 약해보이는 직원을 찾아보세요. ^^	안녕하세요! ○○○입니다! 회원 한정! 어버이 날 기념 효도 선물! 사전 예약 방법을 안내해 드립니다 ♪ ○○○ 등 총 9가지 요리로 가득한 [어버이날 감사 스페셜 세트] ○○일까지 미리 예약하신 회원에 한해 정가 "00,000원"인 메뉴를 특가 "0,000원"에 제공합니다!!

⬤ 활용 사례들

4 [깜짝 이벤트] 메시지로 즐거움을 선사하라

2019년이 저물어가던 즈음, 중국에서 원인 모를 폐렴 뉴스가 들려올 때만 해도 그냥 이웃나라 얘기겠지 싶었습니다. 하지만 2020년 내내 전 세계가 2차세계대전 때보다 더 심각한 바이러스와의 전쟁에 시달리고 있습니다. 세상에는 전혀 예상치 못했던 수많은 일들이 일어납니다. 우리들의 일상도 마찬가지입니다. 뜻밖의 일들이 터지는 게 당연시되어 웬만한 소식에는 쉽게 놀라지도 않습니다.

살기가 힘들고 삶이 어려워질수록 복권이나 도박 같은 사행성 사업이 번창한다고 합니다. 현실에서 좋은 일이 생기길 기대하기 어려우니까 "혹시나" 하는 심정으로 행운에 기대는 것이지요. 사람들의 이와 같은 기대 심리를 이용해 고객을 늘리는 방법 중 하나가 바로 '서프라이즈' 이벤트입니다.

방법 : '깜짝 놀랄만한' 이벤트를 예상치 못하게 제시하여 기쁨을 준다

'서프라이즈'란 '깜짝 놀랄 만한, 평범하지 않은' 서비스를 말합니다. 고객들이 "헐, 레알(진짜)?" 혹은 "이거 실화임?"이라고 반문할 만한 것들이죠. 간단히 말해 '놀라운 가격, 놀라운 제안'이라고 할 수 있을 겁니다.

그렇다고 해서 억지로 '놀라운 가격'을 만들 필요는 없습니다. 보통 '서프라이즈' 형식의 깜짝 이벤트는 친한 친구나 연인, 가족들을 위해 주인공 몰래 특별한 선물을 준비하여 예기치 않게 보여주는 방법을 이용합니다. 직접 준비하기 어려울 때는 출장 서비스를 요청하기도 하지요. 이벤트 대행 전문 업체들은 '언제, 어디든' 부르면 달려오니까요.

서프라이즈 이벤트의 핵심은 두 가지입니다. 깜짝 놀랄 만한가? 상상 초월인가! 두 가지 모두 갖고 있다면 최상이고, 그중 하나라도 갖고 있다면 메시지 마케팅에서도 얼마든지 활용할 수 있습니다.

"이 상품이 어떻게 이 가격에?" 또는 "이 계절에 어떻게 이런 상품이?"와 같은 의외성을 선사할 수 있다면 그런 내용으로 메시지를 만들어 직접 고객들에게 보내 보세요. 메시지를 받은 사람들은 놀라움 반 호기심 반으로 우리 가게나 쇼핑몰로 찾아 올 수 있습니다. 그리고 그 기대에 미치는 만족감을 선사할 수만 있다면, 더 많은 고객들이 재구매를 하게 될 것입니다.

"놀라움이 기대로 바뀌고, 기대감이 만족스런 경험으로 충족될 때" 서프라이즈 이벤트는 효과적으로 고객을 늘려줍니다.

첨부한 템플릿을 참고하여 지금 바로 고객을 놀라게 할 만한 깜짝 이벤트 메시지를 보내 보세요!

[깜짝 이벤트] 메시지 템플릿	적용 예시
안녕하세요. ○○○입니다. 추석은 잘 보내셨나요? 주부 여러분, 꼭 보세요!! "○일 한정! ○○○를 1인당 000원 이벤트!!"를 개최합니다. 기간 : ○월 ○일(○) ~ ○월 ○일(○) 대상자 : 모든 방문자	안녕하세요, 라눌라스 입니다. 추석 명절은 잘 보내셨나요? 육아와 명절을 함께 챙기시느라 많이 힘드셨죠? 응원차 준비한 이벤트입니다. 꼭 보세요! *2일 한정! [맘튼튼 테라피] 파격 특가 제공! 130,000 →70,000원 기간 : 10월 1일 ~2일 (딱 이틀간) 대상자 : 모든 방문자!

응용 포인트

❶ 할 거면 제대로 해야 한다. 놀라운 가격, 파격적인 선물을 제시한다.

❷ 자주 발송하지 말고 '이때다!' 싶을 때만 제한적으로 사용한다.

❸ 깜짝 메시지를 발송할 때는 초점을 잃지 않게 다른 공지는 피한다.

❹ 고객이 적은 비수기나 휴가 시즌, 긴급한 상황에 맞추어 발송한다.

❺ 먼저 받은 사람들이 딴 사람들에게 자발적으로 전파할 수 있도록 유인
한다.

활용 사례들

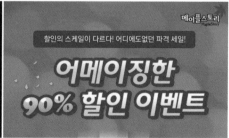

5 [날씨 이벤트] 메시지로 기대감을 갖게 하라

우산 장수와 짚신 장수를 두 아들로 둔 어머니가, 비가 오면 짚신이 안 팔릴까 걱정하고, 날이 개면 우산이 안 팔릴까봐 걱정한다는 재미있는 옛날 이야기가 있지요.

실제로 비가 내리는 날은 사람들의 행동이 움츠러들어 오프라인 매장을 찾는 고객들이 줄어들곤 합니다. 하지만, 비가 오는 날에 이벤트를 마련해서 이런 상황을 극복하는 방법도 있습니다. 눈은 겨울철이 되어야만 볼 수 있지만, 비는 사계절 언제든 내릴 수 있기 때문에 날씨 이벤트와 연동하여 활용하기에 좋습니다. 이른 바 '우천시 할인' 이벤트로 부르는 방법입니다.

⚪ 방법: 비 오는 날 방문 손님에게 구매액의 절반을 쿠폰으로 돌려준다

'우천시 할인'은 말 그대로 비 오는 날에 할인을 해주는 것입니다. 특히 카페나 음식점 등에서 많이 실행하고 있고, 효과도 뛰어납니다. 흔히 비가 내리면 "파전에 막걸리 먹기 좋은 날"이란 말을 습관처럼 하지요. 실제로 파전을 메뉴로 갖고 있는 음식점에서 비오는 날 오는 손님에게 특별 할인을 해주거나 다음 번에 이용할 수 있는 쿠폰을 지급해준다면 고객 입장에서 기억에 남을 수밖에 없겠지요.

다들 집밖으로 나가고 싶지 않은 날씨에 고객들이 가게를 찾아오도록 하려면 그만한 혜택을 느끼게 해줘야 합니다. 할인 대상 상품은 날씨가 안 좋을 때 잘 팔리지 않는 것으로 해도 좋고, 평소에는 고객들이 손을 대지 않는 상품이어도 괜찮습니다. 필요하긴 하지만 평소에 살까 말까 고민하던 상품을 특별히 할인한다고 하면 금방 사고 싶은 마음이 커질 테니까요.

따라서 날씨에 맞춘 할인 이벤트 안내 메시지가 발송된다면, 할인이나 상품에 대한 기대도 높아질 것입니다. 신발이 좀 젖는 불편을 감수하더라도 "그 상품을 싸게 판다면 한 번은 가보자" 하는 마음이 일어날 수 있으니까요. '비오는 날 할인'을 고정적으로 하다보면, 비 오는 날을 기다리는 고객들이 생겨날 수도 있을 겁니다.

비나 눈이 내리면 가게를 찾는 손님이 줄어들기 쉽습니다. 따라서 날씨에 맞춰 할인 메시지를 게릴라식으로 발송하면 효과가 좋습니다. 할인의 명분은 "눈이 오고, 비가 와도 힘들게 찾아와 주시는 고객분들께 특별히 감사의 마음을 전하고 싶어서!" 하나면 충분합니다.

이러한 날씨 연동 이벤트 메시지는 비가 오니까, 또는 눈이 오니까

보낸다는 식으로 가볍게 여기면 안 됩니다. 고객들의 방문 수고에 보답하는 계기로 삼아 지속적으로 적극 활용하는 게 좋습니다.

자, 안 좋은 날씨를 거꾸로 이용하여 오늘의 매출을 올려 보세요.

아래 예시 템플릿을 참고하여 비 오는 날 고객을 찾아 오게 할만한 메시지를 날려 보세요!

[날씨 이벤트] 메시지 템플릿	적용 예시
안녕하세요. ○○○입니다. 오늘은 비가 오는데요... 저희가 준비한 이벤트를 보시고 기분 전환해 보세요! ^^ 지금부터 오늘 방문 고객 모두에게 ! 구매 금액의 50%를 쿠폰으로 돌려드립니다. 그리고... 대출혈 추가 보너스! ^^ 14시~18시에 오시는 분들께 드리는 1+1 찬스! ○○○세트&○○○세트를 2명이 오면 "1명은 무료"로 드립니다. 여러분의 방문을 기다리고 있겠습니다.	안녕하세요.. ^^ 라돌라스 입니다! 오늘은 비가 내리네요… 날씨가 흐리면 임신으로 인한 통증에 더 예민해지게 마련이죠... ㅜㅜ 저희가 준비한 이벤트를 보시고 맑은 기분으로 바꿔 보시기 바랍니다^^ 오늘 방문하시는 분들께는 프로그램 계약 금액의 30%를 쿠폰으로 되돌려 드립니다. 그리고… 보너스 하나 더! 14~18시 사이 한정 1+1 찬스! "친구야 함께 가자" 패키지를 예약하세요! 2명이 오면 "1명은 무료"로 서비스해 드립니다. 여러분의 방문을 기다립니다!!!

응용 포인트

❶ 날씨가 안 좋기 때문에 할 수 있는 '통 큰 제안'을 제시한다.
❷ 비 오는 날 찾아와준 고객을 확실하게 재구매로 유도한다.
❸ 다음 번 비 오는 날 메시지를 기대하게 만든다.
❹ 오후 비 예보가 있다면, 오전에 일찌감치 발송한다.
❺ 비 오는 날 찾아준 것에 대한 감사의 마음을 글로 표현한다.

템플릿 (추가 예시)

[비 오는 날 할인] 메시지 템플릿	[눈 오는 날 할인] 메시지 템플릿
안녕하세요. ○○○입니다. 오늘은 비가 올 거란 예보가 있네요. 흐리고 꿀꿀한 마음 이벤트로 날려 보세요. 오늘! 날씨 예보대로 비가 내리면 모든 메뉴를 **반값**으로 드립니다. 오늘 ○시까지 접수된 예약에 한합니다. 정원이 다 차면 종료됩니다. 비가 내리거든 꼭 들러 주세요!!	안녕하세요. ○○○입니다. 아침에 눈을 떠보니 밖이 온통 하얘졌어요! 올해도 눈이 잔뜩 내리네요~! 궂은 날씨에도 가게를 찾아주신 분들께 감사의 마음을 담아 오늘 하루 대박 이벤트를 진행합니다! ○○ 전 품목 00% 할인 & 인기 상품 득템 가격으로 제공! ^^ 그리고 ○○ 포장 주문시 전 품목 00,000원(포장비 포함)에 균일가로 판매합니다. ○○ 메뉴는 지금도 맛있게 익어가고 있습니다! 지나는 길에 꼭 들러 주세요!

활용 사례들

6 [게릴라 이벤트] 메시지로 행운을 잡게 하라

우리는 무척 다양한 방식으로 고객과 소통합니다. 광고 전단지를 배포 하기도 하고, SNS 채널에 게시물을 올리기도 하죠. 또 카카오톡 메시지나 휴대폰으로 실시간 문자 메시지를 보내기도 합니다. 다른 매체와 달리 스마트폰 메시지가 갖는 가장 큰 장점은 "생각이 났을 때 언제든 즉시 발송할 수 있다"는 겁니다. 모바일 이동 통신이 제공하는 '실시간 메시지" 기능을 고도로 활용한 마케팅 기법이 바로 '게릴라 이벤트' 기법입니다.

스마트폰은 우리 '몸의 일부'가 된 지 오래입니다. 메시지를 보내는 사람도 받는 사람도 거의 실시간으로 제안을 보내고 거의 즉시 반응합니다. 이같은 빠른 응답 특성 덕분에 '게릴라 이벤트' 메시지는 일반적인 메시지보다 훨씬 더 강한 힘을 발휘합니다.

하지만, 효과가 좋다고 마구잡이로 보내는 것은 아닙니다. '게릴라'

메시지에 걸맞게 그야말로 고객의 '허를 찌르는' 것이어야 효과를 기대할 수 있습니다.

⬤〇 방법 : 고객의 허를 찌르는 역발상 메시지를 실시간으로 보낸다

앞서도 얘기했듯이 비가 오면, 날씨가 궂어 고객들이 오지 않는다고 한숨짓는 사람들이 많습니다. 사실은 고객들도 모처럼 쇼핑을 가고 싶어도 오늘은 비도 내리고 하니 '다음 기회로 미루자'고 생각하게 됩니다. 바로 이런 때 효과를 발휘하는 것이 '게릴라' 이벤트 메시지입니다.

사람들이 모두 '그만두자'는 생각에 외출을 포기하려는 찰나에 오히려 고객의 허를 찌르는 셈이죠. 실제로 비가 오거나 눈이 많이 내리는 날에 '게릴라 이벤트'를 만들어 실시간 메시지를 보내는 가게들이 있습니다. 사람들은 의외성에 재미를 느끼고, 번개 호출에 반응 충동을 일으킵니다. 다들 집안에 박혀 있을 거라 여겨지는 시점에 밖으로 나올 것을 주문해 보세요.

물론 그런 수고를 감수하고 나왔을 때 다른 사람들은 얻지 못하는 특별한 혜택을 주어야 감동이 배가 되겠지요. 게릴라 메시지는 앞서 살펴본 날씨 연동 할인 이벤트와 결합하여 발송하면 더 효과적입니다. 할인의 명분을 굳이 거창하게 제시하지 않아도 '의외성'과 '파격성'으로 즐거운 기분을 선사해줄 수 있도록 하는 게 가장 중요한 핵심 포인트입니다.

예상치 않았던 초청이나 일정에 없던 번개 호출은 그 자체가 즐거움을 주는 요소이기 때문에 적극 활용하면 의외로 좋은 효과를 만들어 낼 수 있습니다. 재미 있는 게릴라 이벤트 사례들을 찾아서 응용해 보세요.

오늘, 지금 바로 여러분의 고객을 '번개 호출' 메시지로 불러 모을 수 있는 즐거운 이벤트는 과연 무엇인가요?

아래 예시 템플릿을 참고하여 여러분 만의 독특한 제안을 담은 '게릴라 메시지'를 날려 보세요! 지금 즉시!

이벤트 [게릴라] 메시지 템플릿	적용 예시
안녕하세요 ○○○입니다. 어제 오늘, 비가 내리네요~ ☆☆비 오는 날의 스페셜 이벤트 ☆☆ 메뉴명 일체 [반값]으로 제공해 드립니다! 음료 첫잔 무료 & 음료 일체 [반값] ○○○도, ○○○도, ○○○도, ○○○도, ○○○도~! 모조리 반값! 여기에다... ○○○는 무료로 제공해 드립니다! 한 분이라도 기분 좋게 모십니다~! 내부가 매우 혼잡할 수 있습니다. 서둘러 예약해 주시기 바랍니다.	안녕하세요, 라둘라스 입니다. 어제 오늘 계속해서 비가 내리네요~~ 비 오는 날 기분 전환 하시라고 스페셜 제안 드립니다!! 온열테라피 무료 & 산전산후 출산교육 일체 반값!! 라둘라스의 프로그램 전 품목을 오늘 하루 [반값]으로 제공해 드립니다! 산전테라피도, 산후테라피도, 출산교육도, 유방케어 도~! 게다가~.. "온열테라피"는 무료로 서비스해 드립니다. ^^ 단 한 분이라도 기분 좋게 모십니다~! 시설이 한정되어 있으니 서둘러 예약 바랍니다. ※ 방문시 이 메시지 화면을 제시해 주세요.

⬤◯ 응용 포인트

❶ 비 오는 날과 같이 사람들의 활동력이 떨어질 때 효과적이다.

❷ 번개 호출에 응해 직접 참여해준 것에 대해 감사 인사를 전한다.

❸ 반값 세일 등 대폭 할인이나 솔깃한 특전으로 고객의 충동을 유발한다.

❹ 예상치 못했던 선물이나 의외성이 높은 이벤트와 병행하면 더 좋다.

❺ SNS 공유 채널 등을 이용해 주변 친구나 지인에게 전달하도록 권한다.

⬤◯ 활용 사례들

chapter

4

'공감형' 메시지로
고객의 마음에
호소하라

매일 폰으로 들어오는 채팅 목록 중에서 스팸성 메시지가 몇 개나 되는지 세어 본 적이 있나요?

수신한 메시지가 혼자만 보기에는 아까워서 다른 친구나 지인들에게 곧장 다시 '전달'한 적은 없나요?

채팅방에서 발견한 좋은 글이나 게시물을 자신의 SNS 채널로 공유하는 행동은 얼마나 자주 하시나요?

메시지나 게시물을 '공유'하거나 '전달' 할 경우, 어떤 성격의 글이나 게시물을 공유하게 되는지 생각해 보세요. 개인 메시지든 그룹 채팅방이든 그 콘텐츠를 누가 만들어 올렸는지, 혹은 어떤 경로를 통해서 전달받았는지는 둘째 문제입니다. 중요한 것은 대체 어떤 글이나 메시지가 자발적으로 공유되고 전파되는가 하는 겁니다.

비즈니스 메시지의 기본 목적은 우리 가게나 쇼핑몰의 존재(업소 위치, URL 주소 정보)를 널리 알려서 필요한 사람들이 찾아올 수 있도록 안내하는 것입니다. 잠재고객의 '필요'를 일깨우고 '구매 욕구'를 유발하기 위해 갖가지 광고물을 만들고, 끊임 없이 이벤트를 만들고, 쉬지 않고 메시지를 뿌리지요.

문제는 상업적인 목적을 강하게 드러낼수록 사람들은 메시지를 읽지도 않고 바로 삭제해 버린다는 점입니다. 페이스북은 게시물 사이 사이에 [Sponsored] 표시를 붙인 [광고] 글을 노출합니다. '광고'라고 한글로 표시하지 않고 'Sponsored'라는 영문 태그를 고집하는 이유가 뭘까요? 또 광고 게시물의 이미지에 텍스트(문구)가 전체 면적의 20% 이상 차지하면 도달 빈도를 떨어뜨리기도 했습니다. '광고성 카피' 문구가 노출되어 이용자들에게 '스팸'으로 여겨져 차단되는 것을 막으려는 정책이죠.

사람들은 광고성 게시물을 본능적으로 알아채고 피하거나 걸러냅니다. '걸어다니는 자동 필터링 로봇'이라 불러도 과언이 아닐 정도죠. 페이스북은 그것을 너무 잘 알기 때문에 '광고 같지 않은 광고'를 만들어 올리라고 요구하는 겁니다.

안타깝게도 비즈니스 메시지는 상업적인 내용을 담지 않을 수 없습니다. 이 말은 사람들이 채팅 목록을 살펴 볼 때 가장 먼저 걸러내는 1차 필터링 대상이라는 말입니다. 여기에서 우리의 고민이 시작됩니다.

어떻게 하면 비즈니스 메시지가 '비상업적'인 것처럼 느껴지게 할 수 있을까요? 어떤 내용을 어떤 방식으로 전해야 친구나 지인들이 보내는 안부 인사나 공유 정보처럼 여겨질까요?

그나마 무료나 할인, 특별 이벤트라도 있다면 사람들의 눈길을 붙잡아 '삭제의 칼날'을 피해갈 수 있을 겁니다. 하지만 할인도 어렵고 이벤트 거리도 마땅치 않다면 과연 어떤 대안을 생각할 수 있을까요?

거의 모든 메시지는 '비상업적'으로 보이도록 잘 '포장'하지 않으면 읽힐 기회조차 갖지 못한 채 사라집니다. 그렇다면 과연 어떤 내용을 어떤 방식으로 만들어 보낼 때 거부감 없이 메시지를 열어 보게 될까요? 어떻게 해야 사람들의 '스팸 감시' 레이더 망을 무사히 피해갈 수 있을까요?

스팸 광고로 취급되는 것을 막는 가장 효과적인 전략은 수신자의 '공감'을 얻어낼 수 있도록 하는 것입니다.

이번 장에서는 사람들의 다양한 '공감대' 요소를 찾아내어 '인간적'인 감성에 호소하는 메시지 작성 방법에 대해 구체적으로 알아보고, 각각의 실전 사례들을 함께 살펴봅니다.

1 [단골 우대] 메시지로 충성 고객을 늘려라

우리에게 100만원의 마케팅 예산이 있다고 칩시다. 신규 고객을 만드는 것과 기존 고객의 재구매를 유인하는 것 중에서 택하라면 어느 쪽에 더 많은 예산을 쓰는 게 좋을까요? 나눠 써야 한다면 어느 쪽에 얼마를 더 써야 할까요?

많은 업체나 가게들이 재구매 고객의 매출 비중이 더 크다는 것을 뻔히 압니다. 그런데도 늘 기존 고객을 어떻게 유지하고 단골로 만들까보다 어떻게 하면 신규 고객을 더 늘릴까에 목을 맵니다.

'단골'과, '재구매 고객'은 어떻게 다를까요? 표현만 조금 다를 뿐, 무슨 차이가 있느냐고 말하는 분도 있습니다. 단골, 고정 고객, 헤비 유저, 충성 고객 등등… 이용 기간이나 빈도에 따라 재구매 고객을 달리 표현하는 말은 여러 가지입니다. 실제로 뜻을 엄밀히 구분하여 사용하는 사람도 많지 않습니다.

그렇지만 우리가 여기서 말하는 '단골'은 일반적인 '재구매 고객'과는 다릅니다. '단골'은 우리 가게나 쇼핑몰에 여러 번 찾아온 재구매 고객들 중에서도 상대적으로 '더 많이, 더 자주' 찾아오는 충성 고객들을 말합니다. '베스트 오브 베스트'라는 표현이 있듯이, '재구매 고객 중에서도 충성도가 높은 고객'이라 말할 수 있겠죠.

판매를 최종 목표로 삼고 있는 모든 비즈니스에서 성공과 실패는 바로 '단골 고객'을 얼마나 빨리, 얼마나 많이 얻는가에서 갈립니다.

🔘 방법 : 기대치 않았던 보너스나 세심한 배려로 '단골'을 만든다

최고의 고객은 우리 가게가 '좋아서' 애용하는 사람입니다. 즉 단골을 단 한 명이라도 더 많이 얻어야만 합니다. 그럼 어떻게 하면 재구매 고객을 단골로 만들 수 있을까요? 단골은 하루 아침에 생기지 않습니다. 요컨대 고객을 만족시키거나 감동을 줄 수 있는 계기를 만들어 꾸준히 '길러 나가는' 것이 필요합니다.

누군가를 우리 단골로 만들고 싶다면, 내가 어떤 가게에 단골이 되었던 이유를 되짚어 보는 게 지름길입니다. 동네 가게든 온라인 쇼핑몰이든 자주 들리는 곳은 분명히 이유가 있습니다. 그 집이 아니면 절대 경험하기 힘든 맛을 내는 음식점일 수도 있고, 주인이나 직원들이 친절하고 쾌활해서 기분이 좋아지고 마음이 편해지기 때문일 수도 있습니다. 서비스를 잘 주고, 이벤트 선물이나 각종 쿠폰을 잘 주기로 소문난 덕분일 수도 있죠. 그게 뭐든 우리 가게를 '다시 방문해야 하는 이유'를 만들어 내는 것이 '단골 확보 전략'의 핵심입니다!

앞서 소개한 각종 할인 행사나 이벤트도 단골을 늘리는 좋은 방법들입니다. 하지만, 좀 더 의식적으로 단골을 키우려면 가게의 오랜 전통과 고객과 맺은 인연을 강조하는 게 효과적입니다. 가게의 창립 기념일이나 고객의 기념일 등에 특별 선물이나 보너스를 챙겨주는 정성으로 감사의 마음을 전하는 것이 무엇보다 중요합니다.

온라인 쇼핑몰이라면 신규 회원으로 가입할 때, '첫 구매시 파격 특가'로 구매할 수 있는 '할인 쿠폰'을 '즉시 사용 가능'하게 지급하는 것이 효과적입니다. 단골 손님도 결국은 첫 구매로부터 시작하는 것이니까요. 마켓컬리가 즐겨 활용하는 '100원 첫구매' 쿠폰 제도를 잘 따라 응용해보면 좋을 겁니다.

오프라인 가게라면 계산을 할 때나 손님을 응대하는 동안 손님의 연락처나 개인 정보 등을 확보할 수 있도록 하는 게 무척 중요합니다. 회원 등록시 할인 포인트를 누적시켜주는 결제 시스템을 갖추어 고객에게 메시지를 보낼 수 있는 연락처를 얻는 것은 필수입니다. 전산 시스템이 없다면 명함통이라도 구비하세요. 선물 응모권에 이름과 연락처를 남기면 추첨하여 사은권이나 시식권, 마일리지 등을 추가 지급하는 것은 기본 중 기본입니다.

거듭 강조하지만 단골은 하루 아침에 만들어지지 않습니다. 꾸준한 소통과 세심한 배려가 한 번 온 고객을 두 번 세 번 다시 오게 하는 최고의 무기입니다. 그러려면 고객의 연락처를 확보하고 다시 올 수 있도록 안내하는 메시지를 지속적으로 보내는 일을 게을리해서는 안 됩니다.

다음과 같은 예시 템플릿을 참고하여 우리만의 아이디어가 돋보이는 '단골 우대' 메시지를 보내 보세요.

[단골 우대] 메시지 템플릿	적용 예시
안녕하세요! ○○○에서 알려 드립니다. 여러분의 꾸준한 성원 덕분에 저희 가게가 개업 0주년을 맞았습니다. '0월 00일'이면 00년째에 접어듭니다. 앞으로도 ○○○을 많이 애용해 주시기 바랍니다. 평소 이용해주시는 분들께 감사의 마음을 담아 0월 00일~00일 0일까지 개업 0주년 기념 ○○○ 특별할인 이벤트를 실시합니다! 이벤트 기간 중 오시는 분들께, 원가 000,000원인 ○○○을 00,000원 파격 특가로 제공합니다. 정말 대박이죠? 이벤트 기간 중에 꼭 구매하시기 바랍니다. 이 '메시지를 보고 왔다'고 말씀해 주시면 '0,000원을 추가 할인'해 드립니다!	안녕하세요! 현경컴퍼니*에서 알려 드립니다. 여러분의 성원 덕분에 2주년을 맞았습니다. "5월 1일"이면 2년째에 접어듭니다. 앞으로도 현경컴퍼니를 많이 이용해 주시기 바라는 마음으로, 평소 이용해 주시는 분들께 사은 선물을 마련했습니다. 5월 1일부터 5일까지, 5일 동안 온라인마케팅 전문가 과정 참가자를 대상으로 [1:1코칭 20% 할인] 이벤트를 실시합니다. 이벤트 기간 중 등록하시는 분들께, 판매가 100,000원 상당의 [네이버 마케팅 컨설팅북]을 무료로 제공합니다. 대박이죠? 이 기간 중에 꼭 신청하시기 바랍니다. 카카오톡 친구를 맺고 오시면 1만원을 추가로 할인해 드립니다!!

* 현경컴퍼니는?

▶ 상호 : 현경컴퍼니 (대표 강상현)
▶ 업태 : 교육서비스업
▶ 종목 : 자문 및 컨설팅 | 마케팅 광고
▶ 개요 : 현경컴퍼니는 소상공인의 성공창업과 올바른 점포 개발을 위해 교육과
  컨설팅을 해주는 회사로, 국내 최초로 외식인만을 위한 온라인마케팅 전
  문가 과정을 개설하여 운영하고 있습니다. 2018년 4월 1기를 시작으로
  2020년 4월 8기까지 240명의 외식온라인마케팅 전문가를 배출하였습
  니다.

▶ 상품 : 외식인을 위한 온라인마케팅 전문가 과정
  모바일 검색이 보편화되면서 음식점 경영자 또한 블로그를 비롯해 다양한 SNS
  를 이용하여 마케팅 활동을 해야 하는 상황이지만, 대부분의 소규모 음식점은
  온라인마케팅을 포기하거나 대행사에 의뢰합니다.

  온라인에 노출되지 않는 점포는 검색 소비자들에게 선택될 확률이 매우 낮아지
  고 브랜드 인지도 차이를 더욱 크게 만듭니다. 작은 음식점도 경쟁하기 위해서
  온라인마케팅에 대한 지식과 능력을 갖추어야 합니다.

  실행은 대행사에 의뢰해도 계획과 평가는 직접 해야 스스로 온라인 마케팅에 대
  한 올바른 전략을 수립할 수 있고 블로그 및 SNS 마케팅 활동의 성과를 측정함
  으로써 비용 대비 효과를 높일 수 있습니다.

  현경컴퍼니의 온라인마케팅 전문가 과정은 음식점 경영자가 직접 온라인마케
  팅을 할 수 있도록 만들거나, 대행사에게 맡긴 온라인마케팅이 효과적으로 이루
  어질 수 있도록 통제하는 능력을 갖추기 위한 내용을 심도 있게 다룹니다.

응용 포인트

① 한번 구매한 고객의 연락처와 기념일 정보를 꼭 챙긴다
  (명함 수집, 회원 등록, 설문 응모 등)
② 고객의 꾸준한 성원에 감사를 표시하고 '구매해달라'는 말은 삼가한다.
③ 하나의 이벤트라도 '단골 고객'을 우대하는 '특별 보너스'를 제공한다.
④ 고객과 인연을 강조하고 기념일에 맞춰 사은 이벤트를 제시한다.
⑤ 메시지 내용 안에 '단골 고객'을 특별히 우대하는 행사임을 강조한다.

활용 사례들

2 [행사 초대] 메시지로 참여 기회를 선사하라

신규 고객을 만드는 것보다 더 중요하고 어려운 일은 한번 구매한 고객이 떠나가지 않도록 하는 것입니다. 그래야 재구매 고객이 되고 단골도 될 수 있으니까요. 이 때 제일 효과적인 방법 중 하나는, 재구매 고객을 우리 페이스에 맞추어 따라오도록 하는 것입니다. 다시 말하면, 고객이 스스로 '참여하게' 만드는 것이지요.

지금까지 열거한 여러 가지 이벤트 행사들도 우리가 일방적으로 제공하고 베푸는 것이 아니라 고객이 함께 참여할 수 있도록 설계하세요. 효과적인 이벤트를 만들려면 끊임없이 고객의 이야기에 귀를 기울이고 요구에 응답해야 합니다. 구체적으로 어떤 방법이 효과적일까요?

● 방법 : 재미있는 '참여 이벤트'를 통해 스스로 다시 찾게 만든다

"이런 이벤트라면 얼마든지 참여할 수 있어."

"이번 이벤트는 동작만 빠르면 무조건 당첨 되겠네."

이런 생각이 들 수 있게 해야 합니다. 요구 조건이 많거나, 시간이 많이 들거나, 참여하는 방법이 불편하다고 느껴지면 사람들은 웬만한 이벤트는 그냥 흘려버리고 맙니다. 또 이벤트는 참여했을 때 이익이 되는 것은 기본이고, 참여하는 과정 자체가 즐거워야 효과가 커집니다.

대표적인 참여 방법이 '퀴즈 맞추기' 이벤트입니다. '넌센스 퀴즈'나 누구나 참여할 수 있는 '다른 그림 찾기' 같은 것이 무방합니다. 조금만 노력하면 누구나 정답을 찾을 수 있도록 검색 사이트에서 힌트를 제공해 주는 '토스식 실시간 응모 퀴즈' 같은 것도 예산만 받쳐 준다면 효과가 좋습니다.

이벤트에 참여하는 과정 자체가 즐거움과 만족감을 선사해 주는 게 관건입니다. 재구매 고객은 우리 가게의 친구이자 팬입니다. 참여를 통해 팬들이 우리 가게를 발전시켜 나가는 주체가 되도록 만들고, 즐거운 추억을 함께 공유할 수 있도록 하는 것이 이 전략의 성공 포인트입니다.

오프라인 가게라면 다음에 예를 든 '가위 바위 보' 게임도 업종에 상관 없이 어디서나 쉽게 할 수 있는 참여 이벤트입니다. 매장 카운터에서 고객이 계산을 할 때 직원과 가위바위보 게임을 하게 합니다. 이기면 20%를 할인해주고, 지면 10%를 할인해 줍니다. 꽝이 없기 때문에 밑져야 본전인 셈이죠. 어차피 10%를 할인해 줄 거라면 그냥 무조건 적용해 주는 것보다 이같이 아주 간단한 방법으로 고객에게 '즐거움을 더해주는 것'이 훨씬 효과적입니다.

아래와 같은 기본 템플릿과 예시 사례를 참고하여 재미 있는 참여 이벤트를 만들어 보세요.

[행사 초대] 메시지 템플릿	적용 예시
안녕하세요♪ 요즘 밤낮의 기온차가 부쩍 심합니다! 감기 걸리지 않게 조심하세요^^ 자! 오늘 00월 00일(○)~00월 0일(○)까지 저희 가게에서 매달 열리는 '가위바위보 게임' 시즌이 돌아왔습니다♪ 저희 가게에 연락처가 등록된 회원분들이라면 매장 이용 후 계산할 때 저희 직원과 가위바위보 게임을 해보세요. 이기면 20% 할인! 져도 10%를 할인해 드립니다. 꼭 오셔서 서비스도 즐기고 즐거운 추억도 함께 만들어 보세요.	안녕하세요♪ 요즘 밤낮의 기온차가 부쩍 심합니다! 감기 걸리지 않게 조심하세요^^ 오늘 5월 1일~5월 15일(○)까지 저희 교육센터에서 매달 열리는 '가위바위보 게임' 시즌이 돌아왔습니다♪ 저희 교육센터에 등록된 회원분들이라면, 교육센터 이용 후 나가실 때 저희 직원과 가위바위보 게임을 해보세요. 이기면 20% 할인! 져도 10%를 할인 상품권을 드립니다. 꼭 오셔서 서비스도 즐기고 즐거운 추억도 함께 만들어 보세요.

◯◯ 응용 포인트

❶ 참여하는 고객과 이벤트 주최측 직원들이 함께 즐길 수 있도록 한다.

❷ 참가한 사람들에게 추억과 여운이 남을 만한 이벤트를 준비한다.

❸ 제공하는 상품이나 서비스 구매로 연결될 수 있는 장치를 마련한다.

❹ 함께 즐길 수 있는 분위기를 만들어 지인들과 더불어 참여하게 만든다.

❺ 홈페이지에 과거에 진행했던 행사 사진 등을 올려서 참여를 부추긴다.

활용 사례들

3 [가족 대화] 메시지로 친근하게 다가가라

가게든 쇼핑몰이든 새로운 곳을 이용하려 시도할 때는 늘 '실패의 위험'이 도사리고 있습니다. 사람들은 이 실패의 아픔을 피하기 위해 꼭 구매 후기나 다른 사람들의 리뷰 의견을 찾아보게 됩니다.

제아무리 좋은 상품이나 서비스라 해도 스스로 자랑하는 것은 그저 '자화자찬'으로 들릴 수밖에 없습니다. 그런 만큼 다른 사람의 입을 통해서 메시지를 보낼 때 효과가 커지는 경우가 많습니다. 판에 박힌 자기 자랑 대신 가게나 회사에서 함께 일하는 직원들이 자신들의 목소리로 메시지를 만들어 보내는 것도 고객들의 마음을 끄는 데 큰 힘을 발휘합니다.

사람들이 어떤 가게에 끌리는 요소는 다양합니다. 상품 자체의 품질이 좋아서도 있지만, 이벤트가 재미 있거나 단지 사진이 예쁘다는 이유만으로 마음이 끌릴 수도 있습니다. '가게 인테리어 소품이 멋있어서' 올 수도 있고 '가게 점원이 맘에 들어서' 오기도 합니다. 카페나 동네 서점

322   카카오 메시지 마케팅

같은 곳은 '분위기가 잘 전달되는' 메시지 한 구절이 읽는 이의 마음을 사로잡아 저절로 발길이 향하도록 할 수도 있지요.

◯⬤ 방법: 식구를 대하는 표현으로 고객에게 '한 가족'이란 느낌을 준다

주인이 아닌 점원의 목소리를 빌어서 우리 가게를 어필하는 방법을 '직원 메시지' 기법이라 부릅니다. 가게의 직원이 직접 보내는 메시지, 혹은 직원들이 솔직한 마음을 전하는 메시지라는 뜻이죠. 모바일 메시지는 휴대폰을 통해 1:1로 직접 전달되는 '핫 미디어'로 친밀도가 무척 높은 소통 수단입니다. 때문에 가게 직원들이 개인의 목소리로 메시지를 보내면 기대 이상으로 큰 반응을 일으킬 때도 있습니다.

"고객은 우리의 '가족'입니다."

수많은 기업들이 광고에 즐겨 사용하는 표현이지요. '가족'이라는 말에는 '단골 고객'이라는 말과는 미묘하게 다른 '친근함'이 담겨 있습니다. 업체나 가게와 고객이 '일심동체'로 하나라는 뉘앙스를 은근히 풍기는 것이죠. 그 때문이겠지만 '가족'이라는 표현을 '직원 메시지'와 결합하여 사용하면 더욱 효과적입니다.

아무리 친근하게 접근하는 게 좋다고 해도 메시지에 무작정 '가족'이라는 단어를 남발하면 오히려 억지스럽게 보일 수 있습니다. 일부러 표현을 넣으려고 무리하지는 마세요. 한 가족과 같은 친근한 분위기를 느낄 수 있는 메시지를 만들라는 것이지 꼭 특별한 용어나 단어를 넣으라는 게 아니니까요.

무엇보다 중요한 것은 가게와 고객이 서로를 '한 식구'인 양 친근하게 여겨지도록 만드는 것입니다.

한두 번의 메시지로 단번에 고객이 한 식구처럼 느껴지게 한다는 건 꿈같은 일입니다. 평소에 꾸준히 소통해야 합니다. 또 수신 대상이 현재 처한 상황이나 입장을 고려하면 더욱 좋겠죠. 생일이나 졸업, 입학과 같이 각자의 기념일이나 특정한 시즌에 맞추어 개인화된 메시지를 보낼 수 있다면 최상입니다.

아래 기본 템플릿과 예시 문안을 참고하여 여러분도 한 식구와 같은 목소리를 메시지에 담아 보세요.

[가족 대화] 메시지 템플릿	적용 예시
★헤어 스타일 변신 할인 이벤트★ 안녕하세요, ○○○입니다. 마침내 고등학교 과정을 끝마치셨군요. 졸업을 진심으로 축하드립니다. 졸업 기념으로 퍼머나 염색을 시도해보고 싶지 않으세요 저희 ○○○미용실에서는 올해 졸업 입학 시즌을 맞아 ◆ 졸업생 퍼머&염색을 특별 할인해 드립니다. ★ 각각 하면 합해서 000,000원이지만, 　 퍼머와 염색을 세트로 하면 　 할인 특가 00,000원에 해드립니다. 이번 기회에... 성큼 어른으로 변신해 보시지 않겠습니까?	★ 에세이 글쓰기 특강 ★ 안녕하세요, 현경컴퍼니입니다. 온라인마케팅 전문가 과정 졸업을 진심으로 축하드립니다. 졸업 이후에도 필요한 것은 꾸준한 글쓰기입니다. 저희 현경컴퍼니에서는 졸업하신 분들을 대상으로 가족과 함께 참여할수 있는 에세이 글쓰기 특강을 진행합니다. ★ 온라인마케팅 과정 수료생 분들에겐 가족과 함께 할 경우 정가 20만원을 10만원으로 할인해 드립니다. 이번 기회에 부부가 함께 하는 에세이 글쓰기 특강을 통해 글쓰기에 도전해 보지 않으시렵니까?

응용 포인트

❶ 가족이나 연인에게 보낸다는 마음으로 메시지를 작성한다.
❷ 수신할 고객이 친한 친구나 한 집에 사는 가족이라 생각하고 쓴다.
❸ 스팸으로 느껴지지 않을 정도로 꾸준히 주기적으로 보내는 것이 좋다.
❹ 사진 이미지나 이모티콘과 같은 표현을 이용하여 친근감을 높인다.
❺ 직원의 관점에서 가게나 제품에 대해 솔직한 의견을 공개한다.

활용 사례들

[진심 어린] 메시지로
공감을 불러일으켜라

어떤 메시지인들, 진심어린 마음과 애정이 담기지 않고서 어떻게 다른 사람들의 공감을 일으킬 수 있겠습니까!

많은 분들이 조금이라도 친근하고 진심이 우러나는 메시지를 만들어보려 애를 씁니다. 그런데 우리가 매일 받는 수많은 메시지들을 살펴보면 사정이 다릅니다.

읽는 사람이 어떻게 느낄지는 아랑곳 없이 자신이 하고 싶은 이야기만 줄줄이 늘어놓습니다. 판매할 상품 리스트에 용량과 금액만 주루룩 열거해 놓고서 '살테면 사고 말테면 마라!'는 식으로 성의 없이 보내오는 메시지들도 적지 않습니다.

과연 어떤 내용을 어떻게 담아야 '진심 어린' 메시지라고 말할 수 있을까요?

사실 그것은 메시지를 받는 사람의 입장이나 처지, 상황에 따라서 달라지게 마련입니다. 같은 용어나 표현도 글로 써놓으면 읽는 이가 누구이고 어떤 마음 상태냐에 따라서 해석이 180도 달라질 수 있으니까요.

🔘 방법 : 읽고서 '고맙다'는 마음이나 '배려심 깊다'는 느낌이 들게 한다

신기하게도 모든 글은 읽고 나면 글쓴이가 무슨 의도로 그런 말을 했는지 느낌이 묻어 전달됩니다. 따라서 누군가의 메시지를 읽고 나서 '고맙다'는 마음이 들거나, '참 배려심이 깊다'는 생각이 든다면 고객들은 비로소 여러분의 진심을 온전히 느끼게 될 것입니다.

사례를 하나 들어볼까요?

직장인이나 소규모 자영업자들에게 제일 곤혹스럽고 힘든 날은 한 달 중 언제일까요?

물론 개인마다 처한 상황이 다르니까 일률적으로 똑같다고 할 순 없겠지요. 자영업자들은 매월 종업원들의 급여를 챙겨주거나 가세 월세를 내야 하는 날이 죽을 맛입니다. 그에 비해 대부분의 회사원들은 한 달 중에서 월급을 받기 일주일 전쯤이 가장 힘들지요. 전달에 받은 급여는 이미 떨어지고 지갑과 통장이 바닥나기 때문이죠. 커피 한 잔, 술 한 잔을 마시러 가고 싶어도 부담이 됩니다.

마침 그런 어려운 시기에 다음과 같은 메시지가 폰에 들어오면 어떤 마음이 들까요?

"코로나 타격으로 인해 많이 힘 드시지요. 저희도 힘들지만 어려움을 함께 나누고 싶습니다. 4명 이상 시켜야 주문 가능한 무한리필 메뉴를, 다음 주는 2명 이상이면 제공합니다."

물론 이런 서비스의 유효기간은 월급날을 전후한 기간으로 설정하면 더 효과적이겠지요. 실제로 직장인들의 월급날을 전후하여 이와 같은 할인 이벤트를 벌이면 반응이 확실히 좋게 나온다고 합니다. 고객이 현재 당면한 상태, 쪼들리는 처지를 세심하게 챙긴 가게의 진심이 온전히 전달된 덕분이겠지요.

진심을 전하는 메시지 내용은 아주 단순해도 됩니다. 중요한 것은 상대가 어려운 상황에 처했을 때나 도움을 필요로 할 때, 그 마음을 헤아려 배려의 손길을 내미는 마음이 통하는 메시지면 충분하니까요. 사소해 보이고, 얼핏보면 별 것 아닌 것처럼 보이는 메시지 한 구절이 고객의 마음을 감동시켜 우리 가게로 발걸음을 향하게 할 수 있다는 점을 잊지 마세요.

아래 기본 템플릿과 예시 문안을 참고하여 '진심 어린' 메시지로 고객의 공감을 불러 일으켜 보세요.

[진심 어린] 메시지 템플릿	적용 예시
평생 고객 무한 리필!! 2명부터~ OK♪ 1인 00,000원 부가세 포함 00,000원 0월 00일~0월 00일까지 유효합니다. ※ 다른 쿠폰/서비스와 함께 사용할 수 없습니다	평생 고객 무제한 코칭! 평생회비를 납부한 회원이면 누구나 OK♪ 밤낮 구분 없이, 평일 휴일 가리지 않고 원하는 시간에 코칭에 응해 드립니다. *평생회비 : 300만원! ~~〉100만원 한시 특가! 5월 20일부터 26일까지(1주간)만 신청받습니다. ※ 다른 할인 서비스와 함께 이용할 수 없습니다.

❶ '고맙다', '배려해줘서 감사하다'는 마음을 가질 만한 내용을 보낸다.
❷ 억지로 베푸는 게 아니라, 상대 입장에서 자연스럽게 마음을 전한다.
❸ 그냥 퍼주지 말고, 가게 매출 향상에 도움이 될 수 있도록 계획한다.
❹ 메시지로 마음을 전할 뿐만 아니라, 서비스를 통해 진심을 전달한다.
❺ 한번 경험한 고객이 다시 이용하도록 비슷한 이벤트를 꾸준히 만든다.

◐ 활용 사례들

안녕하세요. 산모님^^
연락주셔서 감사합니다!

보내신 카톡내용보니 많이 아팠겠네
요ㅜㅜ

지금 많이 아픈쪽을 유축기로 좀 짜
내시고요
차가운 팩을 15~20분 정도 올려 두
세요...
열감이 좀 사라질때 까지요

그리고 가지고 계신 양배추크림 듬
뿍 바르고 주무세요
한밤중에도 많이 아프시면 유축좀
하시구요
내일 아침 10시쯤 샵으로 방문해 주
세요

오시기전 유축한번 하시고 방문하시
면 좋을것 같아요^^

산모님~~^^이제 퇴원 앞둬서
설레일 시간이네요~~^^
가슴은 좀 어떠신지요?
증상을 알고 제가 준비해서
산모님을 만나면 시간 안에 더
많은 서비스를 제공할 수
있기에~~쉬실 시간에 감히 그
시간 ㅋ 침범해봐요~~특이사항
없으면 저는 출산으로 뭉친
근육을 수술로 인해 출혈의
위험성이 없을 테라피로 가슴을
풀어드리고 정보를 드리는
시간으로 90분
제공해드리겠습니다~^^♡
 월요일 9월7일 10시에 중동로
108 ▇▇▇▇▇▇ 112동
201호.로 찾아뵐께요
특이상황 및 틀린사항 있음
답톡 남겨주세요~~오늘 하늘
가을이네요~~
하늘 한 번 보고~~우리 보물인
아가와 이 하늘 보자고 느낄 수
있는 하루 되시길 바래요~~^^

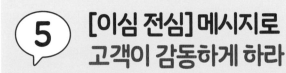

5 [이심 전심] 메시지로 고객이 감동하게 하라

혹시 "찌찌뽕 뽕찌찌" 놀이를 아시나요?

한 공간에서 생활하다가 우연한 상황에서 두 사람의 입에서 같은 단어가 동시에 튀어 나올 때, 누구라도 먼저 "찌찌뽕!" 이라고 외치면 상대방이 그 즉시 "뽕찌찌!"라고 응답(반사)해야 서로 비기는 게임입니다. 당황하여 머뭇거리거나 응답을 하지 못하면 지는 게임으로, 이긴 사람의 요구를 들어줘야 하는 재미있는 놀이지요.

세상을 살다 보면 유사한 상황에서 거의 동시에 같은 단어가 생각나거나 같은 아이디어가 떠오를 때가 있습니다. 혹은 상대방이 굳이 말로 얘기하지 않아도 속마음을 미루어 짐작할 수 있는 경우도 있지요. 스마트폰 메시지 소통이 음성 대화보다 더 많아지는 시대가 되면서 가끔은 목소리를 직접 듣는 게 더 그리워질 때가 있습니다. 그런 만큼 고객의 마음을 울리는 공감 메시지를 적절히 잘 쓰면 효과가 크지 않을까요?

◉◯ 방법 : 일체감을 자극하는 감성 메시지로 고객의 마음을 흔든다

문자 메시지에만 과도하게 의존하다 보면 자신도 모르게 '사람의 정'이 사라지고 사무적인 메시지만 오가는 느낌이 들 때가 있지요. 그런데 재구매 고객이나 단골이 많은 가게에서 보내오는 메시지들을 살펴보면, 그런 메마름을 없애고 '사람 사는 정'을 느낄 수 있도록 내용이 구성되어 있는 경우를 많이 볼 수 있습니다.

물건을 사고 파는 비즈니스나 장사에서도 기본은 누가 뭐라해도 사람과 사람의 마음이 통하는 관계를 만드는 것입니다. 스마트폰 메시지를 통해 고객과의 접점을 만들고 평소 자주 소통하게 되면 자연스럽게 일체감이 생기고, 즐거움과 기쁨을 나누다보면 서로 행복한 느낌을 선사할 수 있습니다. 그게 바로 '이심 전심' 이죠.

굳이 말하지 않아도 함께 나눌 수 있는 '일체감'을 경험하는 것. 어쩌면 그것은 이미 비즈니스 관계를 넘어선 것일지도 모릅니다. 판매자와 고객이라는 관계를 넘어서, 함께 감정을 공유하고 공감할 수 있는 '동료'로 느껴지는 관계를 만들 수만 있다면 아마도 그게 '최상의 고객 관계'일 것입니다.

이 메시지 기법의 핵심 포인트는 고객이 말하지 않아도 무엇이 고민일지 간파하여 그 고민을 조금이나마 덜어 줄 수 있는 이벤트를 만들어 제안하여 자연스럽게 참여하도록 공감을 일으키는 것입니다. 말은 쉽지만 웬만큼 세심하게 고객들의 마음 상태를 지켜보지 않으면 실천하기가 결코 쉽지 않은 방법입니다. 지금 고객이 어떤 문제로 어려움을 겪고 있고, 그 문제를 해결하는 데 도움이 되려면 무엇을 해야 하는지 늘 고민하고 새로운 아이디어를 만들어 내기 위해 노력해야 합니다.

코로나 바이러스의 창궐로 전대 미문의 팬데믹 공포에 전 세계가 시달리고 있는 지금, 우리의 고객들은 과연 어떤 고민과 어려움에 처해 있을까요? 그리고 그 어려움을 해소하는 데 우리가 도움이 되어 줄 수 있는 방법은 과연 무엇일까요? 고객을 한 가족처럼 생각하고 보살피려는 진정성이 우러나지 않으면 고객은 감동하지 않습니다!

아래 기본 템플릿과 예시 문안을 참고하여 '이심 전심' 메시지로 고객의 마음을 움직여 보세요.

[이심 전심] 메시지 템플릿	적용 예시
안녕하세요. 끝이 보이지 않는 코로나 사태로 많이들 힘드시지요. 모두가 힘겨운 와중에도 새로운 ○○가 많이 들어왔습니다. 이번에는 ○○○ 플라워입니다. 꽃을 보면 힐링이 되고 온화한 마음이 들곤 합니다. 그밖에도 많은 신상품이 들어왔습니다. 자세한 내용은 홈페이지를 참고해 주세요.	안녕하세요? 현경컴퍼니에서 새로운 마케팅 프로그램 특강이 시작됩니다. 이번에 화제가 되고있는 [네이버 스마트주문 프로그램]입니다. 언제 끝날지 모르는 코로나 시대, 비대면 주문 시스템으로 앞서가는 서비스 프로세스를 만들고 싶지 않으세요? ^^ 자세한 내용은 온라인마케팅과정 카페를 참고해 주세요^^

응용 포인트

❶ 사전에 미리 예고 메시지를 발송해 찾아오기 쉬운 환경을 조성한다.

❷ 신상품이나 서비스와 관련된 공감하기 쉬운 대화 소재를 준비한다.

❸ 어떤 주제로 어떤 이벤트를 제공할지 내용을 살짝 공개해도 괜찮다.

❹ 이벤트에 고객이 참여할 때 얻게 될 이익을 실감 나게 표현한다.

❺ 직접 겪은 경험담이나 체험담을 스토리 텔링 방식으로 풀어도 좋다.

6 [손해 감수] 메시지로 단골 고객을 만들어라

세상에서 절대 믿을 수 없는 거짓말이 "장사꾼이 손해보고 판다"는 말이라고 하지요. 이익을 내야만 먹고 살 수 있는 직업인데 손해를 보고 판다는 것이 처음부터 말이 안 된다는 얘기지요.

그런가하면 "도둑놈 심보"라는 말도 있습니다. 물건을 놓고 값을 흥정할 때 원가에도 턱없이 못 미치는 가격을 주고 '날로 먹으려 들 때' 흔히 쓰는 표현이죠. 거래라는 것은 판매자와 구매자가 어떤 관점과 태도로 흥정을 하느냐에 따라서 성사가 되기도 하고 깨지기도 합니다.

'손해보고 판다'는 말은 정상적인 시기나 상황이라면 당연히 거짓말이라 하겠지만, 경제가 무너지는 국면에서 폐업을 하거나 매장을 접는 경우라면 진짜로 손해를 무릅쓰고 재고나 설비를 처분하는 일도 빈번히 생깁니다. '미끼 상품'으로 쓰기 위해 실제 매입 원가에도 못 미치는 가격으로 끼워서 파는 경우도 있고요.

실제로 이런 방법은 당장은 손실로 보이지만, 길게보면 첫 고객을 재구매 고객으로 만드는 투자인 셈입니다.

개별 상품만으로는 이익이 안 나거나 심지어 손해를 감수해야 하지만, 결과적으로 다른 추가 구매로 생기는 이익으로 손실분을 메꿀 수 있기 때문에 가능한 전략입니다. '마트의 시식 코너' 또는 '손해 보고 파는 미끼 상품'과 같이 고객의 재방문과 재구매를 유인하여 장래 이익을 실현할 생각으로 초기 투자 손실을 감수하는 일이 주위에 의외로 많습니다.

⬤ 방법: 미끼 상품이나 포인트를 지급하여 추가 구매를 일으킨다

쿠팡이 수 년 동안 막대한 적자를 감수하면서 '로켓 배송' 시스템을 구축하고 고객 편의성을 높이는 것도 실상 미래 이익 실현을 위한 투자로 봐야 합니다. 마켓컬리가 '신규 가입자 첫 구매시 100원' 쿠폰을 꾸준히 지급하는 것도 첫 구매 경험을 통해 신규 회원이 고정 고객으로 바뀌는 원리를 검증했기 때문입니다.

이와 같이 단지 1회 구매에서 발생하는 손익만으로 고객을 대하면 장기적인 경쟁에서 이길 수 없습니다. 특히 게임 앱과 같은 분야에서는 일단 초기 설치자가 꾸준히 이용을 하고 향후 유료 아이템을 구매하도록 유인해야 비로소 수익이 발생되는 경우가 많습니다. 손에 익어 중독성이 생기기 전까지는 손해를 감수한 선투자가 불가피한 셈입니다.

'일단 한 번' 방문/설치하게 하고, 써 보게 하고, 구매하게 해보는 것이 장래 발생할 이익으로 보상될 수 있다는 원리를 적용한 판매 방식이 바로 "LTV(LifeTime Value, 고객생애가치)기반 CRM(고객 관계 관리)" 전략입니다. 한정 기간 체험판 베타 서비스를 무료로 제공하는 것이 고객을

획득하는 지름길이라는 사실은 클라우드 기반 인터넷 서비스 분야에서는 정설로 굳어진 상황입니다.

첫 구매나 무료 체험시 얻게 된 혜택과 만족감 덕분에 재구매 고객이 되고, 만족스런 경험이 누적되어 마침내 단골이 됩니다. 이 원리는 예나 지금이나, 온라인이나 오프라인이나 다르지 않습니다. "당장의 손실로 결국은 이득"을 본다는 생각으로 고객에게 먼저 서비스를 제공하는 '선투자'에 과감히 도전하십시오.

제품이나 서비스 효능이 탁월해서 한 번 '맛 보면' 절대 끊기 어려운 아이템일수록 이와 같은 '맛보기 선투자' 전략이 효과적입니다. 일단은 가게를 찾아오게 만들고 장점을 직접 느껴보게 하면 재구매 고객이 안 되고는 못 배길 것이라 확신한다면, 지금 바로 '맛보기 제안' 메시지 기법을 응용해 보세요.

'퀴즈 맞추기'나 '게릴라 이벤트' 메시지 등과 함께 '손해 감수' 기법을 실행하면 더 효과적일 수도 있습니다. 예를 들어, 고객에게 "이 메뉴의 재료는 무엇일까요?" 와 같은 퀴즈를 사진 메시지로 보내면서, "사진 속 메뉴의 식재료를 알아 맞추는 분은 30% 할인 혜택을 드립니다"라고 덧붙이는 식으로 오늘의 추천 요리를 홍보할 수 있을 겁니다.

정답자에게는 그 날의 추천 요리를 할인 특가로 제공하고, 틀린 사람들에게도 서비스를 제공하는 것이지요. 이같은 전략을 치밀하게 응용하면 구매 고객에게 더 큰 즐거움을 선사해줄 수 있습니다.

다음과 같은 기본 템플릿과 예시 문안을 참고하여 고객에게 '소중한 첫 구매' 경험을 안겨줘 보세요.

[손해 감수] 메시지 템플릿	적용 예시
회원 한정 마이너스 이벤트! 1+1 ○○○ 증정! 기간 : 0월 00일 ~ 0월 0일 ○○○을 주문한 회원과 더불어 같이 온 한 분께도 무료 증정해 드립니다! 주문하실 때 이 메시지 화면을 보여주세요!	현경컴퍼니 회원 한정! 신간 [네이버 플레이스 마케팅] 서평단 모집!! 기간 : 3월 25일 ~ 3월 31일 회원분이라면 누구나 무료로 참여할 수 있습니다. 심혈을 기울여서 집필한 이번 [네이버 플레이스 마케팅]에는 소상공인들에게 필요한 모든 마케팅 자료들을 담았습니다. 신청하실 분은 아래 링크에 성함과 연락처 주소를 남겨주세요!

◯ 응용 포인트

❶ 우리 가게에서 특히 인기가 좋은 상품을 대폭 할인하면 더 효과적이다.

❷ 구매 결제시 다음에 사용할 수 있는 '이용권'을 주어 재구매를 유도한다.

❸ 파격 선물을 제공할 때는 '입소문' 채널을 가동해 최대한 널리 퍼뜨린다.

❹ '손해를 감수'한 출혈 서비스라는 느낌을 준다. (비정기적으로 해야 함)

❺ 이벤트 상품이 실제 이용되는 사진을 넣어 실감을 강조한다.

◯ 활용 사례들

chapter
5

'입소문' 메시지로
고객의 친구를
불러오라

흔히 '입소문' 마케팅을 일러서 '바이럴(viral)' 마케팅이라고 부릅니다. 입소문이 마치 바이러스가 확산되는 것처럼 퍼져 나간다고 해서 나온 표현이죠. "발 없는 말이 천 리 간다"고도 하지요. 달리는 말이 아니라 '입'에서 나오는 '말'을 가리킵니다. 입소문의 힘이 얼마나 큰 지 인터넷이나 전자 통신이 없던 오래 전부터 알고 있었단 얘기겠죠.

스마트폰 통신이 일반화되면서 이제 거리는 문제가 되지 않습니다. 서울 부산은 말할 것도 없고 지구 반대쪽 사람과도 실시간 대화가 가능하니까요. 코로나 확산으로 인해 비행기는 멎었지만 인터넷 통신망을 이용한 정보 교류에는 지장이 없습니다. 많은 학교들이 온라인 화상 시스템으로 수업을 진행하고 있습니다.

모바일 '메시지' 소통 방식을 통해 '입소문'을 내려면 어떤 준비가 필요할까요?

인플루언서나 블로그 체험단과 같이 '사람'을 동원하여 소식을 퍼뜨리는 바이럴 마케팅이 성행하고 있습니다. 하지만 입소문은 기본적으로 '자발성'을 전제로 합니다. 자발적으로 추천되고 공유되는 콘텐츠라야 입소문을 일으킬 수 있기 때문이죠. 따라서 돈이나 보상이 따로 없어도 '공유'해야 할 이유가 있어야 합니다.

페이스북이나 카카오스토리, 혹은 밴드와 같은 SNS 채널을 이용할 때 어떤 게시물에 먼저 눈길이 가고 어떤 게시물을 공유하게 되는지 생각해 보세요. SNS를 통해 전파되는 콘텐츠와 메시지를 통해 전달되는 콘텐츠는 크게 다르지 않습니다. 이 말은 곧 SNS 채널에서 공감을 얻고 공유되는 콘텐츠가 메신저를 통해서도 더 널리 퍼진다는 말입니다.

일반적으로 공유되는 콘텐츠는 성격에 따라 크게 세 가지, 재미(감동), 유익(혜택), 정보(뉴스)로 나눠 볼 수 있습니다. 사람들은 아주 재미 있거나 감동적이거나 깊이 공감하는 내용이면 공유합니다. 또 친구나 지인들이 알면 좋을 것같은 유익한 정보나 소식이라 여겨지면 자발적으로 전달합니다.

전달 행위를 통해 특별히 어떤 보상을 받을 것이라 기대하는 게 아닙니다. 일부러 시키거나 요구하지 않아도 퍼나르고 함께 나눕니다. 공유 행동은 인간이 지닌 유전적 속성일지도 모릅니다. 사회 집단을 이루고 살면서 정보의 공유가 전체 구성원의 안전과 공동 이익으로 돌아온다는 것을 깨달은 결과 습득된 본성 같은 게 아닐까요?

타고난 본성이든 경험으로 터득한 속성이든 상관 없습니다. 메신저를 통해 자발적으로 전파되는 콘텐츠가 되려면 이러한 요소 중 한 가지라도 갖고 있어야 합니다. 그렇지 않다면 사람들이 콘텐츠 소비와 공유에 아까운 시간과 노력을 허비해야 할 이유가 없고, 당연히 입소문이 날 리도 없으니까요.

이번 장에서는 어떻게 해야 사람들이 메시지를 자발적으로 전달하고 공유하도록 할 수 있을지, '입소문' 메시지를 활용한 고객 확보 전략과 실전 사례들을 함께 알아봅니다.

[자랑 거리] 메시지로 스스로 알리게 하라

어제 오늘 읽었던 메시지나 SNS 게시물 중에 친구나 지인들에게 '전달'하거나 '공유'한 콘텐츠가 혹시 있나요? 있다면 어떤 내용인가요? 아주 기쁘거나 기분 좋은 소식, 함께 축하할 일이 생기면 사람들은 주변에 널리 알리고 싶어합니다.

맛있는 음식점을 새로 발견했을 때, 갖고 싶었던 아이템을 운 좋게 얻었을 때, 여행지의 풍경이 정말 멋지고 아름다울 때, 그리고 함께 축하하거나 위로 받고 싶은 애경사를 맞았을 때 우리는 시키지 않아도 공유합니다. 혼자만의 경험이나 추억으로 간직하기에는 아깝다고 느껴지는 순간 본능적으로 누군가에게 그 소식과 정보를 나누고 알리고 싶어지는 게 사람의 속성이기 때문이죠.

"다른 사람들에게 알려주고 싶다"는 맘이 들었다는 건 고객이 그 만큼 큰 감동이나 만족감을 얻었다는 것을 의미합니다. 그 만족이 실망감으로 바뀌지 않는 한 그 고객은 앞으로도 계속 여러분 가게의 재구매 고객으로 남아 줄 것이고, 다시 찾아주는 고객이 늘어날수록 사업은 번창하게 될 겁니다.

그렇다면, 어떻게 해야 고객으로 하여금 '스스로 자랑하고 싶은 마음'이 들게 만들 수 있을까요?.

⬤ 방법 : 만족감과 이익을 체감케 하여 고객이 스스로 자랑하게 만든다

만약 여러분이 운영하는 가게나 몰에서 고객이 무척 기분 좋은 경험을 하게 된다면 어떤 일이 벌어질까요?

굳이 다른 예를 들 필요 없이 우리 스스로의 경험을 되돌아 봅시다. 어쩌다 우연한 기회에 들린 음식점에서 처음으로 맛본 음식이 정말 보기도 좋고 맛도 훌륭해서 꼭 다시 오고 싶은 마음이 들었다고 칩시다. 가격까지 착해서 만족도가 최고치에 이르렀다면, 그 집을 아무에게도 알려주지 않고 나 혼자서만 알고 있으려 할까요?

내가 그러지 않는다면 고객도 마찬가지입니다. 우리 가게를 찾은 고객이 그런 감동과 즐거움을 경험한다면 분명히 그 고객은 친구나 지인들에게 자신이 겪은 일을 자랑스럽게 늘어 놓을 겁니다. 억지로 요구하지 않아도 스스로 누군가에게 알리고 싶어할 겁니다. 꼭 맛있는 음식에만 해당하는 이야기는 아니겠죠.

경험적으로 만족감을 주는 것 외에 실제로 이익을 얻을 기회를 주는 것도 좋습니다. 무료 시식권이나 행운권, 사은 할인권과 같이 누구나 한번쯤 먹어보고 싶고, 입어보고 싶고, 체험해보고 싶은 아이템을 무료 혹은 파격적인 가격에 이용해볼 수 있게 한다면 사람들은 그런 행운도 주변에 자랑하고 싶어질 테니까요.

5천원짜리 로또 복권을 구매하고 1억은커녕 4등 5만원 상금만 당첨되어도 좋아하며 자랑하고 싶은 게 사람의 마음입니다. 앞서 제시한 다양한 아이디어를 조금만 활용해도 미처 기대하지 않았던 즐거운 기억을 만들어 주는 것은 얼마든지 가능합니다.

가족 단위나 단체로 모임을 갖는 고객들과 같이 여럿이 모였을 때 이런 즐거운 이벤트를 함께 경험하게 하면 입소문은 더 크고 널리 퍼질 수 있을 것입니다. 처음 방문한 고객에게 다음에 다시 올 때 사용할 수 있는 할인쿠폰을 지급한다든가, 세 번 이용하면 한 잔을 무료로 주는 음료 쿠폰에 한꺼번에 두 개의 도장을 찍어 준다든가, 1+1 무한리필 할인 쿠폰 메시지를 보내 준다든가, 가위바위보 게임에서 이기면 할인을 2배로 해준다든가, 찾아보면 방법은 수두룩합니다.

'입소문'을 내게 하는 기법에서 가장 중요한 것은 즐거움과 만족감을 '기대 이상으로' 느끼게 해주는 겁니다. 억지로 요구하지 않아도 스스로 주변 사람들에게 알리고 싶어지도록 만드는 것이지요. 함께 참여한 일행들에게도 자랑할 이야기 거리와 즐거운 경험을 선사하여 단지 한 사람의 고객 만족에서 그치지 않고 입소문을 연쇄적으로 일으키도록 하는 것이 핵심 포인트입니다.

따라서 기대하지 않았던 즐거움을 누릴 수 있는 이벤트를 만들어 제안 메시지를 보내 보세요. 그 메시지를 받은 사람은 여기저기 누군가에게 말하고 싶어질 것입니다.

[자랑 거리] 메시지 템플릿	적용 예시
안녕하세요? 모두가 푸짐하고 맛있게 드시는 모습을 상상하며 오늘도 ○○○을 즐겁게 만들고 있는 ○○○입니다. 0월 00일, 저희 ○○○이 개업 ○주년을 맞습니다. ★★★ ○○○개업 ○주년 기념 사은 이벤트 ★★★ 0월 00일부터 00일까지 0일간 모든 요리를 반값에 제공해 드립니다. 몇 명을 동행하셔도 괜찮습니다. 오시는 모든 분께 반값에 드리겠습니다. 가족, 친구와 함께 손잡고 방문해 주세요!!	안녕하세요? 모두가 푸짐하고 맛있게 드시는 모습을 상상하며 오늘도 족발보쌈을 맛있게 삶고 있는 백족발입니다. 3월 17일, 저희 백족발이 개업 7주년을 맞습니다. ★★★ 백족발 개업 7주년 기념 사은 이벤트 ★★★ 3월16일부터 18일까지 3일간 모든 요리를 반값에 제공해 드립니다. 몇 명을 동행하셔도 괜찮습니다. 오시는 모든 분께 반값에 드리겠습니다. 가족, 친구와 함께 손잡고 방문해 주세요!!

* 백족발 본점은?

▶ 상호 : 백족발 본점
▶ 업태 : 음식
▶ 종목 : 한식
▶ 개요 : 광주광역시에 소재한 족발전문점으로, 3년 가까운 노력 끝에 전라도음식의 맛과 멋 그리고 푸짐함을 족발음식에 담아낸 파숙지 족발을 출시, 요리경연대회에 참가하여 2회 연속 대상을 수상하는 등 이제는 지역내 대표 족발로 자리잡아가고 있습니다. 2020년 초 광주 지역 내 우수 음식점을 제치고 유일하게 광주광역시 지정 '광주맛집'에 선정되었고, 6월에는 한국조리협회에서 국내 최초로 '족발보쌈 명인' 인증서를 수여받은 곳으로, 전라도식 족발보쌈 음식의 맛과 경험을 만족스럽게 체험할 수 있도록 노력 중입니다. (*파숙지는 전라도 방언으로 '파나물'을 뜻함)

▶ 상품 :
  1. 파숙지 족발보쌈 한상차림 : 한상 가득 푸짐하게 차린 정통 전라도식 족발보쌈 (판매 1위 메뉴)

  2. 파숙지 족발(보쌈) : 한약재를 사용하지 않고 야채와 과일로 삶아 깔끔하고 담백한 맛이 특징인 대표 메뉴

  3. 매운족발 : 속 쓰리지 않게 매우면서도 계속 땡기는 불향 가득한 맛이 일품

  4. 냉채족발 : 쫄깃한 해파리와 신선 야채, 겨자소스가 듬뿍 들어간 특제 소스 맛이 일품

  5. 2가지맛 세트메뉴 : 족발, 보쌈, 매운족발, 냉채족발 중 2가지를 선택해 맛볼 수 있는 패키지 메뉴

응용 포인트

❶ 함께 온 일행에게도 혜택을 제공하여 동료의식을 갖게 한다.

❷ 평소 대화시 즐겨 나누는 이야기거리나 재미있는 이벤트를 제안한다.

❸ 생각지 못했던 깜짝 선물을 준비하여 기대와 호기심을 불러 일으킨다.

❹ 자주 오는 기회가 아니라는 점을 드러내, 희소성을 느낄 수 있게 한다.

❺ 주위에 소문을 내주면 선물을 제공하여 고객들이 스스로 알리게 한다.

활용 사례들

2 [사진 첨부] 메시지로 호기심을 자극하라

 '백문이 불여일견'이라고 하죠. 말로 백 번 떠드는 것보다 딱 한 번 눈으로 보여주는 게 더 효과적일 때가 많습니다. 보여주는 즉시 반응을 보이는 것이 바로 '사진'입니다. 물론 동영상을 이용하면 더 실감나게 사실적으로 보여줄 수 있죠. 하지만 너무 사실적이면 기대감이나 호기심이 반감될 수도 있고, 첫 장면만 봐서는 재생을 해야 할지 말아야 할지 고민하게 만들기도 합니다.

 반면에 사진을 잘 활용하면 팔고 싶은 것, 홍보하고 싶은 것을 시각적으로 꾸며서 보여줄 수 있습니다. 특히 사진에 적당한 보정 효과를 더하면 실제보다 훨씬 더 멋지고 세련된 이미지를 만들어 전달하는 게 가능합니다. 여러분 가게를 이미 잘 아는 고객이라면 구구절절 장황하게 설명을 늘어 놓은 글보다 사진 한 장을 제대로 보여주는 편이 설득하기에 더 빠르고 효과적일 겁니다.

실제로 카카오톡을 통해 뿌려지는 대부분의 이벤트 메시지 중에 사진이나 이미지가 없이 단순 문자로만 이루어진 메시지는 거의 찾아보기 어렵습니다. 사진을 첨부한 메시지를 이용하면 우리 매장에 와보지 못한 고객이나 이제 막 고객이 된 사람들에게 우리가 어떤 상품들을 팔고 있는지, 혹은 어떤 음식을 맛볼 수 있는지를 한눈에 보여줄 수 있습니다. 특히 가게의 전경이나 매대 진열장, 홀 모습이나 테이블, 신메뉴 소개 같은 사진들을 실으면 좋겠지요.

사진이 포함된 메시지를 효과적으로 만들어 보내려면 어떻게 해야 할까요?

⬤ 방법1 : 신상품·신메뉴 사진을 넣은 메시지로 호기심을 유발한다

사진을 무조건 많이 첨부한다고 좋은 건 아닙니다. 임팩트가 강한 만큼 너무 많이 사용하거나 잘못 사용하면 역효과가 날 수도 있으니까요. 사람들은 신상품이나 새 메뉴에 대해 기대와 불안감을 동시에 가집니다. 음식에만 국한된 게 아니고 일반 상품도 마찬가지입니다.

보통 새로운 상품이나 메뉴가 나왔다고 하면 고객은 아직 경험해 보지 못한 터라 "도대체 어떤 걸까?" 혹은 "과연 어떤 맛일까?" 싶어서 평소보다 더 많은 관심을 가지게 마련입니다. 따라서 이런 경우 아주 맛있어 보이는 사진을 먹음직스럽게 연출하여 찍어 보내주면, 식욕이 발동하는 게 인지상정입니다.

다음에 제시한 기본 템플릿과 예시 사례를 참고하여 사진을 첨부한 메시지를 잘 만들어 보세요.

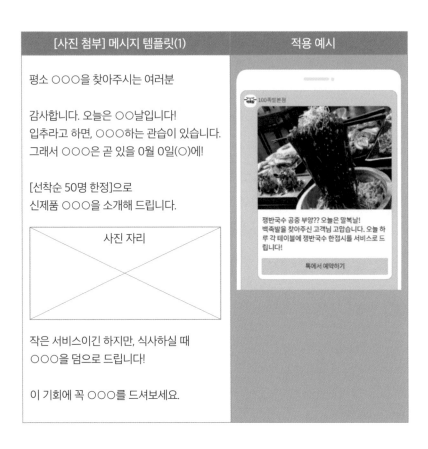

[사진 첨부] 메시지 템플릿(1)	적용 예시
평소 ○○○을 찾아주시는 여러분 감사합니다. 오늘은 ○○날입니다! 입추라고 하면, ○○○하는 관습이 있습니다. 그래서 ○○○은 곧 있을 0월 0일(○)에! [선착순 50명 한정]으로 신제품 ○○○을 소개해 드립니다. 사진 자리 작은 서비스이긴 하지만, 식사하실 때 ○○○을 덤으로 드립니다! 이 기회에 꼭 ○○○를 드셔보세요.	

방법2 : 메시지 안에 자연스레 사진을 넣어 전화 문의를 유도한다

평소 메시지를 보낼 때 은근슬쩍 사진을 넣어 고객의 식욕이나 소유 충동을 자극하는 가게가 있습니다. 사진이 메시지의 일부로 자연스럽게 표현되도록 하여 억지스럽지 않게 새로운 메뉴나 신상품을 소개할 수 있 습니다. 구구절절 긴 설명보다는 먹음직스런 요리 사진이나, 꼭 갖고 싶 은 충동이 들게 하는 멋진 사진을 메시지 안에 포함하여 자연스럽게 노 출하는 것이 핵심입니다.

사진을 첨부한 메시지를 만들 때 핵심 포인트는 '한 컷으로 눈길을 확 끌 수 있는' 이미지를 찾는 것입니다. 사람들의 눈은 글과 그림이 함께 있을 때 자연스럽게 그림에 먼저 시선이 가게 마련입니다. 따라서 사진 한 장이 전체 메시지의 내용을 짐작하게 하고, 스크롤하던 손가락을 멈추도록 하는 데 매우 중요한 역할을 합니다.

"이게 뭘까?" 싶은 호기심을 주는 사진, 아주 먹음직스런 사진, 구매 충동을 일으키는 사진 등을 골라서 적절히 사용하는 센스가 관건입니다. 과유불급! 지나치게 과장스럽거나 조잡한 이미지, 해상도가 낮아서 뭉개져 보이거나 원본 사진의 가로 세로 비율을 임의로 바꾸어 찌그러져 보이는 사진을 쓰는 것은 절대 금물입니다!

사진을 첨부한 메시지를 발송할 때는 문자에 이모티콘을 적절히 섞어 쓰는 것도 중요합니다. 이모티콘이나 캐릭터 스티커와 같은 재미 있는 감정 표현 요소를 잘 이용하면 빽빽한 텍스트만으로 이루어진 메시지보다 훨씬 더 친근하고 읽고 싶어지는 메시지를 구현할 수 있을 겁니다.

"단 한 사람이라도 우리 메시지를 더 보고, 꼭 찾아 왔으면 좋겠다"는 간절한 마음으로 사진과 함께 이모티콘을 사용하면 더 효과적입니다. 주 고객층이 여성이라면 깔끔하고 귀여운 표현을 위해서도 이모티콘을 사용하는 것이 좋습니다. "정말 귀엽네요", "가게와 직원들 분위기가 사진 하나로 잘 전달되는 것 같아요" 같은 반응들이 나온다면 최선이지요. 이모티콘을 잘 사용하면 친근감을 높이고, 고객과의 거리감을 크게 줄일 수 있습니다.

아래와 같은 추가 예시 사례를 참고하여 사진을 첨부한 메시지를 실전에서 활용해 보세요.

[사진 첨부] 메시지 템플릿(2)	적용 예시

오늘 하루 매장 방문 고객 특별 서비스!!

○○○에서 직송한 싱싱한 ○○과 ○○을
넣은 2020년 신메뉴 ○○○ 출시!!

오늘은 ○○날입니다.
○○○에서 제철 요리의 살아있는 맛을
느껴 보세요.

00,000원짜리 ○○○ 신메뉴를
출시 기념 특가로
00,000원에 제공해 드립니다!

맛도 보시고, 할인의 즐거움도 누리세요!!

★ 9월10일 ~ 25일까지 보름 동안
선착순 10팀! 홀 이용고객 특별서비스!!
[통오징어 숙회] + [코다리 튀김] 세트 제공!!

| 톡에서 예약하기 | 공유하기 |

🔘 응용 포인트

❶ 평소 익숙한 제품 대신 신제품이나 신메뉴의 사진을 첨부한다.

❷ 구매시 보너스나 선물 사진을 첨부하고, 이모티콘을 적절히 넣는다.

❸ 초점이 잘 맞는 깔끔하고 선명한 사진을 쓴다(컬러 사진이 바람직).

❹ 홈페이지에 실려 있는 이미지와 똑같은 사진은 사용하지 않는다.
　(신선도 저하)

❺ 화질이 낮거나 볼품 없는 사진, 너무 많은 사진을 쓰면 안 된다.

🔘 활용 사례들

3 [보상 약속] 메시지로 친구를 데려오게 하라

　한 번 방문했던 고객, 첫 구매를 한 고객이 다시 재방문 또는 재구매를 하도록 유인할 때 좋은 방법 중 하나가 친구나 지인을 데려올 수 있도록 하는 장치를 마련하는 것입니다. 즉 자신의 구매 경험을 주변에 자랑하고 싶어지도록 하는 동시에, 다른 친구를 데리고 오게 만드는 '친구 유인 전략'이 필요합니다.

　본인의 구매 경험이 만족스럽지 않은데 친구나 지인에게 소개해주기를 기대하기는 어렵습니다. 고객에게 만족감을 선사해야 하는 것은 기본입니다. 친구를 데려 오게 하려면, 소개한 사람과 따라온 사람 모두에게 기대하지 않았던 이익이나 행운을 느끼게 해줘야 합니다. 그 만큼 더 치밀한 작전을 펼쳐야 합니다.

　어떻게 하면 혼자만 방문하는 데서 그치지 않고, 친구 손을 붙잡고 다시 오게 만들 수 있을까요?

🔘 **방법1 : 함께 온 사람에게도 50% 세일 혜택을 제공한다.**

나 자신은 만족했다 하더라도 친구나 지인에게 소개하거나 추천하는 일은 쉽지 않습니다. 사람마다 개인별 취향이나 선호도에 차이가 있을 수 있기 때문에 설령 내가 만족했더라도 친구들도 만족할 거라고 확신하기는 어렵기 때문이지요. 지인에게 소개를 하고는 싶어도 뭔가 적당한 명분이 필요한 경우라 할 수 있죠.

또한 어떤 경우에는 혼자 가기에 좀 눈치가 보이거나 용기가 필요한 경우도 있습니다. 문신이나 타로, 사주카페와 같이 혼자서만 가기에는 왠지 조금 망설여지는 상황에서 사람들이 느끼는 심리적 부담을 덜어주는 방법이 바로 친구와 함께 손잡고 오도록 하는 것입니다.

특히 옷이나 액세서리와 같이 자신에게 어울리는지 옆에서 봐주는 친구가 있으면 더 좋은 제품이나 아이템을 취급하는 매장에서는 더욱 효과적인 접근이겠죠.

이런 경우 친구를 데려 오면 내가 내야 할 비용뿐만 아니라 함께 따라온 고객의 비용도 반값으로 할인해주는 방법을 이용하면 효과가 좋습니다. 소개를 받아서 따라온 친구가 자연스럽게 새로운 신규 고객이 되기 때문에 새 손님도 얻고, 소개한 고객은 재구매 고객이 되는 '일거양득' 상황이라 반값 할인을 하더라도 투자할 만한 가치가 충분합니다.

뒤에 제시한 템플릿 예시 문안을 참고하여 "동행시 일행도 50% 할인" 메시지를 만들어서 실제 효과가 있는지 직접 검증해 보세요.

[보상 약속] 메시지 템플릿	적용 예시
개업 1주년 기념 이벤트 제 O탄!! 회원이라면 누구나 ○○○를 반값에 드립니다! 보너스로, 계산하실 때 00%를 추가로 할인해 드립니다. 함께 오신 분들도 회원으로 등록해 주시면 ○○○를 반값에 드립니다!! ♪	★★★ 개업 7주년 기념 이벤트 제1탄 ★★★ 백족발 카카오톡 채널 회원이 되시면 족발보쌈 메뉴를 모두 반값에 드립니다. 고객 후기를 작성해 주시면 추가로 주먹밥 또는 쟁반국수를 서비스로 드립니다. 함께 오신 분들도 카카오톡 채널 추가만 해주시면 족발보쌈을 반값에 제공해 드립니다! 개업 7주년 기념, 오늘 하루, 100개 한정!! 파격 반값 할인 혜택을, 재료 소진되기 전에 오셔서 직접 누리시기 바랍니다.

⬤▶ 방법2 : '소개 이벤트'를 열어 친구나 지인을 소개하도록 유인한다

친구나 지인을 적극적으로 데려 오게 만드는 가장 빠르고 효과적인 방법은 '소개 이벤트'를 실시하는 겁니다.

우리 가게나 몰에 찾아와 구매 경험을 갖고 만족한 고객에게 친구나 지인을 소개하도록 유도합니다. 물론 소개해준 고객과 소개받은 친구 모두에게 만족할 만한 선물을 제공해야겠죠.

"그건 너무 당연한 이야기 아냐?"라고 할 수도 있지만, 많은 사업자들이 지인을 소개해 달라고 부탁하는 데 의외로 소극적입니다. 손님에게 부담을 주어 기존 고객마저 놓치지 않을까 우려하여 그런 부탁을 꺼리는 것이죠. 하지만 만족한 고객은 자신의 만족감을 다른 사람들에게 전하는 게 자랑스러울 수 있다는 점을 알아야 합니다.

길거리에 지나가는 행인에게 전단지를 뿌리느라 아까운 광고비를 소비하는 대신, 한번이라도 찾아와서 만족스런 경험을 한 고객에게 '소개

할인권' 등을 지급해 보세요. 전단지 광고로는 얻지 못한 효과를 실감하실 수 있을 겁니다. 재구매 고객의 만족스런 경험이 소개 이벤트를 통해 자연스럽게 확산되도록 하는 것이 이 방법의 성공 비결입니다. 친구나 지인을 소개하고 함께 데려 오게 하는 핵심은 먼저 온 고객이 감동하거나 즐거운 경험을 할 수 있어야 한다는 것입니다.

소개 이벤트를 시행할 때는 소개를 한 사람만이 아니라 소개를 통해 온 사람에게도 같은 혜택을 제공하는 게 중요한 포인트입니다. 그래야 소개한 사람도 보상에 눈이 멀어 친구를 이용한 게 아닌가 하는 의심이나 부담감을 갖지 않을 수 있기 때문이지요. 어떤 업종이든 한번 우리 고객이 된 사람으로부터 소개를 얼마나 잘 받아내는가가 신규 고객을 늘리는 핵심 관건입니다.

다음과 같은 추가 템플릿과 예시 사례를 참고하여 '소개 이벤트' 메시지를 작성해 보내 보세요.

[보상 약속] 메시지 템플릿	적용 예시
○○○ 개업 00주년 기념 특별 이벤트! 여름 시즌이 가기 전 마지막 득템 찬스! 00주년 기념 이벤트에 도전하세요! #대상자 : 0월 한달 간 저희 대리점 매장을 소개하신 분과 소개받은 분 모두 #증정품 : ○○나 ○○를 받을 수 있는 100% 꽝 없는 추첨권! #보너스 : 여름 빅 이벤트! 추첨과 동시에 행운 추첨권을 추가로 드립니다. 당첨자 1명에게 ○○○을 드립니다!!! 00 월 00일에 추첨하여 결과를 메시지로 보내드립니다. 소개해주신 횟수만큼 당첨 확률은 쭉쭉 올라갑니다! 더 널리 마음껏 소개해 주세요!	★★★ 외식상품권 100만원을 드립니다 ★★★ --- 백족발 개업 7주년 기념 특별 이벤트 --- 올 여름 시즌이 가기 전 마지막 득템 찬스! 백족발 7주년 기념 이벤트에 도전하세요! ★ 대상자 : 7월 한달간 백족발 매장을 소개하신 분과 소개받은 분 모두! ★ 기본 보너스 : 쟁반국수 또는 주먹밥 (100% 꽝 없는 추첨권 증정!) ★ 추가 보너스 : [행운 추첨권] 추가 증정! - 1등 1명 : 20만원권 외식상품권 - 2등 3명 : 10만원권 외식상품권 - 3등 10명 : 5만원권 외식상품권 증정 ★ 당첨자 발표 : 8월 1일 - 추첨 결과(당첨자)는 메시지로 보내 드립니다. - 소개해주신 횟수 만큼 당첨확률도 올라갑니다! - 더 널리 마음껏 소개해 주세요!!

⬤○ 응용 포인트

❶ 혼자서만 가기에는 좀 망설여지는 경우나 업종에서 이용하면 좋다.

❷ 소개한 사람과 소개받은 사람 양쪽 모두에게 혜택을 제공한다.

❸ 여러 사람이 함께 즐길 수 있는 이벤트나 추가 선물을 준비한다.

❹ 아무 때나 하지 말고 계절맞이 이벤트나 명절에 맞춰서 발송한다.

❺ 덤으로 주는 보너스나 추가 혜택을 제공하여 입소문을 부추긴다.

활용 사례들

[SNS 공유] 메시지로 고객이 홍보하게 하라

도시 번화가에 자리한 가게들은 말할 것도 없고, 주택가 안쪽에 숨어 있는 작은 카페나 한적한 뒷골목에 자리한 시골 음식점에서도 요즘 공통적으로 볼 수 있는 장면이 있습니다.

"페이스북이나 인스타그램에 사진을 찍어 게시하고 인증샷을 보여주면 추가 음료나 메뉴를 서비스로 제공"한다는 안내 홍보물을 계산대나 테이블, 실내 벽 등에 붙여놓은 모습이지요. 그만큼 이제 SNS 채널을 이용한 가게나 매장 홍보는 일상적인 수단으로 자리잡은 상태입니다.

이같은 SNS 채널 활용 전략 또한 한번 왔던 고객이 다시 오도록 유인하거나, 친구나 지인을 소개하도록 하여 신규 고객을 늘리는 아주 좋은 도구입니다. 그런데도 홍보물만 몇 군데 붙여놓고 더 적극적으로 활용하지 못한다는 게 문제입니다.

모바일 소통과 SNS 채널 이용이 거의 모든 국민에게 일상화된 시대에 가장 효과적인 지인 홍보 채널을 놀려 두거나 소극적으로 방치하는 것은 매우 안타까운 일입니다.

그렇다면 메시지를 어떤 방식으로 작성하게 하면 SNS 채널을 통해 고객을 끌어올 수 있을까요?

⬤ 방법1 : '인증샷 보상' 이벤트를 실시해 방문 고객을 홍보대사로 삼는다

여러가지 SNS 채널들 중에서 친구나 팔로워들에게 간접 홍보를 유발했을 때 좋은 효과를 내는 플랫폼은 인스타그램입니다. 페이스북이나 카카오스토리, 밴드도 영향력이 없지 않지만, 인스타그램에 비추어보면 힘이 약합니다. 인스타그램의 어떤 특성이 이같이 홍보 도우미 역할에 강점으로 작용하는 것일까요?

인스타그램은 '관심사 기반 SNS' 채널입니다. 페이스북이나 카카오스토리, 밴드는 주로 오프라인 관계를 통해 이미 알고 있는 사람들끼리 맺어진 '인간 관계'를 기초로 교류하는 쌍방향 채널입니다. 반면에 인스타그램은 평소 서로 모르는 관계여도 상관 없습니다. 특정한 관심 주제에 관해 어떤 사람이 올리는 게시물이 맘에 들면 '팔로우'하여 그 계정에서 올리는 게시물을 '구독'하는 '일방향 채널'에 가깝기 때문이지요.

물론 쪽지(DM)를 통해 서로 인사를 나누고 상호 팔로우 관계를 맺게 되면 쌍방향 채널의 성격이 강화되는 것은 맞습니다. 하지만 그렇다해도 대개는 한쪽이 콘텐츠를 올리면 다른 한쪽이 구독하는 '팬과 리더'의 관계를 맺는 게 일반적입니다. 따라서 팬이 많은 계정의 보유자(인플루언서)일수록 게시물 업로드의 효과가 크게 나타날 수밖에 없습니다.

그러므로 인스타그램 채널의 인증샷 효과를 통해 우리 가게가 더 널리 알려지기를 원할 때는 두 가지 방법을 동시에 추구해야 합니다.

하나는 우리 가게의 인스타그램 공식 계정을 개설하고, 방문자가 우리 계정을 팔로우하게 요청하여 우리 가게 계정의 팔로워(구독자)를 늘려야 합니다. 그래야만 장기적으로 우리가 직접 찍어서 올린 게시물을 통해 광고비 들이지 않고 팔로워에게 무료로 노출하는 효과를 키울 수 있으니까요.

다른 하나는 가능한 팔로워를 많이 거느리고 있거나 영향력이 있는 사람들을 가게로 초청하여 자신들이 직접 찍은 사진이나 영상 게시물을 각자의 계정에 올리도록 요청해야 합니다. 팔로워가 많거나 영향력이 강한 리더가 올리는 게시물일수록 홍보 효과는 더 크게 나타나겠지요.

🔘 방법2 : 고유한 '해시 태그'를 개발해 인증샷 게시물에 첨부하게 한다

방문 고객이 자신의 계정에 인증샷 게시물을 올릴 때는 꼭 #해시태그를 추가로 써 달라고 요청해야 합니다. 가게 이름(예: 상호/지역명)이나 업종/대표메뉴(예:한식/삼겹살) 태그는 기본입니다. 대표 키워드(예: 강남맛집, 홍대클럽)와 더불어 우리만의 고유한 태그(예: 개콘, 웃찾사, 유디니…) 조합어를 만들어 공유 요령과 함께 홍보용으로 노출할 해시태그 키워드 목록을 함께 알려줘야 합니다.

인스타그램의 게시물은 각 개인의 관심사나 주제를 중심으로 키워드를 '검색'하거나, 특정 키워드로 검색한 이후 펼쳐지는 게시물 목록에서 임의로 터치하여 '탐색'하는 패턴을 보입니다. 최초 키워드 검색 결과에 우리 가게가 노출되지 못하면 수많은 다른 게시물에 묻혀서 눈에 띄기조차 쉽지 않기 때문에 우리만의 고유한 해시태그 키워드를 개발하는 것이 효과적입니다.

따라서 인스타그램과 같은 SNS 채널에 인증샷 공유 이벤트를 통해서 가게를 홍보하려면 우리 계정을 키우는 동시에 인플루언서나 체험단과 관계를 돈독히 다지고, 시너지를 낼 수 있는 이벤트를 자주 만들어야 합니다. 어떤 채널도 달랑 계정만 만들어 놓는다고 해서 저절로 홍보 효과가 생겨나지는 않으니까요.

'SNS 게시물 인증샷 보상' 기법의 핵심 포인트는 우리 계정에 팔로워를 늘리는 동시에, 파워 인플루언서들의 계정에 우리 가게나 몰이 최대한 자주 노출되도록 하는 것입니다. 아울러 우리만의 고유한 해시태그를 개발하여 독립적인 키워드로 키워낼 수 있느냐에 따라서 노출의 성패가 크게 갈립니다.

따라서 한번이라도 방문한 고객들에게 꼭 팔로워를 요청하고 새로운 이벤트가 생기거나 할 경우 이를 알리는 메시지를 적극적으로 전송하는 게 바람직합니다. 각종 기념일은 물론이고 일년 내내 상시적으로 진행해도 상관 없습니다. 그런 만큼 처음 맺은 고객과의 관계를 통해 친구의 친구를 불러오는 수단으로 적극 활용해 보세요!

아래와 같은 추가 템플릿과 예시 사례를 참고하여 'SNS 업로드 인증 시 보상' 메시지를 작성해 보세요.

[SNS 공유] 메시지 템플릿	적용 예시
SNS 인증샷 올리면 1인분 추가!!! 개업 O주년 기념 SNS 이벤트! 방문 고객 중 SNS(페이스북, 인스타그램, 카카오스토리, 밴드 포함)에 가게 모습이나 메뉴 사진을 업로드하고 인증샷을 보여주는 모든 분께 4인 테이블 기준 1인분 추가 서비스 제공! 가게 SNS 계정 팔로우(인스타그램 계정 및 페이스북 페이지 좋아요, 카카오스토리 소식 받기 및 카카오톡 채널(플러스친구) 추가시 테이블당 1캔씩 음료수 무료 증정! OO월 OO일부터 OO일까지 인증샷을 올리고 확인해주시는 즉시 제공합니다! 게시물에 다음 해시태그 중 최소 1개 필수 기입! #0000, #00000, #000000	★ SNS 인증샷 올리면 고기추가(11,000원) 공짜!! ★ --- 백족발 SNS 인증샷 이벤트에 참여하세요 --- 페이스북, 인스타그램, 카카오스토리, 밴드 어디든 좋습니다. 고객님의 SNS 채널에 백족발 가게 모습이나 메뉴 사진을 올리고 인증샷을 보여주세요! 인증샷이 확인되는 모든 분께 4인 테이블 기준 고기추가(11,000원) 서비스 제공! 인증샷을 올리시고 직원에게 보여 주세요. 확인 즉시 고기추가 서비스로 드립니다! ★ 다음 해시태그 중 2개 이상 기입해 주셔야 합니다! #광주맛집 #수완지구맛집 #수완맛집 #신창동맛집 #광산구맛집 [카카오톡 채널] 추가시 "고기 더"를 서비스로 드립니다. 카톡 검색창에 "@100족발"을 검색하여 [채널 추가] 바랍니다! ★ 홀, 포장, 배달 모두 이용 가능합니다!!

응용 포인트

❶ SNS가 생활화된 젊은층이나 학생들 중심으로 권하면 효과적이다.

❷ SNS 채널을 여러 개 만들어 각자 선호하는 채널에 올리도록 한다.

❸ 장년층이 주로 이용하는 곳이면 카카오스토리나 밴드도 적극 권한다.

❹ 우리 계정 팔로우를 요청하고, 해시태그를 빠뜨리지 않도록 안내한다.

❺ 팬이 많은 인플루언서나 체험단을 초청하여 입소문을 내도록 만든다.

활용 사례들

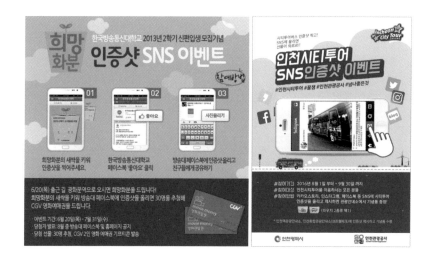

5

[퀴즈 참여] 메시지로
고객에게 재미를 선물하라

"재구매율을 높이고, 반복적으로 재구매하는 단골 고객을 오래도록 유지시킨다."

이러한 목표는 모든 업종 모든 사업자들의 바람이요 희망입니다. 하지만 현명하면서 변덕 심한 고객들은 우리의 의지나 희망과 무관하게 행동합니다. 꼭 우리 가게나 몰이 아니어도 구매할 수 있는 선택지들이 사방에 널려 있기 때문이지요. 기분 나쁜 경험을 하거나, 속았다는 생각이 들면 그 즉시 떠나버리는 고객을 탓하는 것은 지극히 어리석은 일입니다.

가끔씩 '진상 고객'을 상대하면서 골머리를 앓는 쇼핑몰 운영자들의 하소연을 듣다보면 듣기만 해도 고개를 젓게 됩니다. 블랙리스트 고객이 생기는 것은 기본적으로 일회성 관계로 파트너십이 약한 데서 기인합니다. 따라서 어떻게든 첫 구매가 이루어지는 고객과는 지속적인 스킨

십을 통해 마치 한 가족과 같은 유대감을 느끼게 하는 것이 무엇보다 중요합니다.

고객과 유대 관계를 만들어 내는 데 효과적인 것이 '고객 참여' 메시지를 이용하는 방법입니다. 우리 가게의 매력을 이용 고객과 함께 공유하는 것입니다. 직접 만날 기회가 없이 온라인 메시지만으로 교류하게 되면 다소 일방 통행식이기 때문에 서로의 얼굴을 익힐 수 없습니다. 얼굴을 대할 기회가 적어지면 평소 우리 가게에 잘 오던 손님들도 점차 줄어들게 됩니다.

어떻게 하면 이런 관계 단절을 막고, 재구매 고객을 증가시킬 수 있을까요? 작전이 필요합니다!

⬤⬤ 방법 : '퀴즈 참여' 형식의 메시지를 보내 고객을 즐겁게 해준다

고객의 참여를 억지로 유발하지 않고 자연스럽게 우리와의 관계를 증진시키는 데 퀴즈만한 것이 없습니다.

2019년 초반 토스에서 기획한 '100원 네이버 실검 퀴즈' 이벤트를 통해서 퀴즈 형식이 얼마나 막대한 참여 유인력을 갖고 있는지 충분히 입증했습니다. 이후 대규모 사용자 기반을 갖고 있는 거의 모든 플랫폼에서 유사한 퀴즈 광고를 개발하여 우후죽순처럼 경쟁적으로 퀴즈 형식 홍보전에 나섰지요. 이런 사례를 돌아보면 퀴즈 참여 기법의 강점은 더 명확히 드러납니다.

"○○○ 기념 제1탄 ○○○ 맞추기 퀴즈!
상세한 참가 방법은 홈페이지를 참고해 주세요.
www.○○○○○○.co.kr"

이와 같은 형식의 짧은 메시지 몇 줄만으로 잠재고객에게 우리 홈페이지의 존재와 이벤트를 알리면 끝입니다. 이 짧은 메시지 몇 줄을 통해 고객이 퀴즈 대회에 참가하도록 유도하고, 홈페이지에서 방문하는 고객에게 파격적인 혜택이나 선물을 제공함으로써 즐거운 경험을 제공하는 것이 노림수입니다.

퀴즈 풀이 형식은 조금만 아이디어를 보태면 여러가지 방식으로 연결하여 활용할 수도 있습니다. 예를 들어 초성 퀴즈 한 줄 만으로도 관심을 끌 수 있고, 매장에서 주사위 하나로도 고객을 참여하도록 할 수 있습니다. 주사위를 던져서 나온 숫자에 따라 선물이나 혜택을 제공하는 이벤트를 열고, "회원으로 등록하면 주사위 게임에 참여할 수 있다"고 안내하면 거의 모든 사람들이 회원으로 등록합니다. 그리고 "주사위를 세 번 던질 수 있는데, 1번이 세 번 나오면 비용이 무료입니다." 라고 하면, 누군가가 주사위를 던질 때마다 가게 안 여기 저기에서 환호성과 탄식이 동시에 들려 오겠지요.

꼭 1등만이 아니라, 2등, 3등을 위해서도 매력적인 상품을 준비하여 제공하면 방문한 고객뿐만 아니라 직원들도 덩달아 기분이 좋아집니다. 퀴즈나 게임 기법의 핵심 포인트는 구매나 방문시 즐거운 추억을 쌓도록 하여 고객을 지속적인 단골로 만드는 것임을 잊지 마세요!

다음 예시 사례에서는 '퀴즈 참가' 형식을 고객 참여의 방법으로 제시하고 있습니다. 퀴즈는 매우 단순하지만 쉽고 빠르게 반응을 일으킬 수 있는 형태로 쌍방향 커뮤니케이션을 가능하게 만들어 줍니다. 고객을 즐겁게 하고, 재구매 고객으로 만들기에 최고의 방법이라 할 수 있는 퀴즈 형식으로 적극 활용해 보세요.

다음과 같은 기본 템플릿과 예시 사례를 참고하여 '퀴즈 참여' 독려 메시지를 날려 보세요.

[퀴즈 참여] 메시지 템플릿(1)	적용 예시

안녕하세요! 0000입니다.
항상 저희 가게를 찾아주셔서 감사합니다.
 	
장마철인데 무더위가 기승이네요 ~
○월 ○○일은 무슨 날일까요?
정답은 홈페이지를 참고하세요!
www.○○○○○○.co.kr
 	
★★ ○월 ○○일은 영업을 하지 않습니다.
	안녕하세요?
	국내 최초 족발보쌈 명인의 집 백족발입니다.
	항상 저희 매장을 찾아주셔서 진심으로 감사합니다.
	감사의 뜻으로 퀴즈풀이 이벤트를 개최합니다.
	
	★★★ 퀴즈 풀고 10만원 상품권 받자 !! ★★★
	
	▶ 퀴즈를 맞추신 분들께 추첨을 통해 상품권을 드립니다.
	- 1등 1명 : 10만원 외식 상품권
	- 2등 2명 : 5만원 외식 상품권
	- 3등 20명 : 1만원 외식 상품권
	
	▶ 참여기간 : 9월 27일부터 10월 14일까지
	▶ 추첨일시 : 10월 15일
	  (당첨되신 분들께는 문자메시지로 알려드립니다.)
	
	▶ 문제 : "백족발은 국내 최초 족발보쌈 ○○의 집이다."
	      ○○ 에 들어갈 단어는 무엇일까요?
	
	▶ 아래 링크를 클릭하면 퀴즈에 참여할 수 있습니다.
	= http://naver.me/xvuwIQwV

템플릿 (추가 예문)

[퀴즈 참여] 메시지 템플릿(2)	[퀴즈 참여] 메시지 템플릿(3)
장마철이 다가왔습니다 ~ 습도가 높아 기분도 처지는데요... 그럴 때일수록 ○○○에서 기분전환을 합시다! 활기차게 움직여봐요♪ 노래를 부르면서 머릿속을 말끔하게 정리해 보세요. 이번에도 머릿속이 말끔해지는 '○○○ 퀴즈'를 출제하겠습니다~ 문제입니다. ○○○○○○○○○○○○○○○○ 답을 아시겠나요? 아시는 분은 접수처에서 말씀해 주세요. ○월 ○일까지 퀴즈의 정답을 맞히신 분께 는 "○○○"를 드립니다. 수량이 한정돼 있으므로 서두르세요♪ 힌트입니다... ○○○○○○○○○○○○ ▼ 마지막 힌트는 아래 링크를 클릭하세요! www.○○○○○○.co.kr	연속 회원 한정 스페셜 기획! 안녕하세요! ○○○입니다. ○월 ○일부터 ○일까지 ★신년맞이 ○○○ 주사위 대회★ 계산대에서 이 메시지를 보여주세요. 그러면 주사위 3개를 던지실 수 있습니다. ① 1이 3번 나오면 전액 무료! ② 똑같은 숫자가 3번 나오면 반값! ③ 세 숫자의 합이 9라면 30% 할인! ④ 한 번이라도 1이 나오면 10% 할인! 이벤트 기간 중에는 몇 번이든 도전할 수 있습니다. 식사하신 분들만 참여 가능합니다. ※ ○○○ 메뉴는 대상에서 제외됩니다. ※ 다른 할인권과 함께 사용할 수 없습니다. 자세한 내용은, 일단 오셔서 확인하세요!

❶ 업종이나 취급하는 아이템과 연관된 다양한 퀴즈를 기획한다.

❷ 참가자 경품은 너무 부담스럽지 않고, 독자적인 것으로 준비한다.

❸ 퀴즈 문제는 풀기에 어렵지 않게 최대한 간결하고 명쾌해야 한다.

❹ 퀴즈 참여 메시지는 마감일까지 기간을 두고 정기적으로 발송한다.

❺ 단순 퀴즈 참여보다 홈페이지 방문을 유도할 수 있게 계획한다.

활용 사례들

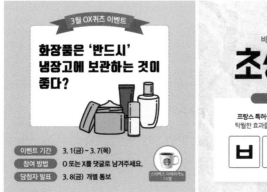

[1+1 혜택] 메시지로 고객이 참여하게 하라

만약 어떤 가게나 매장에 꾸준히 방문하는 단골이라면 그곳을 단골집으로 삼고 있는 이유는 무엇인가요? 사람마다 편차는 있겠지만, 그 가게의 단골이어서 얻게 되는 즐거움이나 회원 혜택이 분명히 있기 때문이겠죠. 젊은 여성층이나 주부들이 소액의 할인 쿠폰이나 마일리지 누적에도 집착하는 것 또한 꾸준히 쌓아 할인이나 경품 선물을 받기 위해서라고 합니다. 티끌 모아 태산이라고, 소액 포인트도 꾸준히 모으면 뭐라도 하나 혜택을 얻을 수 있으니 그로 인해 얻게 될 이익과 즐거움을 누리고 싶은 마음이지요.

문제는 요즘에는 거의 모든 가게나 마켓에서 구매 포인트나 재구매 할인 쿠폰을 상시적으로 나누어주고 있기 때문에 다른 경쟁 업체와 비교해서 별반 차이가 느껴지지 않는다는 점입니다. 그래서 이왕이면 고객이 느낄 수 있는 이익이나 혜택이 다른 곳보다 훨씬 더 크다는 점을 어필

할 수 있는 장치들을 만들어내야 합니다. 어떤 방법을 이용하면 남들보다 혜택이 두 배로 크다는 느낌을 선사해줄 수 있을까요?

🔘 방법1 : '1+1 이벤트'에 참여하게 하여 '2배의 이익'을 선사한다

'꿩 먹고 알 먹고' 형식으로 두 가지 이익을 동시에 취할 수 있도록 해주면 사람들의 즐거움은 배가되고 기억에도 강한 인상을 남길 수 있습니다. 고객의 재구매를 유발하고 단골을 늘리려면 '2배 혜택'을 느끼게 해야 합니다. '2배의 이익'을 확실히 느끼게 해주는 가장 빠른 방법이 다름 아닌 [1+1 이벤트]입니다!

보통 '1+1 이벤트'라고 하면 상품 하나를 구입하면 같은 상품을 하나 더 주는 이벤트를 말하지만 응용은 훨씬 다양하게 할 수 있습니다. A상품 구매 시 B상품을 덤으로 준다든가, 한번 온 고객에게 다음에 '1회 추가 무료 이용권'을 지급하는 것도 '1+1 이벤트'의 일종입니다.

다음과 같은 기본 템플릿과 예시 사례를 참고하여 '1+1 이벤트 참여'를 독려하는 메시지를 보내 보세요.

[1+1 혜택] 메시지 템플릿	적용 예시
안녕하세요. 새로운 서비스를 안내해 드립니다! ○○점이 ○월 ○일이면 ○주년을 맞이합니다. ○○점에서만 오늘부터 ○월 ○일까지 사흘 동안 모든 요리를 반값에 제공합니다! 함께 오시는 일행 한 분께도 같은 혜택을 드립니다. 1+1 두 분 모두 반값에 서비스 합니다! 가족, 친구와 함께 방문해 주시기 바랍니다.	안녕하세요, 국내최초 족발보쌈 명인, 백족발 입니다! 매일 무더위가 기승을 부리고 있는데, 건강 관리는 잘 하고 계신지요? 올 여름 더위를 거뜬히 이겨낼 수 있도록, 백족발이 함께 하겠습니다. ♪♪♪ ★★★ 회원 한정 특별 행사 안내 ★★★ 이 메시지를 받고 직접 방문하시는 손님께는 족발보쌈 전 메뉴를 20% 할인해 드립니다. ★ 1+1, 일행 한 분께도 같은 혜택을 드립니다. ★ 오늘부터 8월 20일까지 한정!! ★ 계산하실 때 이 메시지를 조용히 직원에게 보여주세요!

◯● 방법2 : 퀴즈나 게임을 개최하여 참가자에게 선물을 나누어준다

'1+1 이벤트'는 무척 단순하면서도 간단하지만, 유사한 다른 방법도 생각할 수 있습니다.

재미있는 게임에 참여하게 해서 멋진 선물을 받을 수 있는 이벤트를 여는 것도 좋습니다. 이를테면, 우리 회사의 마스코트 캐릭터나 스티커를 매장 구석 어딘가에 붙여놓고, 방문객들이 그것을 찾으면 찾아온 사람에게 선물을 나눠 주는 식입니다. '숨은 보물 찾기' 방식인데, 어린 아이들이 더 좋아하지요.

테마 파크나 가족들이 함께 모이는 놀이 시설이나 쇼핑 센터 등에 오는 고객들은 상대적으로 가족 단위가 많습니다. 카카오 프렌즈와 같은 유명 인기 캐릭터 같은 것을 숨겨 놓고 찾으면 선물로 준다든가 하는 것도 가족 모두가 즐겁게 보물찾기 놀이를 할 수 있도록 즐거운 동기 부여가 될 수 있을 겁니다.

그 밖에도 화면을 인증해서 보여주면 할인 가격으로 시설을 이용할 수 있는 티켓을 메시지로 보내주는 것도 방법입니다. 고객들은 티켓을 못 써 먹더라도 기분이 좋아할 것이며, 이런 기분 좋은 경험이 반복되면 미래 혜택을 기대해서라도 단골이 되어줄 확률이 높아질 것입니다.

경쟁이 심한 업계일수록 이같은 이벤트나 혜택을 얼마나 자연스럽게 제공하는가가 고객 획득의 관건입니다. 앉아서 기다리기만 해서는 절대 고객을 얻을 수 없습니다. 하물며 단골 만드는 것은 더 어려운 일입니다! 이런 무한 경쟁 환경 속에서 여러 가지 파격적인 이벤트와 즐거움을 나눠 줄 수 있는 행사야말로 고객을 붙들어 놓을 수 있는 최고의 무기입니다. 이벤트의 힘을 절대 얕보지 마세요!!

첨부한 기본 템플릿과 예시 사례를 참고하여 '게임 참여'를 독려하는 메시지를 작성해 날려 보세요.

[보물찾기] 메시지 템플릿	적용 예시
언제나 감사하는 마음을 담아 [회원 한정 특별 이벤트]를 개최합니다. <이벤트 내용> 저희 센터의 마스코트인 '○○○ 스티커를 매장 내 어딘가에 붙여 놓을 것입니다. ○○○ 스티커를 찾아 그 위치를 1층 프론트에 알려주시기 바랍니다. 정답을 맞힌 분에게는 멋진 선물을 드립니다. 꼭 찾아보세요! 또한 이 이벤트에는 한 번만 참가하실 수 있습니다. ★ 이벤트 날짜 : 　○월 ○일(○) ~ ○월 ○일(○) 　이 메시지를 프론트에서 보여주시면 　0,000원에 입장하실 수 있는 티켓을 　드립니다. 유효기간 : 다음 메시지가 발송될 때까지	언제나 감사하는 마음을 담아 매장 방문 손님 한정 특별 이벤트를 개최합니다. ★★★ 고객 사은 특별 퀴즈 이벤트 ★★★ 저희 백족발이 받은 '족발보쌈 명인 인증서"를 매장 내 어딘가에 붙여놓을 것입니다. "족발보쌈 명인 인증서"를 매장 안에서 찾아보고 그 위치를 직원분에게 알려주세요. 위치를 정확히 말씀해주신 손님께는 통오징어+코다리튀김(14,000원)를 한상 가득 담아 추가 서비스로 드립니다. (4인 테이블 기준) 본 이벤트는 하루 한 번만 참가할 수 있습니다. 가족이나 지인분과 함께 오세요! ▶ 10월 1일부터 31일까지 (1달간)

❶ 젊은 여성층이나 주부, 가족 단위 고객에 집중하면 효과가 더 좋다.

❷ 가급적 파격적인 가격을 제시하여 어필한다. (1+1, 반값 세일 등)

❸ 먹는 메뉴를 파는 곳이라면 맛은 기본적으로 보장해야 한다.

❹ '○○○의 날'과 같이 고유한 날짜를 정해 메시지 발송을 정기화한다.

❺ 특별 선물이나 보너스 상품(서비스)을 보여주는 이미지를 첨부한다.

활용 사례들

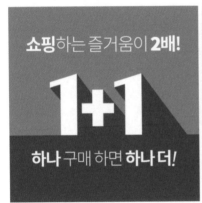

chapter

6

'충동질' 메시지로
고객의 욕망을
일깨워라

[설득의 심리학]을 비롯해 세일즈나 마케팅 분야에서 인간의 심리나 소비자의 행동 특성을 깊이 있게 분석한 책들이 끊임 없이 나옵니다. 리처드 쇼튼의 책, [어떻게 팔지 답답할 때 읽는 마케팅 책]을 읽어 보면, 오랜 심리학 연구 성과를 기초로 인간의 행동 특성을 이용해 '현장에서 바로 써먹을 수 있는 마케팅 기술'에 관해 25가지 기법으로 정리해서 소개하고 있습니다. '귀인 오류', '사회적 증거', '확증 편향', '승자의 저주' 와 같이 늘 알쏭달쏭한 심리학의 재미있는 연구 결과들을 살펴보면서 판매 마케팅에 응용할 수 있는 아이디어들을 차례로 제시해 줍니다. 사소해보이는 광고 문구 하나, 매장 진열대 상품 가격의 숫자 표시 하나에 따라 고객의 행동이 달라질 수 있음을 실제 사례로 알려줍니다.

심리학의 여러 이론과 연구 결과들은 예나 지금이나 변함 없이 적용되는 게 많습니다. 하지만 간혹 오랫동안 당연시되던 이론들이 후대 연구자에 의해 수정되기도 하고, 과거 실험 결과가 조작된 것으로 드러나기도 합니다. 물리 법칙이 아니라 보이지 않는 사람들의 마음과 자신도 모르게 드러나는 행동을 연구하는 영역인 만큼 통제된 실험 조건을 제공하기가 어렵고, 주관적 해석을 완전히 배제하기도 쉽지 않은 때문이지요.

때문에 심리학 이론을 현실에 일반화시켜 적용하는 건 위험 부담이 따릅니다. 그럼에도 불구하고 그간의 연구 성과를 마케팅에 활용하는 것은 여전히 유용하고, 비즈니스용 메시지를 만들 때에도 충분히 적용 가능합니다.

이번 장에서는 비즈니스 메시지 기법 중에서 이와 같은 심리학의 연구와 인간의 기본적인 소비 행동 패턴을 활용하여 고객의 구매 의욕을 자극하고, 재구매를 일으키는 여러 가지 기법들을 추려서 살펴봅니다.

1 [단순 명쾌] 메시지로 고객의 결정을 촉진하라

"Simple is the Best (단순한 게 최고다!)"

이 짧은 한 마디에 매력을 느끼는 사람이 우리만은 아니겠지요. '심플'이라고 하면 왠지 '대충' 처리한다는 느낌을 받는 사람도 있긴 합니다. 하지만 대다수 사람들은 글이 길고 복잡하면 어렵다고 생각하고, 본능적으로 기피합니다. 모바일 실시간 소통에 익숙해질수록 더 많은 사람들이 구구절절 길게 풀어쓰는 글을 읽기 힘들어 합니다.

인스타그램의 게시물은 사진 한 컷에 해시태그 단어 하나만 달랑 올라가도 전혀 이상하지 않습니다. 트위터의 140자 제한이 없어진 건 이미 오래 전이고, 페이스북 글 작성 창의 텍스트 허용 길이는 6만 자가 넘습니다. 사실상 제한이 사라진 셈이지만 사람들은 포스트를 작성해서 올릴 때 단 열 줄도 넘기려고 하지 않습니다.

실제로, 페이스북 앱은 PC에서는 5~6줄, 모바일 기기에서는 2~3줄

(영어철자 기준 120~150자)만 넘어가도 [더보기] 링크가 뜨면서 뒤로 이어지는 내용은 숨겨 버립니다. 유튜브 역시 동영상에 대한 설명문을 한글 2500자까지 쓸 수 있도록 허용하지만 윗쪽 3줄만 보여주고 나머지 내용은 [더 보기] 링크로 가려 버립니다.

SNS 플랫폼들이 게시물에 표시되는 기본 글자 수를 제한하는 이유는 과연 무엇일까요? 모바일 메시지로 비즈니스 커뮤니케이션을 시도할 때 깊이 고려해볼 점입니다. 한 마디로 내용을 전달하는 데 지장이 없다면 텍스트로 길고 장황하게 늘어놓지 말란 뜻입니다. 그렇다면 어떻게 메시지를 작성하는 게 바람직할까요?

🔘 방법 : 문구, 사진, 기호, 이모티콘 등 메시지 구성요소를 간단 명료하게 표현한다

글이든 이미지든, 전하고자 하는 정보가 제대로 들어가 있고, 상대방에게 잘 전달할 수만 있으면 그만입니다. 이벤트나 판매 정보를 알리기 위한 메시지라면 "누구에게, 무엇을, 언제, 얼마에 판매하는가?" 하는 내용만 전달해도 충분하다는 말입니다.

그러잖아도 바쁘고 읽을 거리가 넘쳐나는 세상입니다. '장문의 메시지를 읽고 싶지 않다'고 생각하는 사람이 그만큼 많습니다. 특히 모바일 메시지 앱을 처음 사용하는 사람이나 늘 바쁜 직장인들, 시력 때문에 글자 읽기가 힘든 어르신들은 필요한 정보만 간결하게 전달하는 것이 좋습니다.

요컨대 메시지의 모든 면이 '심플'해야 합니다. 문장, 내용, 사진, 이미지 할 것 없이 모든 요소들이 간단하고 명료하게 표시되어 있어야 합

니다. 모바일 기기를 통해 노출되는 메시지라는 점을 감안하여, 최대한 짧고 간결하게 표현하는 것이 핵심 포인트입니다.

정보 검색과 탐색 능력에 관한 한 고객이 공급자보다 한 수 위인 경우가 많습니다. 고객에게 알리고 싶은 정보만을 최대한 간단 명료하게, 알아 듣기 쉽게 전달할 수 있으면, 그것만으로도 메시지는 큰 효과를 냅니다.

아래와 같은 예시 템플릿을 참고하여 '심플함'이 돋보이는 메시지를 만들어 보내 보세요.

[단순 명쾌] 메시지 템플릿	적용 예시
[○○○ 청과유통 '오늘의 세일'] 0월 00일, 오늘의 세일! 회원 한정 특가 판매! (각 품목당 000개 한정) • ○○○산 000 1묶음 000원 • ○○○산 000 1봉지 000원 • ○○○산 000 1상자 000원 • ○○○산 000 1덩이 000원 ★ 계산대에서 메시지를 보여 주세요.	[탑 필라테스*' 투데이 핫딜] 6월 16일, 오늘 하루! 회원 한정 특가! (전 품목 선착순 80매 한정!) ● 밸런스 포스쳐 -50개 한정 정가 380,000원 ☞ 199,000원 ● 4:1 그룹레슨 주2회 1달 -20매 한정 정가 308,000원 ☞ 200,000원 ● 1:1 개인레슨 10회 1달-10매 한정 정가 100만원 ☞ 77만원 ★ 프론트에서 받은 메시지를 보여주세요!

* 탑 필라테스는?

▶ 상호 : 탑 필라테스 (대표 김나영)
▶ 업태 : 서비스업
▶ 종목 : 필라테스 학원
▶ 개요 : 탑 필라테스는 성북구 삼선동에 위치한 필라테스 전문 센터입니다. 몸과 마음이 치유되는 재활 힐링 필라테스 연구소를 지향하고 있습니다. 탑 필라테스는 필라테스 전용 기구와 소도구를 이용한 재활 힐링 필라테스 연구소로서 탑 필라테스만의 독특한 프로그램을 제공하고 있으며 소수 정원제를 통하여 양질의 서비스를 제공하고 있습니다.

▶ 상품 소개 :
1. 1:1 개인레슨 : 필라테스 기구와 소도구를 모두 이용한 1:1 집중 맞춤 프로그램. 문진표 작성, 체형 분석, 동작 분석을 통해 각 개인에게 가장 효과적인 운동프로그램을 제공. 통증 완화, 치료 후 재활, 스포츠 선수나 무용수 등 전문가의 기능 향상에 최적의 프로그램

2. 4:1 그룹레슨 : 다양한 필라테스 기구와 소도구를 이용한 4인 정원 고품질 필라테스 레슨
   - 2 종류의 클래스 운영 : 자세교정/바디라인 클래스, 필라테스 중고급 클래스

3. 필라테스 지도자과정 : 민간자격등록증을 갖추어 국가공인 민간자격증 발부 과정
   - 개인/그룹 필라테스지도자과정 : 개인 또는 그룹 레슨에 필요한 지식과 실기
   - 재활힐링 필라테스 지도자/마스터 과정 : 재활과 힐링/센터 운영에 필요한 지식과 실기

4. 밸런스 포스쳐 & 지도자 과정 : 자세 교정 및 통증 완화에 초점을 둔 신개념 운동 도구로 탑 필라테스 김나영 원장이 직접 개발하였으며, 와디즈를 통해 2020년 처음 소개된 지도자 과정. 밸런스 포스쳐를 전문적으로 다루며, 최상의 서포트와 맞춤 프로그램을 제공할 수 있는 최고 수준의 지도자 양성 과정

❶ '수량 한정', '회원 한정', '기간 한정' 등 제한 표시를 반드시 넣는다.

❷ 평소 고객들의 방문 활동이나 구매 반응이 둔해졌을 때 시도해 본다.

❸ 강조하여 노출할 상품은 한 가지, 혹은 한 종목으로 제한한다.

❹ 문장이 짧은 만큼 줄 바꿈 등을 잘 이용해 여유 있게 배열한다.

❺ 수식어나 설명 어미 없이, 간결한 문장과 골조식 문체를 사용한다.

활용 사례들

2 [원조 효시] 메시지로 고객의 만족도를 높여라

'장충동'하면 '족발'이 떠오르고 '신당동' 하면 '떡볶이'가 생각납니다. '라면의 원조'라고 하면 '삼양라면'이 생각나고 '오리온' 하면 '쵸코파이'가 먼저 떠오르지요. '노란색'이 아닌 '카카오 로고'를 상상하기 어렵듯이 '세 줄무늬'가 빠진 '아디다스 디자인'을 상상하기란 쉽지 않습니다.

이와 같이 어떤 키워드나 특정 브랜드의 이름만 대면 곧장 떠오르는 '차별적 이미지', 즉 다른 데서는 찾아보기 힘든 '고유한 독창성'을 일러서 '오리지널리티'라 부릅니다. 오랜 기간 변치 않고 고집해온 철학이나 고유성 덕분이죠. 이와 같이 기능이나 디자인은 대충 비슷하게 카피할수 있을지언정 맘대로 흉내낼 수 없는 '원조'로서의 가치를 지닌 제품을 '오리지널 상품'이라 합니다.

"이 제품은 '오직' 그 곳에서만 살 수 있어!" 혹은 "이런 맛은 그 식당 아니면 절대 맛볼 수 없어!" 소리를 듣는 제품이나 서비스가 있다면 누구나 한번쯤 경험해보고 싶은 게 인간의 심리입니다. 매우 역설적이지만 수천 만원이 넘는 명품 백이나 시계가 '비쌀수록 오히려 잘 팔리는 이유' 또한 유사합니다. 심리학에서 흔히 '희소성의 법칙'이라 부르는 것으로, 갖기 어렵고 구하기 어려울수록 나만이 갖는 데서 오는 만족감이 커지는 원리를 이용한 판매 기법이지요.

앞에서 제시한 수많은 '한정' 메시지가 모두 이같은 '희소성의 법칙'에 기초한 것입니다. 그 만큼, 잘만 이용하면 고객 만족도를 높이는 최고의 방법이죠. 어떻게 하면 이 원리를 메시지에도 더 적극 활용할 수 있을까요?

⬤ 방법1 : 다른 곳에서는 체험할 수 없는 '독특함'을 제품과 서비스에 녹여낸다

오리지널 상품이나 원조라고 해서 명품처럼 꼭 가격이 비싸야만 하는 건 아닙니다. 오히려 맛이나 품질은 그대로인데 옛날의 '착한 가격'을 고수하는 곳이 있습니다. 오로지 한 가지 메뉴만 고수하고 아침에 준비한 식재료가 떨어지면 영업 시간이 얼마가 남든 가게 문을 닫아버리는 식당도 있습니다. 중요한 것은 '변치 않는 고집'을 통해 고객의 신뢰와 믿음을 얻어 냄으로써 다시 오게 하고 결국은 '단골'이 되도록 만드는 것입니다.

이런 믿음을 얻고 있는 가게들이 '오리지널 상품'에 관한 정보를 담아 자주 이용하는 단골들에게 우선적으로 메시지를 발송해주면 어떤 반응이 나올까요? 예를 들어, 바닷가에서 고기잡이 배를 통해 입수한 '자연산' 생선회감을 '산지 직송'으로 '당일 배송'해준다면 어떨까요? 수십 년째 무농약 유기농 재배 방식을 고집하여 껍질째 먹을 수 있는 과일을 생산하는 농가에서 올해 첫 수확분을 단골 고객 몇 명에게만 한정 제공하겠다고 메시지를 보내면 또 어떨까요?

구하기 어려운 제품일수록 관련 정보를 남보다 먼저 입수할 수 있게 되면 단골로서 메리트와 만족감도 더 커질 것입니다. 이와 같이 '오리지널리티'를 활용한 메시지 역시 재구매 고객을 획득하는 데 효과적입니다.

다만, 업종이나 아이템에 따라 오리지널리티를 표현하기 쉬운 업종과 그렇지 않은 차이가 있을 수 있습니다. 하지만 약간의 아이디어만 고민하면 여러분 가게나 몰에서도 얼마든지 시도해볼 수 있습니다. 생각해 보세요. 유황을 사료에 섞어 먹여 '유황오리'를 만들고, 돼지에게 녹차를 섞은 사료를 먹여 '녹차돼지'를 만들어 냅니다.

'원조'나 '명품'으로서 '오리지널리티'를 확보한다는 게 말처럼 쉬운 일은 아닙니다. 오랜 기간 동안 남들과는 다른 우리만의 고유함을 지키기 위한 나름의 철학(고집)과 꾸준한 노력이 필요합니다. 뿐만 아니라, '고객의 검증'까지 거쳐야 하죠. 한 마디로 기다림과 숙성의 시간이 요구됩니다.

오래 전부터 유명한 전통 가문이나 이름이 알려진 장인을 찾아서 명품 브랜드를 만들려고 시도하기도 하고, 독특한 재배 기술이나 사육 방법, 제조 처리 기법을 시도하여 새로운 오리지널리티 제품을 개발하기도 합니다. 여기서 놓치지 말아야 할 점은 '개발 의도의 진정성'입니다.

고객들이 수제 명품의 가치를 인정하고 비싼 값을 치러도 아까와 하지 않는 이유는 무엇일까요? 그건 바로 제품 하나 하나에 그저 돈을 더 벌겠다는 욕심보다 한 땀 한 땀 온갖 정성을 기울인 장인의 혼과 열정이 스며 들어 있다고 믿기 때문입니다. 메시지 표현이 아무리 그럴 듯해 보여도 제품에 스민 정성이 그에 미치지 못하면 고객은 금새 알아채고 맙니다. 그리 되면 어떤 브랜드나 명성도 살아남지 못한다는 점을 잊지 마세요!

🔘 방법2 : 1년에 한번 밖에 나지 않는 제품은 내년을 기대하게 만든다

이같은 '오리지널리티'를 적용하기 쉬운 업종 중 하나가 바로 '농업 특산품'입니다. '나주' 하면 '배'가 생각나고 '청송' 하면 '사과'가 생각나듯이 "뭐하면 뭐"가 바로 떠오를 수 있게 하면 됩니다. 특정 지역에서 농장을 운영하고 있고 나름대로 브랜드가 알려져 있다면 '○○농장 직판' 같은 것도 얼마든지 가능할 겁니다.

농산물은 재배 면적에 따라 생산량에 한계가 있고 수확철이 정해져 있어 기본적으로 '한정 수량'만 공급할 수 있습니다. 이런 경우 1년 중 수확철 딱 몇 주 아니면 '진짜' 산지 상품을 만날 기회가 없게 되죠. 올해 구입 시기를 놓치면 다시 1년을 기다려야 합니다. 그런 특성을 고려하여, 수확 시기가 도래할 때 고정 단골 고객에게 우선적으로 수확 일정 관련 정보 메시지를 보내주는 것도 효과적입니다.

요즘은 축산물뿐만 아니라 농산물도 '생산 이력제'가 확산되고 있습니다. 제품 박스마다 생산자 농민의 얼굴 사진과 실명, 연락처가 표시되는 사례가 부쩍 늘고 있습니다. 따라서 한번 이용해보고 만족한 고객들을 찾아서 미리 '예약 주문'으로 팔고 수확 즉시 직송하는 것도 방법입니다. 요즘같이 건강에 대한 관심이 높아지는 시기에는 '유기농'이나 '무농약'을 보증하는 '친환경' 제품이나 '신선 식품'에 대한 수요가 점점 더 늘어날 수밖에 없습니다.

우리 농원이나 농장이 친환경 재배 기술과 자연 친화적인 사육 방식을 꿋꿋이 고수하고, 그에 관해 고객들의 신뢰를 충분히 확보할 수만 있다면, 그 믿음에 기초하여 보내는 메시지는 자화자찬이나 긴 수식어가 필요하지 않을 것입니다.

아래 제시하는 기본 템플릿과 예문들을 참고하여 '오리지널리티'를 앞세운 메시지를 직접 만들어 보세요.

[원조 효시] 메시지 템플릿	적용 예시
항상 감사드립니다. ○○○농원입니다. 조금 있으면 ○○○ 수확 시작할 예정입니다. 직판장에 오시면 ○○○의 향기가 가득 퍼져 있어 기분이 좋아집니다. 물론 직원들은 일에 쫓겨 눈코 뜰새가 없지만요... ^^ 올해 맛도 정말 좋습니다. 꼭 오셔서 직접 맛 보세요!	항상 감사드립니다. 재활힐링필라테스 센터, 탑 필라테스입니다. 2주 후 탑 필라테스만의 재활힐링필라테스 철학을 담은 밸런스 포스쳐 판매를 시작합니다. 밸런스 포스쳐로 하루 10분만 운동을 해도 온 몸이 개운해지며 기분이 정말 좋아집니다. 물론 직원들은 일에 쫓겨 눈코 뜰새가 없지만요... ^^ 자세교정, 통증 개선에 정말 좋습니다. 올해도 꼭 운동하시고 건강 챙기세요!

◯▶ 응용 포인트

❶ 다른 가게나 경쟁자들이 잘 시도하지 않는 기획(상품)으로 승부를 건다.
❷ 쉽고 편한 방법이 있지만 전통을 고수하고 '직접' 만든다는 느낌을 준다.
❸ 우리 상품만이 가진 고유한 특징을 강조하여 소개한다. (맛, 완성도, 제조 비법 등)
❹ 어떤 제품을 만들면 '오리지널리티'를 어필할 수 있을지 설명문을 써본다.
❺ 재배 사육 방법, 숙성 가공 처리 비법 등 남들과 다른 차별성을 드러낸다.

3 [암호 제공] 메시지로 고객의 궁금증을 자극하라

지금까지 제시한 여러가지 메시지 템플릿과 예문을 찬찬히 살펴보면 거의 모든 메시지에 '희귀성의 법칙'이나 '사회적 증거의 법칙' 혹은 '권위의 법칙' 등이 얽히고 설켜 작용하고 있음을 알 수 있을 겁니다. 여기서는 서로 잘 아는 사이에 발생하는 '호감의 법칙'이나 혹은 서로 뭔가를 주고 받는 행위를 통해 은연 중에 나도 모르게 형성되는 '상호성의 법칙'을 메시지 작성에 활용하는 방법에 대해 좀 더 깊이 생각해 보죠.

회원 가입이 되어 있어야만 들어갈 수 있는 온라인 사이트에 접속할 때 제일 먼저 요구받는 것은 무엇인가요? 바로 아이디와 패스워드지요. 여기서 패스워드를 '비번(비밀번호)' 또는 '암호'라고 부르지요. 나의 회원 정보를 아무나 도용해서 쓰게 되는 것을 방지하기 위해 내가 아니면 알 수 없는 정보를 통해서 로그인을 하지 못하도록 막는 것이 바로 '암호'의 기본 역할이지요.

　업무상 대리 작업이 불가피하거나, 정말로 믿을 수 있는 경우에 한해서만 아이디와 비밀번호를 공유합니다. 이것은 '암호'를 다른 누군가에게 알려주는 행동인 셈이죠. '암호'를 공유할 정도라면 진짜로 믿어도 된다는 뜻이고, 그 만큼 서로 밀접한 사이라는 확신을 주게 됩니다. 어쩌다 한번 구매 고객이 되었는데, 다른 사람들은 쉽게 받을 수 없는 고급 정보가 회원에게만 주어진다면 어떨까요?

　그 정보가 내게 꼭 필요한 것인지 아닌지 보기 전에는 알 수 없기 때문에 더 궁금해지고, 꼭 알고 싶어집니다. 그 궁금증 때문에 일단 회원이 되고 나면 관계가 역전됩니다. 혹시라도 탈퇴할 경우 지금까지 받아보던 정보를 받아볼 수 없게 된다는 불안감 때문에 쉽사리 구독을 취소할 수 없게 됩니다.

　이 같은 심리를 응용하여 회원 고객과 우리 가게 사이에 '우리끼리만' 통하는 '암호 장치'를 만들어 메시지에 활용하면 고객에게 궁금증과 재미를 주고 충성도를 높일 수 있습니다. 어떻게 가능할까요?

**　방법1 : 회원 고객과 우리만이 아는 '암호'를 알려주어 친밀도를 높인다**

　"요즘같은 시대에 아이들처럼 유치하게 무슨 암호야?" 싶은 사람도 있을 겁니다. 하지만 '암호'를 사용하면 고객과의 관계를 훨씬 더 친밀하게 만들 수 있습니다. 남들은 모르는 어떤 비밀을 우리끼리는 서로 공유한다는 생각 때문에 '유대감'이 강해지는 원리죠. 못 생긴 사람도 자주 보게 되면 호감이 싹 트는데 하물며 서로만 아는 비밀이 생기면 둘 사이는 부쩍 가까워집니다. 사소한 '암호' 하나로 일종의 '동지적 연대감'이

생기는 셈이죠

암호로 쓰이는 단어는 가게의 간판(상호명)이나 신제품명, 혹은 점원의 애칭이나 별명 같은 것을 쓰면 됩니다. 적절한 예일까 싶지만 댄스클럽 같은 곳에서 "입구에서 '백두산'을 찾아주세요. 파트너 부킹 책임집니다!" 와 같은 메시지를 보낸다면 고객들은 어떤 반응을 보일까요? "백두산이 도대체 누굴까?" 궁금증이 생길 수 있고, 실제로 "백두산"을 찾는 사람도 있을 겁니다. 서비스에 만족하면 이후로는 진짜 우리 업소나 백두산의 단골 손님이 될 수도 있겠지요.

아래 제시하는 기본 템플릿과 예문들을 참고하여 '암호'를 응용한 메시지를 만들어 날려 보세요!

[암호 제공] 메시지 템플릿(1)	적용 예시
○○○입니다. 항상 저희 업소를 찾아주셔서 감사합니다. 내일 ○일부터 ○일 ○요일까지 ○○휴가를 떠나게 되었습니다. 오늘은 오후 8시부터 화이트보드에 적힌 추천 상품을 모두 '반값'에 제공해 드립니다. 다만, 아무에게나 제공하지 않습니다. 이 메시지로 알려드리는 '암호'를 제시하는 분께만 드리는 특별 서비스입니다. 암호는 "○○○"입니다. 조기 품절이 예상되니 서둘러 주세요. 계산할 때 반드시 '○○○'를 말씀해 주세요.	재활힐링필라테스센터 탑 필라테스 입니다. 항상 저희 센터를 이용해 주셔서 감사합니다. 8월 15일부터 20일까지 일주일간 여름휴가를 떠나게 되었습니다. 한 주 동안 뵙지 못하는 게 아쉬워서, 오늘은 오후 8시부터 화이트보드에 적힌 추천 상품을 모두 '반값'에 제공해 드립니다. 아무에게나 제공하지 않습니다. 이 메시지로 알려드리는 '암호'를 제시하는 선착순 30분께만 드리는 특별 서비스입니다. 암호는 "밸런스 포스쳐"입니다. 금방 품절이 예상되니 서둘러 주세요. 계산할 때 꼭 '밸런스 포스쳐'를 말씀해 주세요!

방법2 : 단골 고객이 한눈을 팔지 않도록 선물을 준비하고 암호를 첨부한다

아무리 맛있는 음식도 계속 먹다보면 질리게 마련입니다. 식상하면 누구라도 "오늘은 다른 곳으로 한 번 가볼까?" 혹은 "오늘은 다른 메뉴가 없을까?" 고민하면서 이따금씩 새로운 시도를 해보고 싶은 충동을 느낍니다. 이와 같은 고객들의 '변덕'이나 '식상함'을 방지하고 싶을 때도 '암호 메시지'는 의외로 큰 효과를 발휘합니다. 특히 '선물 쿠폰'을 활용하여 방문을 유도하면 더 큰 효과를 얻을 수 있습니다.

'고객이 좋아할 만한 특별한 이벤트'를 만들고 '암호'를 제시하는 방문자에게 '선물'을 제공해 보세요. 올까 말까 망설이던 고객의 등을 떠밀어 확실한 반응으로 이어지게 해줍니다. 또한 새로운 곳이나 새로운 메뉴는 없을까를 고민하는 고객들에게 즐거움을 선사해 이탈하지 않도록 붙들어 매는 역할도 하게 됩니다.

'암호'를 활용하라는 말이 꼭 어떤 정해진 구호나 단어를 비밀리에 나누라는 의미는 아닙니다. 뭔가 우리 가게나 업소에서만 통할 수 있고, 그것을 이용하면 특별 서비스를 받을 수 있을 것같은 기대감을 줄 수 있으면 됩니다. 고객들 사이에 '암호=캐릭터'로 인식시켜, '단골 대접'을 받을 수 있는 일종의 'VIP 멤버십 카드' 같은 역할을 부여하는 기법입니다

재미있는 '암호 메시지' 작전으로 고객이 다시 방문하도록 하고, 추첨하여 선물도 제공하세요. 여러분 가게에서도 얼마든지 활용 가능한 방법입니다.

암호를 써 먹은 고객이 그 과정을 통해 즐거움을 체험하고, 우리 가게와 좀 더 특별한 관계성을 느끼게 되어서, 다음 메시지를 기대하게 된

다면 단골이 될 확률은 그만큼 높다고 봐야겠지요. 바로 이런 점이 암호
나 캐릭터를 메시지 소통에 활용하는 기법의 목표이자 핵심 포인트입니
다!

아래 제시하는 추가 템플릿과 예문을 참고하여 더 즐거운 '암호' 메시
지를 만들어 보세요!

[암호 제공] 메시지 템플릿(2)	적용 예시
회원 한정 00 맞이 특별 선물 기획 # 응모 기간 : ○월 ○일부터 ○월 ○일까지 # 응모 암호 : "○○○○○○" # 증정 선물 : ○○○ (매일 10개씩 총 ○○개) # 선정 대상 : 코스 메뉴 예약 회원 중 응모시 꼭 위에 알려드린 암호를 적어 주세요.	★★탑 필라테스 여름맞이 패밀리 페스티벌!★★ ● 응모 기간 : 7월 31일~ 8월 13일 ● 응모 암호 : "재활힐링필라테스의 원조" ● 증정 선물 : 4:1 필라테스 레슨 2회 수강권. ● 선정 대상 : 코스 예약 회원 중 매일 5명 추첨! 응모하실 때에는 위의 암호를 꼭 적어 주세요. (암호가 없으면 추첨 제외!)

🔘 응용 포인트

❶ 호기심과 즐거움을 주도록 공통된 화제 거리를 암호로 정한다.
❷ 업종이나 이이템과 동떨어지지 않게 친숙한 암호를 사용한다.
❸ 참여하려면 암호를 꼭 제시해야만 한다는 것을 확실히 알린다.
❹ 캐릭터나 암호는 어렵지 않게 떠올릴 수 있도록 간결해야 한다.
❺ 암호에 대한 설명을 통해서 취급 상품이나 서비스를 소개한다.
　(예: '뚜레쥬르Tous Les Jours'는 불어로 '매일매일'이라는 뜻입니다.)

◯◯ 활용 사례들

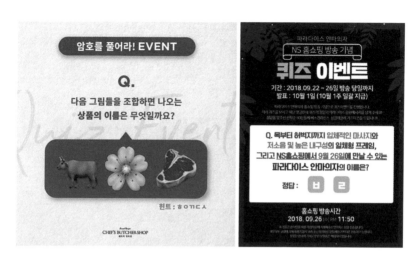

[비교 차별] 메시지로 고객의 믿음을 강화하라

'비교' 기법은 [설득의 심리학]에서 제시하는 여섯 가지 법칙 중 '사회적 증거의 법칙'과 직결되는 방법입니다. 사람들은 대부분 자신의 만족도나 행복감을 타인과의 '비교'를 통해서 상대적으로 평가하는 경향을 갖고 있습니다. 의외로 생각보다 많은 사람들이 선택의 기로에서 스스로 결정을 내리지 못하고 머뭇거리는 경우가 많습니다. 어떤 선택에 뒤따르는 후회나 실망의 감정을 피하고 싶은 본능적인 방어 심리 때문이지요.

사람들의 이런 비교 심리를 메시지 마케팅에서도 활용할 수 있습니다. 즉 재구매 단골 고객과 일반 고객의 차이를 제3자에게 보여주어 비교해 보여주는 거죠. 어찌 보면 공개적으로 '차별'을 드러내는 겁니다. 차별을 드러낸다는 것은 자칫 손님을 등급에 따라 나누는 것으로 보여 이미지에 나쁠 것이라 생각할 수도 있지요. 그런데 어떻게 활용하라는 이야기일까요?

⬤ 방법 : 재구매 고객과 일반 고객이 받는 서비스의 차이를 확실히 보여준다

한 마디로, 우리 가게에 재구매 고객이 되면 일반 손님에 비해 어떤 특별 서비스를 받을 수 있는지를 명확하게 알려주라는 것입니다. 이를테면, 단골이나 VIP 고객이 되면 일반 고객보다 얼마나 더 저렴하게 식사를 하고 얼마나 더 할인받을 수 있는지 그 차이를 확실하게 보여줄 수록 좋습니다. 얼핏 생각하면 "정식 회원이 되지 않는다고 저런 차별을 받게 되다니 너무 심하군!"이라고 여길 수도 있습니다. 하지만, 이와 같은 '비교' 기법을 잘 이용하면 재구매 고객과 일반 고객 모두를 움직일 수 있습니다. 심지어는 일반 고객이 형평성에 대해 불평을 늘어놓을 정도로 '차별'해도 괜찮습니다. 왜 그런 걸까요?

이러한 차별이 고객에게 주는 심리적 효과를 아는지 모르는지에 따라, 마케팅 메시지를 쓰는 방법이나 일선 가게에서 매장 디스플레이를 하는 방법에도 큰 차이가 생겨납니다. 단골 고객과 일반 고객이 받을 수 있는 서비스 혜택의 차이를 메시지에서부터 최대한 명확하게 밝혀 둡니다. 실제로 가게나 몰에 방문해서 보면 가격표 자체에서도 일반 가격과 회원 가격을 구별하여 '차별'이 드러나게 표시할 수 있습니다.

일반 고객이 "아니 똑같은 상품인데 왜 이렇게 값이 차이가 나요?"라고 항의조로 물어 보거든, "회원으로 등록하시면 그 가격에 구매하실 수 있어요"라고 말하면 그 뿐입니다! 사람들이 차별 대우를 받게 될 때 본능적으로 느끼게 되는 불편한 심리를 통해 경쟁심을 불러일으켜 뭔가 행동을 하도록 유인하는 게 바로 '비교 기법'의 노림수이기 때문입니다.

'비교' 기법은 '차별'이 얼마 만큼 사람들의 경쟁심을 자극할 수 있는가에 따라 효과가 달라진다는 점을 잊지 마세요. 가격이 비싼 상품인데 '회원 가입' 시 구입 가격이 훨씬 싸다면 회원들은 기뻐할 것이 뻔하지요. 아마존이나 쿠팡과 같은 서비스가 '프리미엄 회원제'를 통해 연간 회원으로 가입한 사람들에게 일반 회원보다 훨씬 큰 서비스 혜택을 주는 것을 잘 살펴 보세요.

일반 회원과 고급 회원이 가격 및 서비스 기능 면에서 정도 이상의 격차가 발생하는 것으로 보이게 하는 것, 그리하여 이렇게 격차가 크다면 차라리 회비를 내고 정기 회원으로 등록하는 게 훨씬 더 이익이 될 것 같다는 확신을 심어주는 것이 이 방법의 가장 핵심적인 포인트입니다.

아래 기본 템플릿과 예문을 참고하여 차이가 확연히 드러나는 '비교' 메시지를 작성해 보세요!

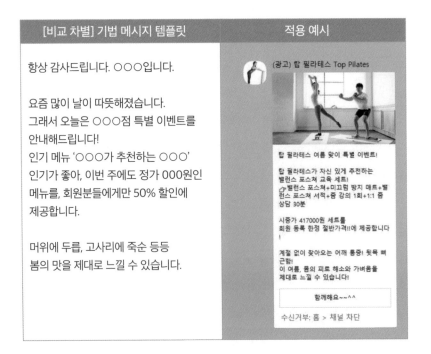

응용 포인트

❶ 회원 대 비회원 간에 가격 및 서비스 차이가 분명히 드러나도록 한다.

❷ 일반 고객과 회원 고객 간 차이의 크기는 크면 클수록 더 효과적이다.

❸ 가격과 같이 눈에 띄는 비교와 '숨은 서비스'와 같이 보이지 않는 비교를 섞는다.

❹ 딴 가게와 비교시 그 매장의 가격을 '일반가'로 설정해 '회원가'를 더 눈에 띄게 한다.

❺ 가격이나 서비스를 비교할 때에는 표시 색깔이나 응대 방식을 의식적으로 바꾼다.

활용 사례들

[비밀 코드] 메시지로 고객의 호기심을 키워라

친구든 가족의 일원이든, 누군가가 나의 비밀을 유일하게 알고 있는 사이라면 그 사람과 관계는 어떨까요? 요즘 같이 불신과 오해가 난무하는 환경에서, 누군가와 '비밀'을 공유한다는 게 과연 말처럼 쉬울까요? 정말로 스스럼 없이 터놓고 지내는 사이가 아니라면 결코 쉽지 않은 일입니다. 그러니 '서로 비밀스러운 관계' 임을 인정한다면 '더욱 더 친밀한 사이'라는 느낌이 들지 않을 수 없겠지요.

"이건 비밀이니까 절대 다른 사람한테는 얘기하면 안돼!"라는 말을 들으면 나도 모르게 "뭔데?" 하고 귀를 기울이게 되지요. 사람들은 '비밀'이라는 말만 들어도 자신도 모르게 귀가 벌어지고 관심이 가게 마련입니다. 인간들이 본능적으로 갖고 있는 기본 심리 중에서 '호기심'이 발동되는 탓이지요.

누군가에게 비밀을 털어 놓는다는 말은 "우리(가게)와 당신(고객)은 매우 친밀한(믿을 수 있는) 관계입니다"라고 선언하는 것과 같습니다. 그 만큼 특별히 깊은 관심을 주고 받는 관계라는 느낌을 강하게 주는 것이죠.

따라서 '비밀 공유' 심리를 이용한 메시지를 적절하게 마케팅에 활용하면 고객과의 관계를 매우 효과적으로 관리하고 재구매를 유인할 수 있습니다. 어떻게 하면 될까요?

⬤◯ 방법 : '비밀'을 알려주는 메시지로 고객의 관심과 방문을 끌어낸다

그리 어렵지 않습니다. 메시지 안에 아래의 한 마디를 먼저 던지기만 하면 됩니다.

"오늘은 특별히 고객님께만 비밀을 알려 드립니다."
"다른 사람에게는 비밀입니다!"

글로 쓰기가 뭐하면 앞서 암호 기법에서 살펴본 것처럼 단골 고객과만 공유하는 '비밀 암호'를 만드는 방법도 괜찮습니다. 제일 중요한 포인트는 고객이 '질리지 않도록' 하는 것입니다. 늘 새로운 변화를 일으켜 고객이 우리에 대한 관심을 잃지 않도록 해야 합니다.

번거롭겠지만, 특정한 사이트에 로그인 할 때 회원만 알 수 있는 전용 패스워드를 설정하는 것도 방법입니다. 회원에게만 알려주는 대신 매 달마다 패스워드를 바꿉니다. 번거롭다고 불편해 할 고객들도 물론 있을 겁니다. 하지만 "회원들에게 더 특별하다는 느낌을 주기 위해서"라고 설명하고, 바뀐 패스워드를 매달 전송하고 회원 전용 랜딩페이지로 접속을 유도해 보세요. 물론 그때마다 회원 전용 페이지의 콘텐츠도 새

롭게 바꿔야 합니다. 패스워드만 바뀌고 내용은 이전과 똑같으면 굳이 패스워드를 왜 바꾸라고 했는지 의아해 할 테니까요.

랜딩페이지에 회원전용 특별 이벤트나 행사를 소개하고, 그 내용을 메시지로 보내 고객의 관심을 끌어냅니다. 이 기법의 특징은 랜딩페이지를 우리 메뉴나 관련 정보를 소개하는 도구로 활용한다는 것입니다. 즉, 메시지로 패스워드를 보내 줌으로써 우리와 연결되는 '비밀의 문'을 열 수 있게 도와주는 것이지요.

'비밀'은 아는 사람들이 적어야 더 친근하고 특별하게 느껴집니다. 너무 많은 사람들이 모두 다 알게 된다면 그것은 비밀이라 부를 게 못 됩니다. 따라서 이와 같은 '비밀 메시지'를 마케팅에 활용하고자 할 때는 그 대상을 매우 제한적으로 유지하는 게 바람직합니다.

예를 들어 '최고 정원' 한도를 미리 정해 놓고, '공석'이 생기지 않는 한 신규 멤버가 들어올 수 없도록 하는 '이너 써클' 방식도 좋은 방법입니다. 사람들은 대개 "돈만 있으면 못 할 게 없다"고 생각하는 경향이 있습니다. 그런데 돈이 있어도 쉽게 들어갈 수 없는 모임이 있다고 하면 더 큰 호기심과 들어가고 싶은 욕망을 느낍니다.

바로 이와 같은 인간의 심리를 이용하는 기법인 만큼, 다른 어떤 방법보다고 고민을 많이 하고 예민하게 운영해야 합니다. 비밀을 이용하는 기술인 만큼, 실제 운영도 비밀스럽게 하여 외부에 과도하게 노출되지 않도록 유의해야 합니다. 다만 너무 비밀이 유지되면 정작 홍보 효과가 사라져 버릴 수도 있습니다.

그룹 안에 못 들어간 사람들은 애를 태울 만큼 알려져야 하고, 이미 회원에 속한 사람은 은근히 자부심을 느낄 수 있도록 줄타기를 잘 하는 것이 이 기법의 핵심 관건입니다. 운영의 묘가 필요한 기법이지만, 잘만

활용하면 다른 어떤 방법보다 더 큰 마케팅 효과를 기대할 수 있을 것입
니다.

아래 기본 템플릿과 예문을 참고하여 고객의 호기심을 자극하는 '비
밀' 메시지를 보내 보세요!

[비밀 코드] 메시지 템플릿	적용 예시
○○○입니다.^^ VIP 고객분들을 위한 특별 페이지가 오늘 개편되었습니다. ○○○의 히든 홈페이지를 확인해 보세요. ^^ 오늘부터 패스워드도 바뀝니다!! ^^ 이번 달의 패스워드는 '0000'입니다. 꼭 기억해 두시고 지금 바로 구경 오세요! 여러분의 방문을 전직원 모두가 기다리고 있습니다. ^^	재활힐링필라테스센터 탑 필라테스 입니다.^^ 특별 고객분들만 들어올 수 있는 탑 필라테스의 히든 홈페이지를 확인해 보세요. ^^ 오늘부터... 패스워드가 바뀝니다^^ 이번 달 통과 패스워드는 '2020'입니다. 잊지 마시고 지금 들어와 보세요! ^^ VIP 회원 여러분의 방문을 전직원 모두가 기다리고 있습니다. ^^

◉● 응용 포인트

❶ 회원이 아니면 사용할 수 없도록 '회원 전용' 패스워드를 제공한다.
❷ 단골 고객들의 호기심을 충족시켜 줄 수 있도록 의외성을 가미한다.
❸ 홈페이지로 방문하도록 유도하여 회원 한정(비밀) 전략을 펼친다.
❹ 같은 내용이 계속 반복되어 방문 고객이 질리지 않도록 유의한다.
❺ 메시지의 역할과 홈페이지의 역할을 잘 구분하여 시너지를 일으킨다.

◉● 활용 사례들

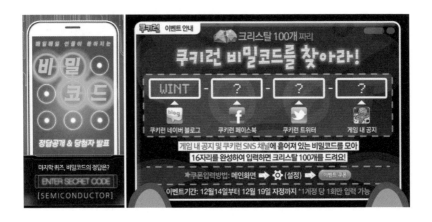

6 [히든 카드] 메시지로 고객의 재방문을 유인하라

살다 보면 '히든 카드'란 말을 종종 쓰게 되지요. 포커 게임 등에서 '남에게 보여 주지 않고 숨겨둔 카드'라는 뜻으로, 상대가 예측하지 못하도록 감추어 둔 '비장의 무기'를 말합니다. 가게나 매장을 운영할 때도 이와 같은 '히든 카드' 기법을 잘 활용하면 단골 고객을 감동시켜 지속적으로 재구매 고객으로 남게 하는 데 매우 효과적으로 써먹을 수 있습니다.

'히든'이란 말은 '숨은'이라는 뜻 자체에 앞에서 거론했던 '암호'나 '비밀'을 활용한 메시지 기법의 느낌을 미리 갖고 있습니다. 그 만큼 인간의 궁금증과 호기심이라는 성향을 자극하기에 좋은 기법입니다.

'히든' 요소를 활용한 메시지 기법에서 특히 중요한 포인트는 두 가지입니다. 생각지 않았던 제안으로 약간의 이벤트성 요소를 가미하여 호기심과 즐거움을 선사해야 한다는 것!

다른 하나는 아무 때나 혹은 누구나 접할 수 있는 메뉴나 서비스가 아니고 오직 단골 중 단골로 선택된 사람들만 특별하게 누릴 수 있는 혜택이라는 점이 부각되어야 한다는 점이지요. 즉 '히든 = 기대감 + 우월감'이라는 공식에 부합해야 합니다. 두 가지 심리적 기대 요소가 결합해서 고객의 재방문 또는 구매를 유인하는 효과를 가져오는 기법이므로, 메시지 또한 이 두 가지 요소를 적절히 부각하고 강조하여 다른 사람은 누릴 수 없는 특혜를 나만 받게 된다는 느낌을 극대화시켜야 효과가 높아집니다. '히든 카드' 혹은 '히든 메뉴'를 어떻게 하면 메시지 마케팅에 제대로 써먹을 수 있을까요?

◉ **방법 : 다른 일반 서비스와 대비해 차별되는 부가 서비스를 제공한다**

오랜만에 찾아간 식당에서 다음과 같은 제안을 듣게 된다면 여러분은 어떻게 하실 건가요?

"메뉴판에는 없지만 단골 손님들께만 특별히 제공하는 저희 가게만의 '히든 메뉴'가 있는데 한번 드셔 보시겠습니까?"

이런 제안을 듣게 되면 보통 사람들 같으면 웬만해서는 거절하기가 쉽지 않을 것입니다.

"뭐라구? 메뉴판에도 나와 있지 않은 메뉴라고? 다른 테이블에는 없는 메뉴를 맛볼 수 있다는 거잖아?"

이런 생각이 들면 사람들은 나도 모르게 묘한 '우월감'을 느끼게 되고 기대감과 호기심이 함께 올라갑니다. 다른 메뉴와 비교해서 가격이 크게 비싸지만 않다면 못 이기는 척 먹어보겠다고 답하기 십상입니다.

'히든 메뉴'라는 것 자체가 사람을 끌어들이는 마력을 발휘하는 것이지요. 이런 심리를 이용해서 우리가 보내는 메시지에 잘 활용하면 사람들을 우리 가게로 직접 찾아 오도록 유인하는 효과를 기대할 수 있습니다.

'히든' 메시지를 받은 고객은 '나에게만' 제안된 것이라 생각하면 '특별히 선택된 느낌'을 받게 되고 자연스럽게 '우월감'을 느끼게 됩니다. 도대체 뭐길래 '히든 메뉴'라고 하는 것일까 궁금증과 호기심이 발동하고 왠지 가보지 않으면 안될 것같은 마음이 들게 됩니다. 말이 '히든 메뉴'인 것뿐이지 아주 특별한 것이어야 하는 것은 아니니까 크게 걱정할 필요는 없습니다. 어떤 가게에서도 만들 수 있는 메뉴입니다. 다른 기본 메뉴에서 약간의 재료를 추가하거나 변형을 가해서 '특별해 보이도록' 포장하여 제공하기만 하면 됩니다. 똑같지 않다는 점, 다른 일반 손님에게는 제공되지 않는다는 차별성만 충족시키면 되는 겁니다.

다음 템플릿과 예문을 참고하여 호기심을 자극하는 '히든' 메시지를 만들어 보내 보세요!

[히든 카드] 메시지 템플릿	적용 예시
안녕하세요~ [○○○]입니다. 많은 분들이 회원으로 등록해주셔서 감사합니다^^ 지난주에 호평을 받았던 '○○○'가 새로 들어왔습니다! 지금이 딱 제철인 식재료라 정말 맛있습니다.~^^ 다른 곳에서는 쉽게 먹을 수 없는 요리이므로 서둘러 드시러 오세요. 웃음과 건강함이 가득한 얼굴로 기다리고 있겠습니다~	안녕하세요~ 탑 필라테스입니다. 많은 분들이 회원으로 등록해주셔서 감사합니다. 지난주에 회원님들로부터 호평을 받았던 '밸런스 포스처 교육'이 새 워크샵으로 편성되었습니다! 지금밖에 들을 수 없는 클래스라 정말 핫합니다! ~~ 쉽게 들을 수 없는 클래스이니 서둘러 신청하세요! 웃음과 건강함이 가득한 얼굴로 기다리고 있겠습니다!

응용 포인트

❶ 제시된 가격에 비해 효용이 높아 보이도록 '가성비'를 느끼게 한다.
❷ 특별한 제안(서프라이즈)으로 평소의 '익숙함(평범함)'을 깨뜨린다.
❸ 메뉴뿐만 아니라 호기심이나 흥미를 유발할 수 있는 문구를 넣는다.
❹ 히든 메뉴로 제안하는 게 음식이면 맛있어 보이는 사진을 첨부한다.
❺ 일반 고객에게는 기회 자체가 주어지지 않는 '회원 한정'임을 강조한다.

활용 사례들

성공하는 메시지에는
이유가 있다

2019년 세밑에 시작되어 전 세계를 바이러스와의 전쟁으로 몰아넣은 코로나19 팬데믹 사태가 지금까지도 멈출 줄 모르고 지속되고 있습니다. 우리나라의 경우 다행스럽게도 세계적인 모범 사례로 인정될 만큼 정부와 민간이 합심하여 감염병으로 인한 사망자를 최소화시키는 데 성공한 편입니다. 그럼에도 불구하고 2020년 2분기 경제 성장률이 마이너스 3.3%를 기록하는 등 초유의 경제난과 일선 현장의 경영난이 가중되고 있습니다.

많은 업종이 생존을 위협받는 지경에 몰렸지만 그 와중에서도 어떤 업종은 더 활황을 맞고 있습니다. 특히 온라인 쇼핑몰과 온라인 학습 사이트를 비롯해 비대면 비접촉 방식의 생활 패턴과 경제 구조가 새로운 표준이 될 정도로 빠르게 자리잡아 가고 있습니다. 이제 고객을 만나고 접하는 마케팅 방식 또한 머지 않아 비대면 정보 제공과 설득 방식이 더 주류를 이루게 될 지도 모릅니다.

이런 변화의 와중에 실시간 커뮤니케이션 도구로 등장한 메신저의 가치는 더욱 더 커지고 있습니다. 이 책의 1부와 2부에 걸쳐서 우리는 팬데믹 시대 비대면 소통의 가장 보편적인 수단으로 자리잡은 모바일 메신저의 기능과 역할, 동작 원리를 알아보고, 나아가 어떤 메시지를 어떻게 작성해야 고객의 마음을 움직일 수 있는지 구체적인 방법을 다양한 메시지 작성 기법과 활용 사례를 통해 살펴 보았습니다.

많은 예문과 사례들의 내용이나 표현이 엇비슷해서 "뭐가 어떻게 다르다는 것이지?" 싶은 느낌이 들 수도 있습니다. 모바일 메시지는 길어야 10~20줄 정도 매우 제한된 짧은 글로 고객의 반응을 일으켜야 하는 도구입니다. 당연히 여러 가지 설득 요소가 압축적으로 한꺼번에 융합되어 적용될 수밖에 없는 속성을 갖고 있습니다. 짧은 메시지 안에 다양한 설득 기법들이 한꺼번에 묶여 있는 탓에 예문들이 거의 모두 비슷 비슷해지는 경향을 보이는 것이지요.

오프라인 매장이든 온라인 쇼핑몰이든, 아이템이 상품이든 서비스이든 한번 구매한 고객을 '재구매 고객'으로 만들고, 나아가 '꾸준한 단골'로 만드는 게 모든 비즈니스와 사업 성공의 핵심 과제입니다. 문제는 구매 고객을 단골로 만드는 작업이 하루 아침에 뚝딱 되는 것이 아니라는 점이지요. 평소 끊임없는 대화와 관심, 교류와 소통을 통해 믿음이 쌓이고 서로의 관계가 깊어져야 비로소 얻을 수 있는 결과물입니다.

메신저를 통해 거의 모든 소통과 비즈니스 제안이 일어나는 모바일 시대입니다. 사업 성과를 내려면 메시지를 어떻게 작성하고 활용해야 하는지에 대해 경영자는 물론이고, 팀장, 직원 모두가 그 중요성을 이해해야 합니다. 이 책에서는 고객을 단골로 만드는 방법 중 핵심이라 할 수 있는 사례를 여러 가지 기법에 따라 차례로 설명했습니다.

특히 2부에서 다룬 메시지 작성 기법은 '성공하는 매장의 30가지 메시지 작성 요령'이라 이름 붙이면 그 자체로 한 권의 메시지 작성 가이드북이 될 것입니다. 메시지를 쓰는 게 얼마나 중요한지는 알겠는데, 어떤 방식으로 카피 문구를 쓰고, 가격을 제시하고, 이벤트를 만들어야 할지 도무지 감이 잡히지 않아 고민이었던 분들이라면 책의 내용이 조금은 도움이 되었으리라 봅니다.

하지만 여러 차례 강조 했듯이 이론을 아는 것만으로 실행이 저절로 이루어지진 않습니다. 템플릿을 많이 갖고 있다고 메시지가 저절로 써지는 것도 아니고요. 책에서 소개한 사례 하나 하나가 여러 성공한 매장과 쇼핑몰들이 머리를 맞대고 새로운 아이디어를 내기 위해 함께 노력한 결과들을 정리한 것임을 잊지 말아 주세요.

배우고 익히고 연습하여 내 것으로 만들고, 스스로의 힘으로 비즈니스 메시지를 작성할 수 있게 된다면 여러분 모두에게 성공으로 향한 문이 더 크게 열릴 것입니다.

책상 앞에 머리만 싸매고 앉아 있어선 절대 성공할 수 없습니다!

"행동하지 않으면 아무 것도 변하지 않습니다!
뭐든지 일단 실행 하십시오!"

성공하는 가게나 브랜드들이 보내오는 모바일 메시지 하나 하나에는 모두 보이지 않는 노력과 열정, 새로운 마케팅 기법이 숨어 있습니다.

단골 손님들로 넘치는 매장을 만들고 성공적인 기업 성과를 만들어보고 싶다면 '우리만의 성공 메시지 공식'을 스스로 완성해 보시기 바랍니다.

내일은 기다린다고 저절로 다가 오지 않습니다!

오늘부터, 지금 당장 시작하세요!

부록

카카오톡 챗봇 생성도구,
〈카카오 i 오픈 빌더〉 소개

kakao i
open builder

1. 챗봇은 무엇이고, 언제 왜 필요한가?

챗봇(Chat-Bot)은 '대화'를 의미하는 '채팅(Chatting)'과 '일꾼'을 의미하는 '로봇(Robot)'이 합쳐 만들어진 단어입니다. 한 마디로 대화를 알아서 해주는 인공지능(프로그램)의 하나입니다. 카카오는 텍스트 기반의 대화를 대신해주는 챗봇 빌더와 음성을 기반으로 대화를 대신해주는 보이스봇 두 가지를 오픈 빌더 및 오픈 API 형식을 통해 일반 개발자나 업체들도 개발에 참여할 수 있도록 하고 있습니다.

특히 프로그래밍을 잘 못하는 일반인들도 쉽고 편리하게 대화용 챗봇을 개발하여 카카오톡 채널이나 오픈채팅방 등에서 카카오 친구들과 소통할 수 있도록 챗봇 개발 도구를 제공하는데 그 이름이 바로 [카카오 i 오픈 빌더]입니다. 카카오 i 오픈 빌더는 아직 오픈베타테스트(OBT) 방식으로 접속 신청을 해야 개발에 참여할 수 있도록 제한하고 있습니다.

챗봇은 사람이 직접 24시간 밤낮으로 메시지에 실시간으로 응답하기가 어렵거나, 여러 사람들을 동시에 응대해야 하는 상황에서 특히 유용합니다. 많은 상담 전화시에 일상적으로 겪는 일이지만, 보통 처음 응대는 대부분 사람이 직접 받지 않고 자동 음성 ARS가 어떤 목적으로 어떤 문의를 위해서 전화했는지를 가려서 선택 번호를 누르거나 0번을 눌러서 상담원을 직접 호출하도록 안내하곤 합니다.

채팅방 또한 퇴근 시간 이후나 주말 휴일처럼 영업 시간 이외에 걸려오는 실시간 상담 요청들에 대해서 매번 24시간 응답할 수는 없습니다. 또 한 사람을 상대하고 있는 동안 제2, 제3의 응답 요청이 쏟아지면 상담원 인력을 충분히 준비하지 않으면 대응할 수 있는 방법이 없습니다.

바로 이런 경우에 가장 빈번하게 나오는 질문이나, 일상적으로 반복되는 대화 프로세스에 따라서 응답 가능한 시나리오와 대화 스크립트를 미리 준비해서 필요한 조건에 맞추어 자동으로 응답 내용을 뿌려 주거나, 응답 선택지를 보여주어 질문자가 좀더 빠르고 편리하게 원하는 데이터나 정보에 접근할 수 있도록 도와주는 게 챗봇의 핵심 역할입니다.

2. i 오픈 빌더의 기능은 무엇이고, 어떻게 이루어지나?

카카오톡 채팅 목록으로 들어오는 메시지 중에 [알림톡] 이라고 들어오는 것들이 있습니다. 눌러 열어보면 간단한 메시지와 더불어 [채널 추가] 버튼이 붙어 있고 이 버튼을 누르면 해당 카카오톡 채널에 대한 기본 소개와 더불어 추가 설명이나 기본 기능들에 대해 선택 항목들을 누를 수 있게 안내 메시지가 뜹니다.

이와 같이 상담원(사람)이 직접 메시지에 응대하지 않더라도 대화자가 입력하는 메시지나 선택 버튼(링크)에 따라 미리 준비된 답변이나 대화 내용을 자동으로 표시하도록 하는 프로그램을 미리 만들 수 있게 도와주는 것이 바로 '챗봇 빌더'가 하는 기능입니다.

카카오톡 채널 챗봇은 카카오톡 채널을 통해 제공되는 대화형 인터페이스 챗봇(Chatbot)을 의미합니다. 오픈 빌더를 통해 제작한 챗봇은 [카카오톡 채널 관리자센터]에서 만든 카카오톡 채널과 연결하여 이용자에게 챗봇 서비스를 제공할 수 있습니다.

3. i 오픈 빌더를 이용하려면 무엇을 준비해야 하나?

오픈 빌더를 이용하려면 먼저 카카오 계정을 등록하여 갖고 있어야 하고, 카카오 계정으로 접속한 뒤 [OBT(오픈 베타 테스터) 신청]을 하고 승인이 나면 오픈 빌더 회원가입을 추가로 하셔야 합니다.

이미 카카오 계정을 보유하고 있다면 로그인한 뒤에 아래 링크 사이트에 접속하여 그림과 같은 OBT 신청 양식을 작성하여 제출하세요.

🔵 https://i.kakao.com/login

OBT 신청 결과는 보통 6일 이내에 카카오 계정의 이메일로 고지됩니다. OBT 신청이 승인된 카카오 계정으로 오픈 빌더에 다시 접속하면 [오픈 빌더 회원 가입] 화면으로 이동합니다. 오픈 빌더 회원으로 가입한 후 카카오톡 챗봇 만들기가 가능하며, 다른 카카오 계정을 관리자로 추가하여 공동 작업을 할 수 있습니다.

4. i 오픈 빌더에 도전하려면 어떤 개념을 알아야 하나?

오픈 빌더를 이용해 챗봇을 직접 개발하려면 몇 가지의 개념을 알아야 합니다. '엔티티(Entity)'와 '인텐트(Intent)' 그리고 '대화문장(Utterance)'

의 뜻을 이해하고, '시나리오'와 '블록'의 역할에 대해 기본 지식을 갖추어야 합니다.

'엔티티'란 봇이 이해할 수 있는 용어를 체계적으로 정리한 데이터 사전을 의미합니다. 엔티티가 정의되어 있어야만, 봇은 '사용자 발화'에서 사용자의 의도(인텐트)를 파악하고 그에 맞는 동작을 하기 위한 데이터를 추출할 수 있습니다. 사용자 발화란 사용자가 봇과 커뮤니케이션하기 위해 내뱉는 말(음성) 또는 텍스트 등을 의미합니다.

예를 들어, 누군가가 "라디오 소리가 너무 작아"(자연어)라고 이야기하면 이것은 "라디오 소리를 높여줘"라는 의도(인텐트)를 갖고 있는 말이라 할 수 있죠. 이 때 이 의도를 해석하는 데 필요한 대화 문장 안의 주요한 요소들, 주로 독립적인 의미를 갖는 명사(예: 라디오, 소리와 같은 단어)들을 엔티티라고 부릅니다.

요컨대 효과적으로 챗봇을 구성하려면, 사람들이 천차만별로 표현하는 다양한 대화 문장들이 무엇을 의도하고 있는지 해석할 수 있는 핵심 단어들을 추려내고 그 내용을 조합 해석하여 원하는(의도에 맞는) 행동을 할 수 있도록 처리해 주어야 합니다. 사람의 말을 이해하고 맞게 대응하려면 그만큼 다양한 문장과 각 문장의 실제 의도를 해석하여 처리할 수 있도록 명령 순서도를 체계적으로 만들어놓아야 하는데 바로 이런 대화 처리 프로세스를 짜놓은 것을 '시나리오' 라고 하고, 의도에 대응한 동작의 단위를 '블록'이라고 합니다.

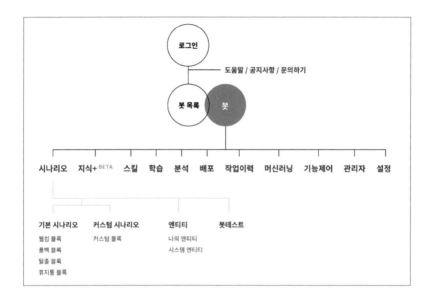

따라서 챗봇의 완성도나 실용적인 효율성은 다양한 경우의 수에 따라 시나리오와 그에 따른 행동 블록들을 얼마나 치밀하고 적절하게 잘 짜놓았는지에 따라서 크게 달라질 수밖에 없습니다.

시나리오가 정상적으로 구동되려면 처음부터 대화에 들어가는 개별 엔티티 요소들을 얼마나 의도 해석에 적합하도록 체계적으로 정의해두는가가 핵심적인 과제입니다. 그래서 챗봇 개발시 가장 기초적으로 우선해야 하는 작업은 엔티티의 설계와 생성 작업입니다.

나의 엔티티 시스템 엔티티		×
나의 엔티티 관리	Q	엔티티 생성
cafe_name	엥헬리너스, 삼디야, 숫하벅스, 톰바셋, 알래저리아, 홀리스, 빽다방, 커피빙, 돌섬플레이…	⬤—
coffe_name	카페모카, 카페라떼, 아메리카노.	⬤—
user_action_order	오더, 주문	⬤—

오픈 빌더에서 엔티티는 작업자가 직접 정의하는 '나의 엔티티'와 자주 사용하는 엔티티를 미리 정의해놓은 '시스템 엔티티'로 나누어집니다. '나의 엔티티'에서는 봇이 알아 들어야 하는 주요 용어들을 대표 엔트리로 설정할 수 있으며, 동의어를 추가할 수도 있습니다. 봇을 생성한 직후에는 '시스템 엔티티'만 설정되어 있어 알아들을 수 있는 용어가 제한적이므로 봇의 특성에 맞도록 '나의 엔티티'를 추가로 정의하여 더 많은 용어를 이해할 수 있도록 하는 것이 좋습니다. (https://j.mp/33hCR4h 설명 참고!)

'시나리오(Scenario)'는 봇 안에서 사용자가 경험하는 서비스 단위를 의미합니다. 예를 들어 금융과 관련된 서비스를 제공하는 봇이 있다면 이 봇이 제공할 수 있는 시나리오는 '예금', '적금', '대출', '연금', '보험' 등이 될 수 있습니다. 오픈 빌더에서는 사용자의 의도(Intent)에 따라 응대하는 최소 동작 단위를 '블록(Block)'이라고 하는데, 하나의 시나리오는 다양한 블록들이 모여서 이루어집니다. 따라서 시나리오 단위로 다수의 블록들을 원하는 서비스 별로 묶어서 체계적으로 관리하는 것이 바로 봇 개발자의 일입니다.

시나리오는 기본 시나리오와 개별 작업자들이 만드는 커스텀 시나리오로 나눕니다. 기본 시나리오는 모든 봇에 장착되어 있는 것으로 다음의 3개 블록을 필수적으로 포함하고 있습니다.

기본 제공 블록	설명
웰컴 블록 (Welcome)	봇이 사용자를 처음 만날때 발송하는 웰컴메시지를 정의함
폴백 블록 (Fall-back)	봇이 사용자의 발화 의도를 이해하지 못할때 내뱉는 메시지를 정의함
탈출 블록 (Exit)	봇의 되묻기 상황등에서 사용자가 대화를 초기화하거나 탈출하고 싶을때 쓰는 사용자 명령어를 정의함

되묻기 질문이란 봇이 사용자로부터 특정 정보(파라미터값)를 얻어낼 때까지 되풀이 물어보는 질문을 말하며, 최대 횟수나 다시 묻기까지 대기 시간 등을 설정 메뉴에서 봇 개발자가 직접 정의할 수 있습니다.

커스텀 시나리오는 봇 개발자가 서비스 단위 등으로 구분하며, 필요에 따라 생성해서 사용할 수 있습니다.

블록(Block) 이란 '사용자 의도의 기본 단위'를 의미하는 것으로, 1개의 블록은 1개의 의도를 표현하며, 사용자 발화가 봇으로 유입되면, 블록 안에 사전에 등록된 발화 내용을 기반으로 사용자 의도가 파악되어 1개 블록이 최종 추출됩니다. 이때 블록 안에는 사용자 예상 발화, 그리고 봇이 수행할 액션과 응답할 내용이 설계됩니다.

주로 '날씨 알려주기, 메시지 보내기, 지역 검색하기'와 같이 봇의 수행 미션(Task) 단위로 블록이 설계됩니다.

아래 개념도에 표시된 내용을 예로 살펴보면, 발화자가 "아이유 노래 틀어줘" 라고 말하는 것에 대해 "노래 틀어줘(play music)"라는 의도(intent)와 그 목적 대상물로 "아이유"라는 가수를 인식한 뒤 멜론 사이트에 자동 접속하여 미리 준비된 아이유 앨범의 디폴트 선정곡을 바로 재생(출력)시켜주도록 하는 일련의 프로세스가 바로 하나의 블록이 동작하는 구조입니다.

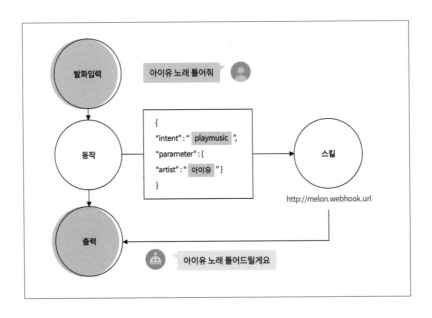

이상에서 열거한 챗봇의 기본 개념과 작동 구조를 알고 나면 나머지는 오픈 빌더에서 제공하는 기본 사용법 튜토리얼을 보고 차례대로 따라 해 보시면 꼭 프로그래밍 언어를 잘 모르는 분이라도 얼마든지 필요한 시나리오 및 블록 요소 설정만으로도 각자의 카카오톡 채널에서 사용할 수 있는 챗봇을 만들어 사용할 수 있습니다.

5. i 오픈 빌더를 이용해 직접 챗봇을 만들어보려면?

01 오픈 빌더 사용법은 다음 챗봇 개발 튜토리얼 가이드를 통해서 상세히 안내 되어 있으니 아래 링크를 참고하여 먼저 어떤 프로세스를 통해 챗봇을 구성하는지를 충분히 익히시기 바랍니다.

   ◐ https://bit.ly/kakao_chatbot_tutorial

02 아래 카카오 i 오픈 빌더 사이트에 접속하여 [로그인]을 하세요.
   (먼저 이용 권한을 신청해서 얻어야 합니다.)

   ◐ https://i.kakao.com/login

03 로그인 후 비어있는 '나의 봇' 목록을 확인하고 오른쪽 상단의 노란색 (+) 아이콘을 클릭합니다.

04 [팝업] 창에서 [카카오톡 챗봇] 옵션을 선택하여 클릭하고 [봇 이름]을 입력한 뒤 [확인] 해주면 이제부터 챗봇 제작이 가능합니다.

- 이후 작업 과정은 카카오 챗봇 튜토리얼 페이지에 상세히 설명되어 있으므로 아래 링크를 참고하여 카카오톡 채널의 편리한 챗봇 기능을 적극적으로 활용해 보시길 권합니다. 꼭 프로그램이나 코딩을 할 줄 모르는 분들이라도 누구나 따라서 만들 수 있도록 친절하게 안내되어 있으니 겁 먹지 마시고 지금 도전해 보세요!
  - ◯ https://j.mp/2XmmKil